SUSANNE WAGNER

Die Besonderheiten beim Arbeitsverhältnis des Handlungsgehilfen

Schriften zum Sozial- und Arbeitsrecht

Band 121

Die Besonderheiten beim Arbeitsverhältnis des Handlungsgehilfen

Von

Dr. Susanne Wagner

Duncker & Humblot · Berlin

Die Deutsche Bibliothek – CIP-Einheitsaufnahme

Wagner, Susanne:
Die Besonderheiten beim Arbeitsverhältnis des Handlungsgehilfen / von Susanne Wagner. — Berlin : Duncker und Humblot, 1993
(Schriften zum Sozial- und Arbeitsrecht ; Bd. 121)
Zugl.: Heidelberg, Univ., Diss., 1992
ISBN 3-428-07644-3
NE: GT

Fotoprint: Berliner Buchdruckerei Union GmbH, Berlin 61
Printed in Germany

ISSN 0582-0227
ISBN 3-428-07644-3

Meinen Eltern

Vorwort

Diese Arbeit wurde im Sommersemester 1991 von der Juristischen Fakultät der Ruprecht-Karls-Universität Heidelberg als Dissertation angenommen.

Danken möchte ich vor allem Herrn Prof. Dr. v. Hoyningen-Huene, der die Arbeit angeregt und betreut hat. Herrn Prof. Dr. Misera danke ich für die Mühen der Zweitkorrektur.

Danke sagen möchte ich auch für das mir gewährte Stipendium nach dem Landesgraduiertenförderungsgesetz von Baden-Württemberg und für den vom Verband der Metallindustrie Baden-Württemberg e.V. (VMI) verliehenen Wissenschaftspreis 1992.

Nicht unerwähnt lassen möchte ich Herrn Andreas Kuhn, der mir bei der Erstellung der Druckvorlage unermüdlich beiseite stand. Ihm sei an dieser Stelle herzlich gedankt.

Die bis zum Frühjahr 1992 erschienene Rechtsprechung und Literatur konnten noch berücksichtigt werden.

Heidelberg, im Oktober 1992

Dr. Susanne Wagner, geb. Keller

Inhaltsverzeichnis

Fünftes Kapitel

Die Konkurrenzklausel, §§ 74 ff. HGB 93

Sechstes Kapitel

Die Fürsorgepflicht, § 62 HGB/§§ 618, 619 BGB 117

Abkürzungsverzeichnis

A.A.	Andere Ansicht
a.a.O.	am angegebenen Ort
ABGB	Allgemeines Bürgerliches Gesetzbuch für Österreich
abl.	ablehnend
Abschn.	Abschnitt
AcP	Archiv für civilistische Praxis (Band, Jahr, Seite)
ADHGB	Allgemeines Deutsches Handelsgesetzbuch
AFG	Arbeitsförderungsgesetz
AGBG	Gesetz zur Regelung des Rechts der Allgemeinen Geschäftsbedingungen (AGB-Gesetz)
AK	Alternativkommentar
AktG	Aktiengesetz
Allg.	Allgemein(e)
AngKündG	Gesetz über die Fristen für die Kündigung von Angestellten
Anl.	Anlage
Anm.	Anmerkung
AP	Arbeitsrechtliche Praxis, Nachschlagewerk des Bundesarbeitsgerichts
AR	Arbeitsrecht (Jahr, Seite)
ArbG	Arbeitsgericht
AR-Blattei	Arbeitsrecht-Blattei
ArbRBerG	Arbeitsrechtsbereinigungsgesetz
ArbSichG	Arbeitssicherheitsgesetz
AR der Gegenwart	Arbeitsrecht der Gegenwart (Jahr, Band, Seite)
ARS	Arbeitsrechtssammlung mit Entscheidungen des Reichsarbeitsgerichts, der Landesarbeitsgerichte und Arbeitsgerichte
ARSt	Arbeitsrecht in Stichworten (Jahr, Seite, Nummer)
Art.	Artikel
Aufl.	Auflage
AuR	Arbeit und Recht, Zeitschrift für Arbeitsrechtspraxis (Jahr, Seite)
AVG	Angestelltenversicherungsgesetz
AZO	Arbeitszeitordnung
BAG	Bundesarbeitsgericht
BAT	Bundesangestelltentarifvertrag
BB	Betriebsberater (Jahr, Seite)
BBiG	Berufsbildungsgesetz
Bd.	Band
Beil.	Beilage
BetrVG	Betriebsverfassungsgesetz
BeurkG	Beurkundungsgesetz
BGB	Bürgerliches Gesetzbuch

BGBl.	Bundesgesetzblatt
BGH	Bundesgerichtshof
BlStSozArbR	Blätter für Steuerrecht, Sozialrecht und Arbeitsrecht (Jahr, Seite)
BRAO	Bundesrechtsanwaltsordnung
BSeuchenG	Bundesseuchengesetz
BundesbergG	Bundesberggesetz
BUrlG	Bundesurlaubsgesetz
BVerfG	Bundesverfassungsgericht
bzw.	beziehungsweise
DArbR	Deutsches Arbeitsrecht (Jahr, Seite)
DB	Der Betrieb (Jahr, Seite)
ders.	derselbe
d.h.	das heißt
dies.	dieselben
Diss	Dissertation
DJZ	Deutsche Juristenzeitung (Jahr, Seite)
EGHGB	Einführungsgesetz zum Handelsgesetzbuche
Einf.	Einführung
Einl.	Einleitung
EWiR	Entscheidungen zum Wirtschaftsrecht
EzA	Entscheidungssammlung zum Arbeitsrecht (Hrsg. Stahlhacke)
f.	folgende
Fallnr.	Fallnummer
ff.	fortfolgende
Fn.	Fußnote
gem.	gemäß
GewGer	Gewerbegericht (Jahrgang, Seite)
GewO	Gewerbeordnung
GewuKfmG	Gewerbe- und Kaufmannsgericht (Jahrgang, Spalte)
GG	Grundgesetz
GK-HGB	Gemeinschaftskommentar zum Handelsgesetzbuch
GS	Großer Senat
HAG	Heimarbeitsgesetz
Halbb.	Halbband
HdA	Handbuch des Arbeitsrechts
HGB	Handelsgesetzbuch
h.M.	herrschende Meinung
HoldhZ	Holdheims Monatsschrift für Handelsrecht und Bankwesen, Steuer- und Stempelfragen (Band, Seite)
hrsg.	herausgegeben
Hrsg.	Herausgeber
HS.	Halbsatz
HwB-AR	Handwörterbuch des Arbeitsrechts
i.d.S.	in diesem Sinne
i.E.	im Ergebnis
insb.	insbesondere
i.V.m.	in Verbindung mit
JA	Juristische Arbeitsblätter (Jahr, Seite)
Jahrb. d. KfmG	Jahrbuch des Kaufmannsgerichts (Jahr, Band, Seite)
JArbSchG	Jugendarbeitsschutzgesetz
JR	Juristische Rundschau (Jahr, Seite)

Jura	Juristische Ausbildung (Jahr, Seite)
JuS	Juristische Schulung (Jahr, Seite)
JW	Juristische Wochenschrift (Jahr, Seite)
JZ	Juristenzeitung (Jahr, Seite)
Kap.	Kapitel
KO	Konkursordnung
KrankenversG	Krankenversicherungsgesetz
LAG	Landesarbeitsgericht
LFG	Gesetz über die Fortzahlung des Arbeitsentgelts im Krankheitsfalle (Lohnfortzahlungsgesetz)
LG	Landgericht
Lit.	Literatur
LM	Lindenmeier-Möhring, Das Nachschlagewerk des BGH
LZS	Leipziger Zeitschrift (Jahr, Seite)
MDR	Monatsschrift für Deutsches Recht (Jahr, Seite)
MTV	Manteltarifvertrag
MünchKomm	Münchener Kommentar zum Bürgerlichen Gesetzbuch
MuSchG	Gesetz zum Schutze der erwerbstätigen Mutter (Mutterschutzgesetz)
m.w.N.	mit weiteren Nachweisen
NJW	Neue Juristische Wochenschrift (Jahr, Seite)
NotVO	Notverordnung
Nr.	Nummer
NZA	Neue Zeitschrift für Arbeits- und Sozialrecht (Jahr, Seite)
OLG	Oberlandesgericht
PatG	Patentgesetz
PersV	Personalvertretung (Jahr, Seite)
PolG	Polizeigesetz von Baden-Württemberg
RAG	Reichsarbeitsgericht
RdA	Recht der Arbeit (Jahr, Seite)
Rdnr.	Randnummer
RG	Reichsgericht
RGBl.	Reichsgesetzblatt
RGRK	Kommentar, hrsg. von Reichsgerichtsräten und Bundesrichtern
ROHG	Reichsoberhandelsgericht
Rspr.	Rechtsprechung
RVO	Reichsversicherungsordnung
S.	Seite
SAE	Sammlung arbeitsrechtlicher Entscheidungen, (Jahr, Seite)
SeemannsG	Seemannsgesetz
SG	Soldatengesetz
SGB	Sozialgesetzbuch
s.o.	siehe oben
sog.	sogenannte(r)
Sp.	Spalte
StGB	Strafgesetzbuch
str.	streitig
StrEG	Gesetz über die Entschädigung für Strafverfolgungsmaßnahmen
st. Rspr.	ständige Rechtsprechung
TVG	Tarifvertragsgesetz
u.	und
u.a.	unter anderem

UWG	Gesetz gegen den unlauteren Wettbewerb
v.	von
vgl.	vergleiche
Vorbem.	Vorbemerkung
VVG	Versicherungsvertragsgesetz
WRV	Weimarer Reichsverfassung
WzS	Wege zur Sozialversicherung (Jahr, Seite)
z. Bsp.	zum Beispiel
ZDG	Gesetz über den Zivildienst der Kriegsdienstverweigerer (Zivildienstgesetz)
ZfA	Zeitschrift für Arbeitsrecht (Jahr, Seite)
ZfS	Zentralblatt für Sozialversicherung, Sozialhilfe und Versorgung (Jahr, Seite)
ZHR	Zeitschrift für das gesamte Handelsrechtund Wirtschaftrecht (Band, Jahr, Seite)
ZPO	Zivilprozeßordnung

Einleitung

"Besonderes, wem Besonderes gebührt!" So hätte insbesondere in den dreißiger Jahren die Antwort eines Handlungsgehilfen auf die Frage nach der ihm zustehenden Behandlung lauten können.[1] Ob ihm Besonderes gebührt oder ob er als Angestellter eher ein Arbeiter ist, der glaubt keiner zu sein,[2] sei als soziologischer Aspekt dahingestellt.

Besonderheiten beim Arbeitsverhältnis des Handlungsgehilfen bestehen jedenfalls, wenn seine durch den Arbeitsvertrag begründeten Rechtsbeziehungen abweichend von denen anderer Arbeitnehmer geregelt werden. Im Mittelpunkt steht daher das gemäß § 83 HGB ausschließlich für Handlungsgehilfen geltende Sonderarbeitsrecht der §§ 59 ff. HGB, das in seinem Anwendungsbereich den allgemeinen Regeln vorgeht. Das Arbeitsverhältnis der Handlungsgehilfen scheint aufgrund dieser formellen Sonderstellung geradezu auf Besonderheiten ausgerichtet zu sein, die sich zudem in einer bloßen Kommentierung der §§ 59 ff. HGB erschöpfend behandeln lassen.

Das Problem besteht jedoch darin, daß die im Jahre 1898 in Kraft getretenen Bestimmungen[3] in ihrer Bedeutung von den Entwicklungen des Arbeitsrechts nicht unbeeinflußt blieben.

Zu nennen sind neben den §§ 611 ff. BGB von 1900 auch die seitdem kontinuierlich geschaffenen Arbeitsschutzvorschriften, die von einer Berufsgruppenzugehörigkeit losgelöst sind und die damit zumindest eine Konkretisierung der §§ 59 ff. HGB zur Folge haben. Wichtig ist weiter der seit dem ersten Weltkrieg erfolgte Ausbau des Tarifvertragsrechts, zumal die Verbände der Handlungsgehilfen als ursprüngliche Koalitionspartner entweder aufgelöst oder in die Deutsche Angestelltengewerkschaft eingegliedert wurden,[4] so daß nunmehr

---

[1] Vgl. etwa *Deutschnationaler Handlungsgehilfenverband Hamburg*, S. 9 f.; *Deich*, insb. S. 32-51, 133-145, 184 f.; *Kracauer*, S. 20, 56, 78-81.

[2] *Anonym*, aus *Tange*, S. 7.

[3] Vgl. Art. 1 II EGHGB.

[4] Vgl. dazu *Süssengut*, S. 34 ff.

Tarifverträge für alle Angestellten geschlossen werden. Hinzu kommt noch die Ende der sechziger Jahre eingesetzte spürbare Vereinheitlichung des Individualarbeitsrechts. So wurden durch das Erste Arbeitsrechtsbereinigungsgesetz unter anderem die nur für Handlungsgehilfen geltenden besonderen Kündigungsvorschriften der §§ 66 - 72 HGB aufgehoben. Auch die Rechtsprechung hat sich insbesondere beim vertraglichen Wettbewerbsverbot um eine Abschwächung der unterschiedlichen Behandlung verschiedener Arbeitnehmergruppen bemüht.

Nicht nur der Begriff Handlungsgehilfe hat sich in den des kaufmännischen Angestellten gewandelt. Einigkeit besteht auch darin, daß sich die Bedeutung dieses "handelsrechtlichen Arbeitsrechts"[5] geändert hat. Unklar ist aber das Ausmaß. So erscheinen die Normen "in einem anderen Licht",[6] haben an "Bedeutung eingebüßt"[7] oder hätten gar mit dem Arbeitsrechtsbereinigungsgesetz aufgehoben werden können.[8] Die Untersuchung, ob und gegebenenfalls welche Besonderheiten beim Arbeitsverhältnis der kaufmännischen Angestellten heute noch bestehen, wird eine genaue Antwort bringen.

Damit fällt aber auch die Entscheidung über das Schicksal der §§ 59 ff. HGB. Sollte nämlich ein Vergleich mit den allgemeinen Grundlagen des Arbeitsrechts keine Besonderheiten mehr für das Handlungsgehilfenverhältnis ergeben, so wären die einst als "Standesbrief"[9] der Handlungsgehilfen gepriesenen Regelungen heute nur noch ein Relikt aus alter Zeit. Dann aber könnte dieses systemwidrig geregelte Arbeitsrecht als solches ersatzlos gestrichen werden.

Letztlich wird sich am Untersuchungsergebnis ablesen lassen, inwieweit man der erwünschten Gleichbehandlung aller Arbeitnehmer und dem Erlaß einer vereinheitlichenden und vereinfachenden Kodifikation des Arbeitsvertragsrechts näher gerückt ist.

---

[5]Ausdruck bei *Strauss*, S. 24; vgl. auch *Unbescheid*, S. 8, der sogar von handelsrechtlichen Grundsätzen sprach.

[6]Vgl. *Richardi*, Einführung, S. 15.

[7]Vgl. *Schlegelberger/Schröder*, Einl. vor § 59 HGB; nur geringe Bedeutung mißt *Krall* bereits 1928 zu, S. 111; ähnlich *Bail*, S. XII u. S. 2.

[8]I.d.S. *Monjau*, BB 1969, S. 1042.

[9]Formulierung von *Horrwitz*, S. 10; ähnlich *Unbescheid*, S. 3.

Erstes Kapitel

Der Handlungsgehilfe, § 59 S. 1 HS. 1 HGB

Nach der Legaldefinition in § 59 S. 1 HS. 1 HGB ist Handlungsgehilfe, wer in einem Handelsgewerbe zur Leistung kaufmännischer Dienste gegen Entgelt angestellt ist.[1] Wie bereits der Gesetzesaufbau nahelegt, werden zwei Gruppen von Besonderheiten zu unterscheiden sein: Diejenigen in den Voraussetzungen und die in den Rechtsfolgen.

Da jeder Handlungsgehilfe Arbeitnehmer, aber nicht jeder Arbeitnehmer Handlungsgehilfe ist, kommen Abweichungen auf arbeitsvertraglicher Ebene in Betracht, die von § 59 S. 1 HS. 1 HGB abschließend genannt werden. Nach allgemeinen Regeln kann auch hier die Handlungsgehilfeneigenschaft als solche vertraglich weder vereinbart noch entzogen werden. Daneben noch eine Gruppe "künstlicher Handlungsgehilfen"[2] zu kreieren, auf deren Arbeitsverhältnis die §§ 59 ff. HGB nur aufgrund einer besonderen vertraglichen Vereinbarung Anwendung finden können, sei als Wortspiel und als Ausdruck einer möglichen Einbeziehung der §§ 59 ff. HGB erwähnt.

A. Anstellung

Der Handlungsgehilfe muß angestellt sein. Dieses Tatbestandsmerkmal bedeutet, daß die Person in einem Arbeitsverhältnis stehen muß,[3] ohne aber bereits einen Hinweis auf eine Angestelltentätigkeit geben zu wollen.[4] Es unterstreicht damit zum einen das bereits mit dem Begriff Gehilfe zum Ausdruck

---

[1]Zur Bezeichnung der Handlungsgehilfen vor der Schaffung dieses einheitlichen Begriffes, vgl. *Beug*, S. 8 ff.; *Ortner*, S. 9 u. 10.

[2]So *Horrwitz*, S. 32 u. 33.

[3]Vgl. statt vielen *Baumbach/Duden/Hopt*, § 59 Anm. 3 B; *Etzel* in GK-HGB, § 59 Rdnr. 1; unklar *Heymann/Kötter*, § 59 Anm. 4; *Schlegelberger/Schröder*, § 59 Rdnr. 2 ff.; *Würdinger* in RGRK-HGB, § 59 Anm. 12 a.

[4]Dazu *Kocka*, S. 120.

gekommene Unterordnungsverhältnis,[5] stellte aber auch die damals gängige Bezeichnung der Vorstufe zu einer selbständigen Ausübung einer wirtschaftlichen Tätigkeit dar.[6]

Damit gelten die allgemeinen Grundlagen des Arbeitsrechts, wonach entweder ein wirksamer Arbeitsvertrag erforderlich ist oder wenigstens die Voraussetzungen für ein sogenanntes faktisches Arbeitsverhältnis vorliegen müssen.[7] Hier erfolgt vor allem die Abgrenzung zum Handelsvertreter, der wie der im Außendienst auf Provisionsbasis beschäftigte Handlungsgehilfe die gleiche Tätigkeit, diese jedoch selbständig ausübt.[8]

Fraglich ist daher nur, ob die Wirksamkeitsvoraussetzungen für das Vertragsverhältnis hier in irgendeiner Weise eine Modifizierung im Vergleich zum allgemeinen Arbeitsvertragsrecht erfahren.

§ 59 S. 1 HGB spricht zwar im Gegensatz zu Art. 57 ADHGB von besonderen Vereinbarungen, ohne aber deswegen spezielle formelle oder materielle Anforderungen aufzustellen. Es besteht vielmehr ein Gleichklang mit den allgemeinen Wirksamkeitsvoraussetzungen aller (Arbeits)Verträge, vgl. Art. 2 II EGHGB. Man könnte allenfalls daran denken, ob der Arbeitsvertrag mit einem Handlungsgehilfen als Handelsgeschäft i.S.d. § 343 I HGB besonderen handelsrechtlichen Grundsätzen unterliegt. Eine Rechtserheblichkeit arbeitgeberseitigen Schweigens nach den Grundsätzen des kaufmännischen Bestätigungsschreibens annehmen zu wollen, wäre jedoch - da praxisfern - außerhalb des gewohnheitsrechtlichen Geltungsbereichs.

Auch beim unwirksamen Arbeitsvertrag eines Verkäufers besteht keine Besonderheit, da die weite Auslegung des Tatbestandsmerkmals "angestellt" des § 56 HGB als Kriterium des Vertrauensschutzes Dritter im hiesigen Innenverhältnis bedeutungslos ist.

---

[5]Vgl. dazu *Ortner*, S. 10 und den vormaligen Begriff des Handlungsdieners.

[6]*Süssengut*, S. 26.

[7]So die herrschende Vertragstheorie; siehe *Palandt/Putzo*, Einf. vor § 611 BGB, Anm. 1e bb; *Schaub*, § 29 II 1 u. 2, S. 115; *Schlegelberger/Schröder*, § 59 Rdnr. 2, 3, 15 c; *Söllner*, AR, S. 204.

[8]Vgl. § 84 I HGB u. insb. dessen einstige Fassung, wonach Handelsvertreter war, wer nicht als Handlungsgehilfe angestellt ist ..., sowie § 84 II HGB. Beachte auch den interessanten Gedanken bei *Stötter/Lindner/Karrer*, S. 4, wonach § 84 II HGB eine weitere Beschreibung des Handlungsgehilfen enthält.

Das Tatbestandsmerkmal der Anstellung enthält damit eine Gemeinsamkeit aller Arbeitnehmergruppen.

B. Gegen Entgelt

Der zur Tätigkeit Verpflichtete muß gegen Entgelt angestellt sein. Der Handlungsgehilfe muß also etwas verdienen, wobei die in § 11 I Nr. 9 StGB gewählte Definition des Entgelts als jede in einem Vermögensvorteil bestehende Gegenleistung auch hier angewendet werden kann. Dieses Tatbestandsmerkmal sollte die bereits mit dem Begriff des Gehilfen verbundene Entgeltlichkeit unterstreichen[9] und den kaufmännischen Volontär, der zum Zwecke der Ausbildung unentgeltlich mit kaufmännischen Diensten beschäftigt wird (§ 82 a HGB), aus dem Kreis der Handlungsgehilfen ausklammern.[10] Obgleich diese Abgrenzungsfunktion aufgrund der inzwischen in § 19 BBiG getroffenen Regelung für Volontäre gegenstandslos geworden ist, hat der Gesetzgeber am Merkmal der Entgeltlichkeit festgehalten, so daß es auch weiterhin zu prüfen ist.

Begreift man gem. § 611 I BGB die Entlohnung bereits als ein Wesensmerkmal eines jeden Arbeitsvertrages, um die Rechtsbeziehungen zum Auftrag (§§ 662 ff. BGB) abzugrenzen,[11] so begründet das Tatbestandsmerkmal keine Besonderheit. Es ist sogar überflüssig, da die Entlohnung bereits vom Begriff der Anstellung umfaßt wird.

Bedeutung gewinnt das Tatbestandsmerkmal nur, wenn der Meinung gefolgt wird, nach der auch eine unentgeltliche Tätigkeit bei persönlicher Abhängigkeit ihrem sozialen Sinngehalt nach ein Arbeitsverhältnis darstellen kann.[12] Dann kann eine Person ohne Verdienst nicht Handlungsgehilfe, wohl aber Arbeitnehmer sein. Das zwingende Erfordernis einer Entgeltzahlung wird damit zur Besonderheit, die aber heute wegen fehlender praktischer Relevanz vernachlässigt werden kann.

---

[9] Vgl. *Bundfuss*, S. 14.

[10] *Oesterhelt*, S. 2.

[11] I.d.S. *Enneccerus/Lehmann*, S. 605; *Esser/Weyers*, S. 239; *Gamillscheg*, I, Fallnr. 90, S. 175; *Heymann/Honsell*, § 59 Rdnr. 21; *Heymann/Kötter*, § 59 Anm. 1; *Schnorr v. Carolsfeld*, S. 9; *Staub/Bondi*, § 59 Anm. 7; wohl auch *Zöllner*, S. 43. Ähnlich *Langrehr*, S. 11.

[12] Vgl. *Hueck/Nipperdey*, I, S. 48; Nikisch, I, S. 94, 323 f.; *Mayer-Maly*, S. 38 ff.; *Schaub*, § 8 III 1, S. 33, § 66 I 3, S. 341; *Tomandl*, S. 54 f.

C. In einem Handelsgewerbe

Handlungsgehilfe kann desweiteren nur sein, wer in einem Handelsgewerbe angestellt ist. Auch dieses Merkmal wird durch den Begriff Handlungsgehilfe bereits signalisiert, da das Wort Handlung wie etwa in § 21 ZPO die damals übliche Bezeichnung für ein Geschäft war.[13]

I. Der Kaufmann als Prinzipal

Das Tatbestandsmerkmal erfüllt, wem als Arbeitgeber der Betreiber des Handelsgewerbes gegenübersteht. "Der andere Teil" des § 611 I HS. 2 BGB muß also Kaufmann sein.[14] Etwas anderes besagt auch nicht die Entscheidung des Bundesarbeitsgerichts,[15] wonach das Arbeitsverhältnis nachträglich in den handelsrechtlichen Geltungsbereich gerät, wenn Arbeitgeberrechte hinsichtlich bei einem Nichtkaufmann mit kaufmännischen Diensten beschäftigten Angestellten mit Zustimmung des Arbeitnehmers auf einen Arbeitgeber übergehen, der seinerseits Kaufmann ist. Maßgebend ist, daß die Aussage in Zusammenhang mit den §§ 74 ff. HGB steht, deren Schutzbereich man ausgedehnt wissen wollte. Sie kann nicht dahingehend verallgemeinert werden, daß es generell genüge, wenn die kaufmännischen Dienste einem Handelsgewerbe zufließen. Dies ist weder erforderlich noch ausreichend.

Die Bezeichnung als Prinzipal in den §§ 60 ff. HGB ist im übrigen nur eine andere veraltete Bezeichnung für den Arbeitgeber,[16] die das Über- und Unterordnungsverhältnis treffend zum Ausdruck bringt.

---

[13] Vgl. auch die noch heute gängige Bezeichnung einer Buch-, Spielwaren- oder Tierhandlung.

[14] Vgl. statt vielen *Baumbach/Duden/Hopt*, § 59 Anm. 3 B b; *Etzel* in GK-HGB, § 59 Rdnr. 2; *Heymann/Honsell*, § 59 Rdnr. 23; *Schaub*, § 12 III 1, S. 45 f. Die besondere Voraussetzung entfällt, wenn man sich wie *K. Schmidt*, JuS 1985, 249 ff. u. Handelsrecht § 16 VI 2 a, S. 447 bezüglich des gesamten Handelsrechts vom Begriff des Kaufmanns lösen möchte. Diese Überlegung soll und kann hier jedoch nicht vertieft werden. Zum heute unbekannten Handelsbrauch, wonach die Gehilfen vereidigter Börsenmakler in Berlin um die Jahrhundertwende als Handlungsgehilfen angesehen wurden, obgleich die Makler keine Kaufleute waren, vgl. *Horrwitz*, S. 32, 33.

[15] Entscheidung vom 28. 1. 1966, Bd. 18, 104, 113.

[16] Vgl. den inzwischen aufgehobenen § 66 HGB, der die Worte "das Dienstverhältnis zwischen dem Prinzipal und dem Handlungsgehilfen" enthielt; ausführlich *Düringer/Hachenburg/Hoeniger*, § 59 Anm. 1; *Francke*, S. 12 u. 13; wegen der Anlehnung an Art. 41 ADHGB bereits damals zu eng *Roth*, S. 5; *v. Mantey*, S. 24; zutreffend *F. Neumann*, S. 7; *Würdinger* in RGRK-HGB, § 59 Anm. 2. Irreführend ist auch die erst später in § 55 IV HGB verwendete fehlerhafte Bezeichnung für den Unternehmer.

Der Arbeitsvertrag mit einem Kaufmann als Arbeitgeber ist somit eine besondere Voraussetzung, ohne die ein Handlungsgehilfe nicht denkbar ist. Darin liegt jedoch keine echte Besonderheit, d.h. eine solche gegenüber allen anderen Arbeitnehmern, da nicht notwendig jeder Arbeitnehmer eines Kaufmanns Handlungsgehilfe ist, vgl. § 83 HGB.

II. Modifizierung der §§ 1 ff. HGB?

Aufgabe ist nun nicht, die Lehre von der Kaufmannseigenschaft näher zu behandeln. Sie ist zwar für den Handlungsgehilfen im Vergleich zu anderen Arbeitnehmern von entscheidender Bedeutung. Die Besonderheit besteht aber nur darin, daß der Arbeitgeber Kaufmann sein muß. Wann er es ist, bleibt hingegen eine für den gesamten Rechtsverkehr allgemeine Problematik. Richtiger Ausgangspunkt kann daher nur sein, ob die handelsrechtlichen Bestimmungen der Kaufmannseigenschaft hier strikt eingehalten werden müssen oder durch das Zusammenspiel mit dem Arbeitsrecht eine Modifizierung erfahren. Dann würden insbesondere für den Handlungsgehilfen Besonderheiten aus handelsrechtlicher Sicht vorliegen.

1. Die konstitutive Eintragung

Normadressat des Handelsgesetzbuchs und damit der §§ 59 ff. HGB ist zwar der Kaufmann nach den §§ 1 ff. HGB. Im Hinblick auf die arbeitsrechtliche Bedeutung für die Handlungsgehilfeneigenschaft, einer wünschenswerten großzügigen Anwendung der in den §§ 59 ff. HGB enthaltenen Schutzvorschriften und dem Selbstbestimmungsrecht des Arbeitnehmers könnte es geboten sein, in den Fällen der konstitutiven Eintragung die Kaufmannseigenschaft nicht von der Entscheidung des Arbeitgebers abhängig zu machen. So könnte insbesondere bei Vorliegen des § 2 HGB der Arbeitgeber trotz fehlender Eintragung seinem Arbeitnehmer gegenüber Kaufmann sein.

In der Literatur wird meist ohne eine nähere Auseinandersetzung mit der Problematik einhellig an den handelsrechtlichen Grundsätzen der Kaufmannseigenschaft gerade auch hinsichtlich der Eintragung festgehalten.[17] Aber auch die als "andere Ansicht" zitierte Entscheidung des Bundesarbeitsgerichts[18] besagt nur auf den ersten Blick das Gegenteil. Zwar mußte sich in dem Rechts-

---

[17] Vgl. etwa *Baumbach/Duden/Hopt*, § 59 Anm. 3 B b; *Heymann/Honsell*, § 59 Rdnr. 27; *Hueck/Nipperdey*, I, S. 63; *Kamnitzer/Bohnenberg*, § 59 Anm. II a; *Würdinger* in RGRK-HGB, § 59 Rdnr. 4.

[18] Entscheidung vom 18. 2. 1967, *BAG* RdA 1967, 239 = *BAG* 19, 267 ff., zitiert von *Baumbach/Duden/Hopt*, § 59 Anm. 3 B b und *Heymann/Honsell*, § 59 Rdnr. 27.

streit der Sollkaufmann ohne Eintragung so behandeln lassen, als betreibe er ein Handelsgewerbe, ohne deswegen primär als Scheinkaufmann eingeordnet zu werden. Maßgebend ist jedoch auch hier, daß die Entscheidung im Zusammenhang mit den §§ 74 ff. HGB erging. Sie ist daher eher Ausdruck der erwünschten und im Jahre 1969 auch erreichten allgemeinen Anwendung der §§ 74 ff. HGB als eine ernstliche Durchbrechung des § 2 HGB.

Im Interesse der Rechtssicherheit und Rechtsklarheit ist zu Recht an den Voraussetzungen der §§ 1 ff. HGB festzuhalten, die als gesetzlich normierte Anforderungen nicht von der Rechtsprechung abgeändert werden können. Hinzu kommt noch, daß der Gesetzgeber der §§ 59 ff. HGB nach ausgiebiger Diskussion am Erfordernis des Tatbestandsmerkmals Handelsgewerbe und damit an den Voraussetzungen der arbeitsrechtsfremden Regelungen in den §§ 1 ff. HGB festhielt.[19]

2. *Der Scheinkaufmann*

Andererseits geht es beim Arbeitsverhältnis nicht um eine zügige Geschäftsabwicklung im Handelsverkehr, die eine Überprüfung der Kaufmannseigenschaft entbehrlich machen muß, so daß die Anwendung der dafür entwickelten Grundsätze des Scheinkaufmanns fraglich ist.[20] So findet denn auch nach einer vereinzelt gebliebenen Entscheidung des Landesarbeitsgerichts Hamburg[21] die Lehre vom Rechtsschein auf Rechtsverhältnisse zwischen Betriebsinhaber und Arbeitnehmer keine Anwendung. Die Begründung, diese Lehre sei im wesentlichen nur auf Handelsgeschäfte anwendbar, ist indessen nicht stichhaltig, da auch der Arbeitsvertrag zwischen einem Kaufmann und seinem Arbeitnehmer ein (einseitiges) Handelsgeschäft gem. § 343 I HGB ist.[22] So sind auch die §§ 59 ff. HGB insofern nicht systemwidrig, als sie ebenfalls das Außenverhältnis des Kaufmanns betreffen, da ein Arbeitnehmer Vertragspartner wie jeder andere Dritte ist und nur eben im Innenbereich tätig wird.

Zusammenfassend kann damit festgehalten werden, daß die Entstehungstatbestände der Kaufmannseigenschaft unverändert zur Anwendung gelangen.

---

[19]Dazu *Düringer/Hachenburg/Hoeniger*, § 59 Anm. 2; *Langrehr*, S. 8, 9.

[20]Zur Rechtsscheinhaftung vgl. *Baumbach/Duden/Hopt*, § 5 Anm. 2; *Canaris*, Vertrauenshaftung, S. 180 f.; *Limbach*, ZHR 134 (1970), 289, insb. 291 ff.; *Nickel*, JA 1980, 566, insb. 568 ff.; kritisch *K. Schmidt*, § 10 VIII, S. 293 f.; *Staub/Bondi*, Anhang zu § 5.

[21]Entscheidung vom 13. 4. 1949, *LAG Hamburg*, Westdeutsche Arbeitsrechtsprechung, Jahrgang 1948/49, S. 179.

[22]Vgl. auch *Horrwitz*, S. 12 u. 35; *Würdinger* in RGRK-HGB, § 59 Anm 16.

III. Besondere Folgen?

Aus dem Erfordernis der Kaufmannseigenschaft resultieren nur Rechtsfolgen, die eine Parallele für andere Arbeitnehmer haben, deren Arbeitgeber besondere Eigenschaften aufweisen müssen. Dies läßt sich gerade am Beispiel des mittelbaren Arbeitsverhältnisses zeigen. Da der Arbeitgeber des Handlungsgehilfen Kaufmann sein muß, kann der beim sogenannten Mittelsmann angestellte Arbeitnehmer nicht zu den Handlungsgehilfen gehören. Der Mittelsmann ist nämlich wiederum Arbeitnehmer des hier kaufmännischen Hauptarbeitgebers und betreibt damit in dieser Eigenschaft nicht zugleich auch das Handelsgewerbe. Er kann daher in seiner Eigenschaft als Arbeitnehmer nicht Kaufmann sein.[23] Da der Arbeitnehmer aber ohne Arbeitsvertrag mit dem Hauptarbeitgeber auch nicht als dessen Handlungsgehilfe angesehen werden kann,[24] ist für die Handlungsgehilfen diese Konstellation des mittelbaren Arbeitsverhältnisses nicht denkbar.[25] Gleiches gilt aber auch beispielsweise für Gewerbegehilfen, deren Arbeitgeber ein Gewerbe betreiben müssen, dies beim mittelbaren Arbeitsverhältnis indessen nicht tun. Die unechte Besonderheit der Kaufmannseigenschaft wirft damit keine zusätzlichen Besonderheiten für allgemeine arbeitsrechtliche Rechtsfiguren auf.

D. Kaufmännische Dienste

Während ein Arbeitnehmer nach den allgemeinen Bestimmungen der §§ 611 I HS. 1, 611 II BGB i.V.m. dem Arbeitsvertrag Dienste jeder Art erbringen kann, müssen es gem. § 59 S. 1 HS. 1 HGB solche kaufmännischer Natur sein.[26]

Obgleich die Leistung kaufmännischer Dienste die "wesentliche Eigentümlichkeit" des Handlungsgehilfenverhältnisses ist,[27] handelt es sich hier nicht um eine echte Besonderheit, da auch der Arbeitnehmer eines Nichtkaufmanns zur

---

[23] Vgl. dazu *Baumbach/Duden/Hopt,* § 1 Anm. 3 C.

[24] A.A. wohl *LAG Königsberg* vom 24. 1. 1937, ARS 29, 73, 74.

[25] Inkonsequent *Schlegelberger/Schröder,* § 59 Rdnr. 6 u. 20 b. Dort wird aus demselben Grund die Möglichkeit einer Handlungsgehilfeneigenschaft abgelehnt, andererseits aber entgegen der h.M. die Auffassung vertreten, ein Arbeitnehmer könne auch eine juristische Person sein. Dann wäre aber nur folgerichtig, daß auch der Mittelsmann eine juristische Person sein kann und damit als Formkaufmann geeigneter Arbeitgeber ist.

[26] Dies war in der Entwicklung des Handlungsgehilfen nicht immer so; vgl. dazu *Schmuck,* S. 10.

[27] Formulierung von *van der Borght,* S. 9.

Leistung kaufmännischer Dienste verpflichtet sein kann.[28] Da dieses Tatbestandsmerkmal den kaufmännischen Angestellten aber als Typus beschreibt,[29] wird diese unechte Besonderheit im folgenden näher dargestellt.

I. Die tatsächlichen Dienste

Ausgangspunkt der Überlegung ist, ob zur Leistung kaufmännischer Dienste angestellt ist, wer diese Dienste verspricht und / oder tatsächlich leistet. Zwar werden in der Regel die Dienste verlangt und erbracht, die im Arbeitsvertrag vereinbart wurden, denkbar ist aber auch eine Diskrepanz zwischen vereinbarter und erbrachter Tätigkeit.

Die richtige Antwort fügt sich in die Lösung anderer Abgrenzungsprobleme ein, die nicht in der gewählten Bezeichnung, sondern in der tatsächlich ausgeübten Tätigkeit das ausschlaggebende Kriterium sieht.[30] Dafür spricht vor allem § 83 HGB, der bei der Abgrenzung anderer Arbeitnehmer von der tatsächlichen Leistung kaufmännischer Dienste ausgeht und damit für die Handlungsgehilfeneigenschaft nicht die Verpflichtung zur Leistung für entscheidend hält. Ein Wechsel der Tätigkeit auf Dauer ist daher ungeachtet einer Vertragsänderung beachtlich.[31] Der geltend gemachte Einwand, daß der Arbeitgeber durch Zuweisung anderer Arbeit die rechtliche Stellung des Arbeitnehmers verändern könne, weswegen allein die anfangs bzw. im Rahmen einer Vertragsänderung vereinbarten Dienste maßgebend sein müßten,[32] ist nicht stichhaltig. Grenze einer jeden arbeitgeberseitigen Anordnung ist der Arbeitsvertrag selbst, so daß der Arbeitgeber gerade nicht ohne weiteres die Stellung des Arbeitnehmers ändern kann.

---

[28] Siehe § 3 I Nr. 4 AVG; vgl. auch *RG* vom 24. 4. 1906, Bd. 63, 200, 202; *BAG* vom 28. 1. 1966, Bd. 18, 104, 113.

[29] So *K. Schmidt,* § 16 VI 2 a, S. 447.

[30] Vgl. statt vielen *Baumbach/Duden/Hopt,* § 59 Anm. 3 B c sowie die tarifvertraglichen Regelungen zur Eingruppierung, z. Bsp. Anl. 10 Nr. 1 zum MTV für Angestellte vom 28. 6. 1984 in der Metallindustrie Nordwürttemberg/Nordbaden oder § 22 II BAT. Vgl. für die Abgrenzung freier Mitarbeiter/Arbeitnehmer, *BAG* vom 13. 1. 1983, Bd. 41, 247, 258; Handlungsgehilfe/Handlungsagent, *RAG* vom 13. 5. 1942, ARS 45, 34, 35; *BAG* vom 21. 1. 1966, Bd. 18, 87, 91; *LAG Frankfurt* vom 21. 1. 1966, SAE 1966, 221, 222; Arbeiter/Angestellte, *BAG* vom 24. 7. 1957, AP Nr. 5 zu § 59 HGB und *Brill,* DB 1981, 316, 317.

[31] So schon *Bundfuss,* S. 24. Vgl. auch *Etzel,* GK-HGB, § 59 Rdnr. 5, der sowohl die vertraglich vereinbarten als auch die tatsächlich geleisteten Dienste berücksichtigen will, was aber bei sich widersprechenden Ergebnissen gerade nicht weiterhilft.

[32] I.d.S. *RAG* vom 23. 1. 1940, ARS 38, 152 ff. mit zustimmender Anmerkung von *Dersch,* S. 155 u. 156; *Classen,* DArbR 1941-43, S. 85, 87; *Schlegelberger/Schröder,* § 59 Rdnr. 23.

Die gegenwärtig tatsächlich ausgeübte Tätigkeit ist desweiteren auch entscheidend, wenn der Arbeitnehmer zu Diensten verschiedener Art verpflichtet ist, tatsächlich aber nur gleichartige Leistungen erbringt.[33]

II. Der Inhalt

Was unter kaufmännischen Diensten zu verstehen ist, wird im Gesetz nicht näher dargelegt. Es war somit Aufgabe der Rechtsprechung und Lehre, die Merkmale herauszuarbeiten, wann eine Tätigkeit als die eines Handlungsgehilfen anzusehen ist.

1. Gängige Umschreibung

Ausgehend vom Wortsinn waren es die dem Tätigkeitsbereich eines Kaufmanns entsprechenden Dienste, was mit "kaufmännischer Signatur" betitelt wurde.[34] Es wurden Dienste verlangt, "zu denen die Schulung und Fertigkeit gehören, die man in ihrer Vollendung die kaufmännische Tüchtigkeit nennt."[35] "Kaufmännische Fachkenntnisse" bzw. "merkantiltechnische Kenntisse" sollten dafür Voraussetzung sein.[36] Diese Begriffsbestimmungen ersetzten zwar das Wort "kaufmännisch" nur durch eine andere Formulierung, spiegelten aber zutreffend die damalige Auffassung wider, nach der ein Handlungsgehilfe eben "ein Kaufmann ohne Kapital"[37] bzw. "ein lernender Kaufmann"[38] war.

Entscheidende Bedeutung kam seit jeher der Verkehrsauffassung zu,[39] wobei sich diese in Anbetracht der fortschreitenden Arbeitsteilung und Spezialisierung im Handelsgewerbe sicherlich geändert hat. Gehörte einst zum zukünftigen Kaufmann, daß er insbesondere gewinnbringend ein- und verkaufen, kassieren, die Korrespondenz erledigen konnte, reicht es bald aus, daß der Arbeitnehmer nur eine dieser Tätigkeiten ausübt. Eine weitere Spezialisierung hat zur Folge,

---

[33] A.A. *Würdinger* in RGRK-HGB, § 59 Anm. 6.

[34] Vgl. *ROHG* 17, 307, 309; *RG* vom 31. 3. 1880, Bd. 1, 268; *Horrwitz*, S. 27.

[35] Vgl. die Nachweise bei *Bundfuss*, S. 22 Fn. 13.

[36] Vgl. *Bundfuss*, S. 21 u. 22.

[37] Ausdruck von *Zitte*, S. 9.

[38] Ausdruck von *Piper*, S. 9.

[39] Instruktiv zur Entwicklung *RAG* vom 7. 1. 1933, Bd. 7, 250 ff.; vgl. desweiteren *ROHG* 17, 307, 309; *RAG* vom 14. 10. 1931, Bd. 9, 250, 253 f.; *RAG* vom 15. 2. 1936, ARS 27, 298; *Baumbach/Duden/Hopt*, § 59 Anm. 3 B c; *Düringer/Hachenburg/Hoeniger*, § 59 Anm. 5; *Heymann/Honsell*, § 59 Rdnr. 30; *Würdinger* in RGRK-HGB, § 59 Anm. 5.

daß die für einen Kaufmann typischen, aber einfachen Büro- oder Verkaufstätigkeiten aus der Palette der kaufmännischen Dienste ausscheiden.[40]

Das Problem ist bis heute die Feststellung dessen, was die Verkehrsanschauung als kaufmännische Dienste beurteilt. Eine Konkretisierung brachte die Umschreibung, wonach "kaufmännische Dienste leistet, wer beim An- und Verkauf von Waren oder den übrigen den Warenumsatz betreffenden Geschäften mitwirkt, soweit diese Tätigkeit nach der Verkehrsauffassung oder dem Sprachgebrauch als eine kaufmännische Tätigkeit aufzufassen ist. Untergeordnete Dienstleistungen, namentlich solche rein mechanischer Art und ebenso mechanische Verrichtungen können nicht als Leistung kaufmännischer Dienste gewertet werden. Es muß sich um Dienste handeln, die gewisse kaufmännische Fähigkeiten und Kenntnisse, mindestens aber eine kaufmännische Übung erfordern."[41]

2. *Systematisierung*

Für obige "Formel" spricht, daß sie vermeidet, den Handlungsgehilfen zum Sammelbegriff bestimmter Berufsbezeichnungen wie etwa des Verkäufers, Buchhalters oder Kassierers zu machen.[42] Überlegenswert bleibt aber der gedankliche Weg, die Leistung kaufmännischer Dienste zu ermitteln. Die dogmatisch beste Lösung dürfte inzwischen eine dreistufige Prüfung mit einer Negativabgrenzung sein.

Da die Handlungsgehilfen Angestellte sind,[43] besteht der erste Schritt in der üblichen Abgrenzung von Angestellten und Arbeitern. Es muß die geistige Tätigkeit die körperliche überwiegen, wobei der Verkehrsanschauung die

[40] Dazu *Bundfuss*, S. 23; *Dersch*, Urteilsanmerkung zu *RAG* vom 15. 2. 1936, ARS 27, 298, 304. Beachtenswert ist auch der Gedanke von *Wachler*, S. 83 ff., nach dem die Größe des Betriebs entscheidenden Einfluß auf die Arbeitsteilung und damit den Inhalt der kaufmännischen Dienste gewinnt.

[41] So *RAG* vom 9. 9. 1933, ARS 18, 437; ähnlich *RAG* vom 23. 7. 1928, Bd. 2, 131, 133; *RAG* vom 15. 2. 1936, Bd. 16, 154, 156; *LAG Köln* vom 1. 10. 1936, ARS 28, 113; *LAG Hamburg* vom 2. 8. 1938, ARS 34, 74; *RAG* vom 14. 6. 1939, Bd. 21, 202, 207; *LAG Berlin* vom 10. 1. 1939, ARS 36, 31 ff.; *LAG Düsseldorf* vom 6. 11. 1959, AP Nr. 15 zu § 59 HGB; *LAG Schleswig-Holstein* vom 23. 7. 1963, AP Nr. 22 zu § 59 HGB; *BAG* vom 6. 12. 1972, AP Nr. 23 zu § 59 HGB.

[42] Vgl. den Überblick zu der zahlreichen Kasuistik bei *Baumbach/Duden/Hopt*, § 59 Anm. 3 C; *Etzel* in GK-HGB, § 59 Rdnr. 10; *Schlegelberger/Schröder*, § 59 Rdnr. 23.

[43] Vgl. § 3 I Nr. 4 AVG sowie die heutige Bezeichnung als kaufmännische Angestellte.

maßgebende Bedeutung zukommt.[44] Diese Abgrenzung hat hier in zweifacher Hinsicht Bedeutung. Zum einen scheidet die rein körperliche Herstellung der Waren aus. Gleiches gilt auch für die in einem Handelsgewerbe wesentlichen Tätigkeiten, wie die Verpackung von Waren und deren Transport. Diese Tätigkeiten sind aufgrund ihres manuellen Charakters sogar dann keine kaufmännischen, wenn die Bearbeitung und Verarbeitung gem. § 1 II Nr. 2 HGB oder die Beförderung von Gütern gem. § 1 II Nr. 5 HGB den Gegenstand des Handelsgewerbes darstellen.[45] Andererseits scheiden auch Dienste aus, die zwar den Warenumsatz als klassische kaufmännische Tätigkeit betreffen, jedoch als nicht körperliche Arbeit anspruchslos sind. Sogar der Verkäufer kann, muß aber deswegen nicht Handlungsgehilfe sein.[46] Kommt seine Verkaufstätigkeit einer reinen Verteilertätigkeit gleich, die ohne geistige Anstrengung erfolgt, so reicht diese Arbeit nicht aus, weil kaufmännische Fähigkeiten nicht erforderlich sind, die Tätigkeit vielmehr von jedem verständigen Menschen ausgeführt werden könnte. Damit wurde etwa einer Verkäuferin in einem Bahnhofskiosk die Handlungsgehilfeneigenschaft abgesprochen.[47] Daß die Verkehrsanschauung dessen, was kaufmännisch ist, freilich verschieden sein kann, zeigt das Beispiel des Tankwarts. Ihm wurde von den deutschen Gerichten die Handlungsgehilfeneigenschaft aufgrund der überwiegend körperlichen Arbeit abgesprochen, während seine Dienste in Österreich als kaufmännische anerkannt wurden.[48]

Auf dieser so ermittelten Ebene der Angestellten ist nicht Handlungsgehilfe, dessen Aufgaben selbständig ausgeübt kein Handelsgewerbe bilden.[49] So scheiden wissenschaftliche, künstlerische, ärztliche, rechts- oder wirtschaftsberatende Leistungen ebenso aus wie technische Tätigkeiten.

---

[44] So die gängige Abgrenzung; vgl. statt vielen *BAG* vom 30. 9. 1954, AP Nr. 1 zu § 59 HGB; *BAG* vom 26. 1. 1956, AP Nr. 3 zu § 59 HGB; *BAG* vom 24. 7. 1954, AP Nr. 5 zu § 59 HGB; *BAG* vom 29. 11. 1958, AP Nr. 12 zu § 59 HGB; *BAG* vom 13. 5. 1981, AP Nr. 24 zu § 59 HGB; *Brill*, DB 1981, 316, 317; *Schaub*, § 13 I, II 1, S. 48 f.

[45] Auf die fehlende Deckungsgleichheit des Kaufmannsbegriffs gem. §§ 1 ff. HGB und der kaufmännischen Dienste wird schon früh hingewiesen; vgl. *Bundfuss*, S. 21; *Oesterhelt*, S. 8, 9.

[46] Vgl. dazu die gelungene Beschreibung bei *Brill*, DB 1981, 316, 319 f.

[47] Vgl. *BAG* vom 26. 1. 1956, AP Nr. 3 zu § 59 HGB mit kritischer Anmerkung von *Nikisch*; *LAG Schleswig-Holstein* vom 23. 7. 1963, AP Nr. 22 zu § 59 HGB; ebenso für Verkaufstätigkeit in einem Großmarkt, *LAG Düsseldorf* vom 19. 12. 1941, ARS 44, 68, 70 f.; parallel dazu für typische und einfache Bürotätigkeiten *BAG* vom 29. 11. 1958, Bd. 7, 86 ff. Weitere Nachweise bei *Heymann/Honsell*, § 59 Rdnr. 35.

[48] Vgl. die Nachweise bei *Piper*, S. 66 Fn. 14.

[49] Gedanke von *Becker*, DB 1987, 167, 168 Fn. 14.

Auf der dritten Stufe erfolgt nun eine Präzisierung und abschließende Überprüfung der übrig gebliebenen kaufmännischen Dienste durch eine Zuordnung in vier Gruppen. Zunächst kommen alle Tätigkeiten in Betracht, die den Warenumsatz des § 1 II Nr. 1 HGB unmittelbar fördern bzw. selbständig ausgeübt gem. § 1 II Nr. 7 HGB ein Geschäft der Handelsvertreter darstellen würden. Desweiteren sind die Dienste zu beachten, die sich auf die Organisation des Handelsgewerbes beziehen und in einem in kaufmännischer Weise eingerichteten Betrieb typischerweise anfallen.[50] Schließlich kommt auch eine Überprüfung anhand der in Tarifverträgen beschriebenen Tätigkeitsmerkmale in Betracht, da sie die Verkehrsanschauung der beteiligten Berufskreise widerspiegeln.[51] Letztlich bleibt der Blick auf die §§ 60, 74 ff. HGB, da eine für den Kaufmann wettbewerblich relevante Handlung Ausdruck kaufmännischer Tätigkeit ist.[52]

Mit dieser gedanklich neuen Aufbereitung des Lösungsweges wird die unechte Besonderheit der kaufmännischen Dienste sowohl besser erfaßt als auch beschrieben.

III. Die gemischte Tätigkeit

Da alle Umstände des Einzelfalles zu berücksichtigen sind, wird es häufig so sein, daß der Arbeitnehmer beim selben Arbeitgeber verschiedene Tätigkeiten ausübt, die jeweils für sich allein betrachtet, eine unterschiedliche Zuordnung ergeben würden. So kann zum Beispiel die Verkäuferin in einer Metzgerei auch zu Reinigungs- und Aufräumarbeiten verpflichtet sein. Eine komplexe Tätigkeit ist je nach Zeitraum zwischen der Erbringung kaufmännischer und anderer Dienste in verschiedenen Erscheinungsformen denkbar. Es können die einzelnen Dienste zeitlich dergestalt miteinander verbunden sein, daß sie eher ineinander übergehen oder sogar zu einem Wechsel in der Tätigkeit führen.

Zu klären ist, ob ein solcher Arbeitnehmer dann sowohl Handlungs- als auch Gewerbegehilfe ist, mit der Folge einer Anwendung der Regeln des Handelsgesetzbuchs und der Gewerbeordnung auf diesen gemischten Vertrag.[53] Gegen diese Annahme spricht vor allem das historisch gewachsene Verständnis, wonach

---

[50] Dazu schon *Bundfuss*, S. 23; *Heymann/Honsell*, § 59 Rdnr. 31, 32.

[51] Vgl. etwa MTV für die Arbeiter und Angestellte in der Metallindustrie in Nordwürttemberg/Nordbaden vom 28. 6. 1984, Anl. 10, II. Vgl. auch die vom *Deutschnationalen Handlungsgehilfenverband* vorgenommene Aufgliederung des kaufmännischen Berufs, S. 33 ff.

[52] Gedanke von *Heymann/Honsell*, § 59 Rdnr. 33.

[53] So *Düringer/Hachenburg/Hoeniger*, § 59 Anm. 10.

ein Arbeitnehmer im Rahmen eines Arbeitsverhältnisses nur einer einzigen Berufsgruppe zugeordnet werden kann. Darauf basiert auch § 154 I Nr. 2 GewO, der die Anwendung der dort genannten Bestimmungen für Gewerbegehilfen auf den Handlungsgehilfen ausschließt. Ein Arbeitnehmer kann damit entweder nur Handlungsgehilfe oder Gewerbegehilfe sein.[54] Seine Zuordnung richtet sich nach der Lösung des allgemeinen arbeitsrechtlichen Problems der gemischten Tätigkeit, dessen Hauptanwendungsfall vorliegende Konstellation ist.[55] Es kommt darauf an, welcher Teil der Dienste der Gesamttätigkeit das Gepräge gibt. Die Beurteilung richtet sich auch hier wiederum nach der Verkehrsanschauung. Um Handlungsgehilfe zu sein, müssen daher die kaufmännischen Dienste als Schwerpunkt überwiegen. Sie müssen insgesamt vorrangig sein und das Wesen der Gesamttätigkeit ausmachen.

E. Ergebnis

Vorliegend ging es um die Gruppe von Besonderheiten, welche die Handlungsgehilfeneigenschaft begründet.

Entscheidend ist, daß der Arbeitnehmer des Kaufmanns überwiegend kaufmännische Dienste leistet.

Echte Besonderheiten, d.h. solche, die ausschließlich beim Arbeitsverhältnis des Handlungsgehilfen vorliegen, sind insoweit nicht ersichtlich, da auch ein Arbeitnehmer einer anderen Berufsgruppe einen Kaufmann zum Arbeitgeber haben bzw. als Arbeitnehmer eines Nichtkaufmanns kaufmännische Dienste leisten kann. Die echte Besonderheit besteht lediglich in der Kombination zweier getrennt denkbarer Merkmale.

Daran schließt sich die eigentliche Frage an, ob diese Besonderheit rechtlich von Bedeutung ist. Dies wird nur dann der Fall sein, wenn sie ihrerseits wiederum Besonderheiten für das Arbeitsverhältnis auslöst. Abweichende Rechtsfolgen könnten sich vor allem aus den nun anwendbaren §§ 59 ff. HGB ergeben.

---

[54] Seit jeher h.M.; vgl. *Bundfuss*, S. 25 f.; *Francke*, S. 18; *Piper*, S. 65 u. 66; *Staub/Bondi*, § 59 Anm. 13; *Titze*, S. 585; aus neuerer Zeit *Heymann/Honsell*, § 59 Rdnr. 42; *Schlegelberger/Schröder*, § 59 Rdnr. 24 m.w.N.; *Würdinger* in RGRK-HGB, § 59 Anm. 5.

[55] Dazu *Schaub*, § 12 III 1, § 13 II 2, S. 45 f., 50; *RAG* vom 24. 6. 1931, ARS 12, 364, 366; *BAG* vom 30. 9. 1954, AP Nr. 1 zu § 59 HGB; *BAG* vom 11. 11. 1954, AP Nr. 2 zu § 59 HGB.

Der Vergleich mit den allgemeinen Regeln bildet daher den Inhalt der nachfolgenden Kapitel. Dabei wird zu beachten sein, daß nur diese echte Besonderheit der Leistung kaufmännischer Dienste bei einem Kaufmann eine etwaige Ungleichbehandlung durch die §§ 59 ff. HGB rechtfertigen kann.

Zweites Kapitel

Die Arbeitspflicht, § 59 HGB / § 611 BGB

Gem. § 59 S. 1 HGB hat der Handlungsgehilfe, soweit nicht besondere Vereinbarungen über die Art und den Umfang seiner Dienstleistungen getroffen sind, die dem Ortsgebrauch entsprechenden Dienste zu leisten. In Ermangelung eines Ortsgebrauchs gelten gem. § 59 S. 2 HGB die den Umständen nach angemessenen Leistungen als vereinbart. § 59 HGB baut den Gang der Ermittlungen, welche Arbeit in welchem Umfang zu leisten ist, damit dreistufig in der Reihenfolge besondere Vereinbarung - Ortsgebrauch - Angemessenheit auf, wobei diese zur Verfügung gestellten Maßstäbe entsprechend ihrer Abfolge zueinander im Verhältnis der Subsidiarität stehen. Demgegenüber sind gem. § 611 I HS. 1 BGB i.V.m. dem Arbeitsvertrag alle Arbeitnehmer zur Leistung der Dienste verpflichtet, die sie versprochen haben. Die allgemeine Regelung stellt daher allein auf die Zusage ab und schweigt im übrigen.

A. Art

I. Besondere Vereinbarungen

Es mag zunächst erstaunen, daß die Art der zu leistenden Tätigkeit eine eigene Regelung erfahren hat, da in der Legaldefinition bereits von kaufmännischen Diensten die Rede ist. Geklärt werden soll jedoch, was der Arbeitgeber im konkreten Einzelfall von seinen Handlungsgehilfen verlangen kann. Es geht also um die Grenzen des Weisungsrechts, wobei hier nur eventuelle Unterschiede zu anderen Arbeitnehmern interessieren.

Soweit nun besondere Vereinbarungen getroffen wurden, hat der Handlungsgehilfe wie jeder andere Arbeitnehmer die den Vereinbarungen entsprechenden Dienste zu leisten. Dies gilt sowohl hinsichtlich der präzisierten Natur der Dienste als auch für die Art und Weise des Tätigwerdens. Ein Handlungsgehilfe ist daher ebensowenig wie ein technischer Angestellter oder Facharbeiter zu Diensten eines Pförtners oder Hausmeisters verpflichtet.

§ 59 HGB wiederholt und betont wie § 611 I BGB den im Rahmen der Privatautonomie ohnehin selbstverständlichen Vorrang der Vertragsabrede und geht insoweit mit der allgemeinen Bestimmung konform.

Ob sich unter das Tatbestandsmerkmal "besondere Vereinbarung" auch tarifvertragliche Regelungen subsumieren lassen, kann dahingestellt bleiben, da die hier interessierenden Eingruppierungsmerkmale als normierte Beschreibungen einer Tätigkeit ohnehin gem. § 4 I TVG unmittelbar und zwingend auf die Arbeitsverhältnisse tarifgebundener Vertragsparteien einwirken bzw. im übrigen kraft vertraglicher Bezugnahme gelten. Da die tariflich beschriebenen Tätigkeitsmerkmale eines kaufmännischen Angestellten[1] durch ihren besonderen Zuschnitt lediglich die Eigenart der zu leistenden kaufmännischen Dienste beschreiben, beinhalten sie nur eine Besonderheit kraft Natur der Sache.

II. Der Ortsgebrauch

Probleme entstehen jedoch nicht nur, wenn der Arbeitnehmer allgemein als Handlungsgehilfe angestellt ist, sondern auch bei einer näheren Bezeichnung des Tätigkeitsfeldes, da immer nur ein ungefährer Ausschnitt der zu leistenden Dienste widergespiegelt wird. So kann für die Sekretärin eines Kaufmanns wie auch für die eines Anwalts streitig werden, ob sie auch verpflichtet ist, ihren Schreibtisch aufzuräumen, eilige Botengänge zu erledigen, die berühmte Tasse Kaffee zu kochen oder den abgerissenen Knopf an das Jacket ihres Chefs anzunähen.

Besteht keine besondere Absprache, ob der Arbeitnehmer eine bestimmte Tätigkeit zu verrichten hat, enthält § 59 HGB für das Arbeitsverhältnis der Handlungsgehilfen spezielle Auslegungsregeln. Während gem. § 59 S. 1 HGB zunächst der Ortsgebrauch zur "Richtlinie"[2] und "Schranke"[3] wird, fehlt bei anderen Arbeitnehmern eine vergleichbare Regelung. Auch § 121 HS. 2 GewO ordnet lediglich an, daß für Gesellen und Gehilfen eine Verpflichtung zur Verrichtung häuslicher Arbeiten nicht besteht, enthält aber keine Richtlinie für die Ermittlung der im Einzelfall zu leistenden Dienste. Es stellt sich damit die Frage, welche Ermittlungskriterien beim Arbeitsverhältnis anderer Arbeitnehmer gelten und welche Unterschiede ein Vergleich zu § 59 S. 1 HGB für Handlungsgehilfen aufzeigt. Eine Bearbeitung dieser Thematik fehlt völlig. Es wird entweder auf

---

[1] Vgl. z. Bsp. Anl. 10, S. 32 ff., MTV für die Arbeiter und Angestellten in der Metallindustrie Nordwürttemberg/Nordbaden vom 28. 6. 1984.

[2] So *Tibertius*, S. 14.

[3] So *Würdinger* in RGRK-HGB, § 59 Anm. 16.

die Auslegungsregeln des § 59 HGB überhaupt nicht eingegangen,[4] oder es erschöpft sich die Bezugnahme in einer bloßen Umschreibung des Ortsgebrauchs bzw. der Angemessenheit.[5]

Da es um die Bestimmung der geschuldeten Leistung geht, weil eine ungenaue oder ungenügende Regelung getroffen wurde, handelt es sich der Sache nach um eine genauere Festlegung des vertraglichen Inhalts. Dies ist Gegenstand der sogenannten normativen Vertragsauslegung gem. §§ 157, 242 BGB.[6] Da gem. Art. 2 I EGHGB die Vorschriften des Bürgerlichen Gesetzbuches in Handelssachen nur subsidiär gelten, der Arbeitsvertrag eines Handlungsgehilfen als Handelsgeschäft gem. § 343 I HGB aber eine Handelssache begründet,[7] ist § 59 HGB lex specialis zu § 157 BGB.[8] Die allgemeine Auslegungsregel schließt sich aufgrund ihrer nur subsidiären Geltung nicht bereits an das Tatbestandsmerkmal der besonderen Vereinbarungen in § 59 HGB an, sondern wird zum Vergleichsmaßstab.

Dem Ortsgebrauch in § 59 S. 1 HGB steht damit gem. §§ 157, 242 BGB der Maßstab von Treu und Glauben mit Rücksicht auf die Verkehrssitte gegenüber.

Der Ortsgebrauch ist aber kurz zusammengefaßt nichts anderes als die örtliche Verkehrssitte.[9] In den §§ 157, 242 BGB wird zwar allgemein auf die Verkehrssitte abgestellt, fraglich ist aber auch hier die im konkreten Fall maßgebende Übung. Obgleich nach dem Sprachgebrauch des Gesetzes die unbegrenzte Übung gerade als Sitte und nicht als Brauch bezeichnet wird,[10] stellt

---

[4]Vgl. etwa *LAG Bielefeld* vom 19. 3. 1930, ARS 10, 30; *BAG* vom 27. 3. 1980, Bd. 33, 71, 76; *Etzel* in GK-HGB, § 59 Rdnr. 51; *Falkenberg*, DB 1981, 1087 ff.; *Heymann/Kötter*, § 59 Anm. 5; *Staudinger/Richardi*, § 611 Rdnr. 271 ff.

[5]Vgl. *Baumbach/Duden/Hopt*, § 59 Anm. 5 A; *Düringer/Hachenburg/Hoeniger*, § 59 Rdnr. 13; *Horrwitz*, S. 41 ff.; *Kamnitzer/Bohnenberg*, § 59 Anm. IV; *Korn*, GewGer, 10, 359 f.; *Schlegelberger/Schröder*, § 59 Rdnr. 27 ff.; *Staub/Bondi*, § 59 Anm. 24; *Würdinger* in RGRK-HGB, § 59 Anm. 16.

[6]Zur Streitfrage, ob § 242 BGB heranzuziehen ist, siehe *Sonnenberger*, S. 115-131, 167.

[7]Vgl. *Horrwitz*, S. 12, 35; *Titze*, S. 654.

[8]Dogmatisch falsch daher *Würdinger* in RGRK-HGB, § 59 Anm. 17.

[9]Vgl. *Oertmann*, S. 35, 36; *Schreiber*, S. 48, 49; *Schultzenstein*, JW 1922, 71, 72; *Staub/Bondi*, Allg. Einl., Rdnr. 30 a. Unklar *BAG* vom 1. 7. 1965, Bd. 17, 229, 231, das in anderem Zusammenhang die Verkehrsitte und den Ortsgebrauch berücksichtigt wissen will, wohl aber nicht ernstlich von einer Differenzierung ausgeht. Zum Verhältnis des Ortsgebrauchs zum Handelsbrauch vgl. *Bendir*, JW 1921, 226, 227; *Horrwitz*, S. 12, widersprüchlich aber S. 13; *K. Schmidt*, § 3 II 1, S. 46 f.; *Oertmann*, S. 37; *Schreiber*, S. 7 Fn. 6.

[10]Vgl. *Oertmann*, S. 29.

die Verkehrssitte dennoch die im Verkehr der beteiligten Kreise herrschende tatsächliche Übung dar,[11] weswegen auch bei der Vertragsauslegung die für die Parteien speziellere Übung gilt.[12] Die am engsten begrenzte Verkehrssitte ist aber der Ortsgebrauch.[13]

Obgleich diese Verkehrssitte in § 59 S. 1 HGB alleiniges Auslegungskriterium ist, hingegen in §§ 157, 242 BGB nur im Rahmen von Treu und Glauben Berücksichtigung findet, ergeben sich auch daraus keine Besonderheiten. Unsitten finden keine Beachtung,[14] da ihnen ein Mißbrauch immanent ist, den eine rechtsstaatliche Rechtsordnung gerade eindämmen will und den sie damit unabhängig vom Rahmen der §§ 157, 242 BGB nicht hinnehmen kann.

§ 59 S. 1 HGB wiederholt damit nach den allgemeinen Regeln ohnehin Gehandhabtes, indem er dieselbe Vorgehensweise mit dem Begriff Ortsgebrauch wiedergibt.[15] Dann kann es aber im obigen Beispielsfall für die Sekretärin des Kaufmanns keine Besonderheiten aufgrund ihrer Handlungsgehilfeneigenschaft geben. Für beide Arbeitnehmerinnen wird vielmehr entscheidend, was nach hiesiger Gepflogenheit dem Berufsbild einer Sekretärin entspricht. Danach kann je nach Stellung im Betrieb eine Gefälligkeit wie Kaffeekochen sogar zum Pflichtenkreis gehören.

III. Das Angemessene

Gem. § 59 S. 2 HGB gelten bei Fehlen eines Ortsgebrauchs die den Umständen nach angemessenen Leistungen als vereinbart. Die Vorschrift fingiert damit als "ultima ratio" das Angemessene als Vertragsinhalt. Die Aufgabe besteht nicht mehr im Auffinden objektiv vorgegebener Gepflogenheiten, sondern in einer Bewertung der Einzelumstände, deren Ergebnis als gerechter Ausgleich der abzuwägenden Interessen der Vertragspartner empfunden wird.[16] § 59 S.

---

[11] Dazu *v. Hoyningen-Huene*, Billigkeit, S. 110.

[12] Vgl. *Oertmann*, S. 80.

[13] Vgl. *Sonnenberger*, S. 91 ff., insb. S. 96 Anm. 73.

[14] *RG* vom 19. 5. 1926, Bd. 114, 9, 13; vgl. auch *v. Hoyningen-Huene*, Billigkeit, S. 110.

[15] Zur praktischen Frage, wie heute der Inhalt eines Ortsgebrauchs ermittelt wird, beachte neben dem Berufsbild vor allem die Tätigkeitsmerkmale in den Tarifverträgen der jeweiligen Branche als Spiegelbild einer entsprechenden Verkehrsauffassung; dazu *BAG* vom 30. 9. 1954, AP Nr. 1 zu § 59 HGB; *BAG* vom 29. 11. 1958, AP Nr. 12 zu § 59 HGB; *BAG* vom 13. 5. 1981, AP Nr. 24 zu § 59 HGB. Die Einholung von Gutachten der Handelskammern als besondere Informationsquelle für Handlungsgehilfen ist deswegen entgegen *Heymann/Honsell*, § 59 Rdnr. 46 unüblich geworden.

[16] Vgl. dazu *v. Hoyningen-Huene*, Billigkeit, insb. S. 96-99, 111 u. 112.

2 HGB geht damit von einer als ideal gedachten Vereinbarung aus, in der sich die Arbeitgeber- und Arbeitnehmerinteressen die Waage halten. Dieses so ermittelte Ergebnis ist als Einzelfallgerechtigkeit aber nichts anderes als die Billigkeit.[17]

Da andererseits das Weisungsrecht bei noch offenen Fragen nach der zu leistenden Arbeit gem. § 315 I BGB nur nach billigem Ermessen ausgeübt werden darf[18] und die ergangene Weisung gem. § 315 III BGB der Billigkeit entsprechen muß,[19] ist in allen Arbeitsverhältnissen das ermittelte Ergebnis im Charakter gleich und nur der Lösungsweg dogmatisch verschieden.[20]

IV. Besondere Umstände

Besondere Umstände können auch für den Handlungsgehilfen gem. § 242 BGB die Art der zu leistenden Dienste kurzfristig modifizieren, ohne aber der Sache nach eine Besonderheit gerade für sein Arbeitsverhältnis zu begründen. So ist letztlich auch im Hinblick auf § 323 c StGB selbstverständlich, daß ein Arbeitnehmer bei einem Wasserrohrbruch im Warenlager zur Sicherung der gefährdeten Güter beitragen muß und seine Hilfe nicht etwa mit der Begründung verweigern darf, er sei als Angestellter nicht zur Leistung körperlicher Arbeit verpflichtet.

V. Zusammenfassung

Abschließend kann somit festgehalten werden, daß die Grenzen zum beginnenden "Weisungsunrecht" bei allen Arbeitsverhältnissen die gleichen sind und sich inhaltlich nur aufgrund der unterschiedlichen Tätigkeiten unterscheiden.

---

[17]Vgl. *v. Hoyningen-Huene*, Billigkeit, S. 22.

[18]Dazu *BAG* vom 19. 6. 1985, DB 1986, 132; *BAG* vom 12. 4. 1973, Bd. 33, 71, 75; *v. Hoyningen-Huene*, Billigkeit, S. 144 f. m.w.N. in Fn. 29 u. 34.

[19]Zum Verhältnis billiges Ermessen / Billigkeit siehe *v. Hoyningen-Huene*, Billigkeit, S. 41-44, hier insb. S. 42.

[20]I.E. ebenso *Düringer/Hachenburg/Hoeniger*, § 59 Anm. 13; unklar *Heymann/Honsell*, § 59 Rdnr. 47, nach denen § 59 S. 2 HGB auf die allgemeinen Auslegungsgrundsätze verweist.

B. Umfang

Auch die Frage, wieviel ein Arbeitnehmer innerhalb der Arbeitszeit arbeiten muß, beantwortet sich für Handlungsgehilfen nach § 59 HGB, für andere Arbeitnehmer gem. § 611 BGB nach dem Versprechen. Die aus § 62 I HGB resultierende Verpflichtung des Arbeitgebers, kein Übermaß an Arbeit zu verlangen, ist auch in der allgemeinen Regelung des § 618 I BGB enthalten.

Die herausgearbeiteten Grundsätze zur Art der Arbeit gelten sinngemäß auch hier, so daß der Arbeitsumfang für den Handlungsgehilfen wie bei anderen Arbeitnehmern nach der Normalleistung bestimmt wird. Maßgebend ist im Ergebnis auch bei ihm das Arbeitstempo, das nach Treu und Glauben zugemutet werden kann.[21]

C. Ort

Besonderheiten hinsichtlich des Ortes seiner Tätigkeit können für den Handlungsgehilfen ebenfalls nur bestehen, wenn darüber eine spezielle und inhaltlich andere Regelung getroffen wurde. Dies ist jedoch nicht der Fall. Insbesondere ist auch das Tatbestandsmerkmal "in" einem Handelsgewerbe nicht in einem örtlichen Sinne zu verstehen, da ein Handlungsgehilfe gerade auch außerhalb des Betriebes tätig sein kann, wie etwa die §§ 55 I, 75 g und § 75 h HGB zeigen. Wo der Handlungsgehilfe tätig werden muß, richtet sich also nach allgemeinen Grundsätzen.[22]

D. Zeit

Wie jeder andere Arbeitnehmer kann auch der Handlungsgehilfe seine Arbeitszeit nicht frei bestimmen, vgl. § 84 I 2 HGB.

I. Privatrechtlich geschuldete Arbeitszeit

Welche Arbeitszeit der Handlungsgehilfe privatrechtlich einzuhalten hat, wird in den §§ 59 ff. HGB nicht angesprochen. Lediglich in § 62 I und II HGB wird

---

[21]Dazu *BAG* vom 20. 3. 1969, AP Nr. 27 zu § 123 GewO; *Hanau/Adomeit*, S. 182; *v. Hoyningen-Huene*, Betriebliches Arbeitsrecht, S. 79; *Palandt/Putzo*, § 611 BGB Anm. 3 b; *Schaub*, § 45 V 1, S. 225.

[22]Dazu statt vielen *Palandt/Putzo*, § 611 Anm. 3 d; *Schaub*, § 45 III, S. 219.

dem Arbeitgeber im Rahmen seiner Fürsorgepflicht auferlegt, die Arbeitszeit insbesondere mit Rücksicht auf die Gesundheit des Handlungsgehilfen zu regeln. Da diese Bestimmungen in § 618 I BGB sinngemäß, in § 618 II BGB ausdrücklich ihr Pendant finden und im übrigen heute durch den öffentlichrechtlichen Arbeitszeitschutz verstärkt werden, können sie keine Besonderheiten begründen.

Die Dauer ergibt sich für den Handlungsgehilfen wie bei allen Arbeitnehmern aus Tarifvertrag oder Arbeitsvertrag, die Lage aus Tarifvertrag, Betriebsvereinbarung oder Arbeitsvertrag. Da diese Regelungsmechanismen inhaltlich nicht an die Handlungsgehilfeneigenschaft anknüpfen, bestehen keine Besonderheiten.

II. Öffentlichrechtlich erlaubte Arbeitszeit

Welche Arbeitszeit öffentlichrechtlich erlaubt ist, wird im Rahmen des Arbeitnehmerschutzes geregelt. Es gibt zwar Sonderregelungen für besondere Gruppen von Arbeitnehmern. Keine ist aber eigens für die Gruppe der Handlungsgehilfen zugeschnitten. Auch das Ladenschlußgesetz schützt nur einen Teil der Handlungsgehilfen, nämlich die Gruppe der Verkäufer. Ohne eine Sonderbehandlung ist aber auch keine Besonderheit denkbar.

E. Ergebnis

Besonderheiten hinsichtlich der Arbeitspflicht des kaufmännischen Angestellten erschöpfen sich in solchen aufgrund der unterschiedlichen Tätigkeit. Dies bedeutet für den markanten Fall, in dem sich der Arbeitnehmer eines Kaufmanns und der eines Nichtkaufmanns zur Leistung der gleichen kaufmännischen Dienste verpflichtet haben, eine Konformität der Hauptleistungspflichten.

Der in diesem Zusammenhang erörterte § 59 HGB ist überflüssig. § 59 HGB enthält spezielle Auslegungsregeln für die Arbeitspflicht im Handlungsgehilfenverhältnis, ohne aber deswegen einen Unterschied in Lösungsweg oder Ergebnis zu begründen, da die allgemeinen Regeln die gleichen Maßstäbe haben. Der Ortsgebrauch des § 59 S. 1 HGB entspricht im Regelfall der Branchenüblichkeit des regional angewandten Tarifvertrages und fließt als Verkehrssitte in §§ 157, 242 BGB mit ein. Das Angemessene des § 59 S. 2 HGB ist das Ergebnis der nach billigem Ermessen ausgeübten Leistungsbestimmung gem. § 315 I BGB.

Drittes Kapitel

Die Vergütungspflicht, § 59 HGB / §§ 611, 612 BGB

§ 59 HGB enthält auch spezielle Regelungen hinsichtlich der Gehaltszahlung. Nach § 59 S. 1 HGB hat der Handlungsgehilfe, soweit nicht besondere Vereinbarungen über die ihm zukommende Vergütung getroffen sind, die dem Ortsgebrauch entsprechende Vergütung zu beanspruchen. In Ermangelung eines Ortsgebrauchs gelten gem. § 59 S. 2 HGB auch hinsichtlich der Vergütung die den Umständen nach angemessenen Leistungen als vereinbart.

Demgegenüber wird der Arbeitgeber gem. § 611 I HS. 2 BGB i.V.m. dem Arbeitsvertrag lediglich zur Gewährung der vereinbarten Vergütung verpflichtet. Gem. § 612 I BGB gilt allerdings eine Vergütung als stillschweigend vereinbart, wenn die Dienstleistung den Umständen nach nur gegen eine Vergütung zu erwarten ist. Ist die Höhe nicht bestimmt, so ist gem. § 612 II BGB bei dem Bestehen einer Taxe die taxmäßige Vergütung, in Ermangelung einer Taxe die übliche Vergütung als vereinbart anzusehen.

A. Die fehlende Vereinbarung, § 59 S. 1 HGB / § 612 I BGB

Eine Vereinbarung über die Vergütungspflicht fehlt, wenn die Parteien weder ausdrücklich noch stillschweigend eine Einigung über die Frage der Entgeltlichkeit erzielt haben. Da eine Anstellung als Handlungsgehilfe schon nach dem Sinngehalt[1] und der Legaldefinition eine Vergütungspflicht zum Ausdruck bringt, bleiben die Fälle der fehlgeschlagenen Vergütungserwartung übrig, in denen jemand mit einer bestimmten Erwartung für die Zukunft kaufmännische Dienste erbringt.

Fehlt eine Vergütungsvereinbarung, kann der Handlungsgehilfe gem. § 59 S. 1 HGB die dem Ortsgebrauch entsprechende Vergütung beanspruchen. Dazu

[1]So auch *Staudinger/Nipperdey/Mohnen/Neumann*, § 612 Rdnr. 1 für vergleichbare Fälle; MünchKomm-*Schaub*, § 612 Rdnr. 4.

könnte § 612 I BGB als allgemeine Regelung korrespondieren,[2] wonach eine Vergütungsvereinbarung fingiert wird, wenn die Dienstleistung den Umständen nach nur gegen eine Vergütung zu erwarten ist. Nach beiden Normen muß der Arbeitnehmer darlegen und beweisen, daß zwar keine besondere Vereinbarung über die Frage des Entgelts getroffen wurde, eine Entlohnung aber der Verkehrssitte bzw. den Umständen entspricht.[3] Zu untersuchen wäre damit nur, ob der Ortsgebrauch einen anderen Inhalt hat als die Umstände in § 612 I BGB, zu denen neben der Verkehrssitte auch die tatsächlichen Verhältnisse des Einzelfalles zählen.[4]

Fraglich ist jedoch, ob zugunsten des Handlungsgehilfen eine derartige Entgeltlichkeitsvermutung in § 59 S. 1 HGB enthalten sein kann, da die Legaldefinition ausdrücklich eine Anstellung gegen Entgelt und damit den Nachweis einer gewollten Entgeltlichkeit seitens des Arbeitnehmers voraussetzt. Ohne diesen geführten Nachweis kann aber § 59 S. 1 HGB überhaupt nicht zur Anwendung kommen und somit auch nicht dem Arbeitgeber die Beweislast für eine unentgeltlich gewollte Leistung aufbürden. § 59 S. 1 HGB ist damit nicht lex specialis zu § 612 I BGB.

Da das Tatbestandsmerkmal "gegen Entgelt" indessen die Art und Weise des Zustandekommens der Vergütungsvereinbarung unberührt läßt, greift auch zugunsten der Handlungsgehilfen die in § 612 I BGB getroffene Regelung ein, so daß keine Besonderheiten vorliegen.

B. Die Höhe, § 59 S. 1, S. 2 HGB / § 612 II, §§ 315, 316 BGB

I. Die Vereinbarung

Wie bei allen Arbeitnehmern richtet sich die Höhe der Vergütung nach dem Arbeitsvertrag, bei Tarifgebundenheit der Vertragspartner nach den einschlägigen tariflichen Bestimmungen, soweit diese günstiger sind sowie nach den im Rahmen des § 77 III BetrVG zulässigen Betriebsvereinbarungen.

---

[2] I.d.S. MünchKomm-*Schaub*, § 612 Rdnr. 3; *Staudinger/Nipperdey/Mohnen/Neumann*, § 612 Rdnr. 34.

[3] Vgl. MünchKomm-*Schaub*, § 612 Rdnr. 221, 222; *Palandt/Putzo*, § 612 Anm. 2 c; *Soergel/Kraft*, § 612 Rdnr. 4; *Staudinger/Nipperdey/Mohnen/Neumann*, § 612 Rdnr. 2.

[4] Dazu *Schaub*, § 66 II 2, S. 342 ff.; *Soergel/Kraft*, § 612 Rdnr. 4; *Staudinger/Nipperdey/Mohnen/Neumann*, § 612 Rdnr. 4, 5; *Weimar*, JR 1971, 238.

II. Der Ortsgebrauch

Lediglich bei einer fehlenden, auch unwirksamen Vereinbarung bestimmt sich die Höhe der Vergütung für Handlungsgehilfen gem. § 59 S. 1 HGB nach dem Ortsgebrauch. Demgegenüber stellt § 612 II BGB zunächst auf eine taxmäßige Vergütung ab, die allerdings für Arbeitnehmer wegen Fehlens einer Taxe bedeutungslos ist und bestimmt im übrigen die übliche Vergütung als vereinbart.

Wie bereits dargestellt, ist der Ortsgebrauch als örtliche Verkehrssitte nichts anderes als das im Ort Übliche. Der gleichen Definition unterliegt aber auch die übliche Vergütung des § 612 BGB, die als das am gleichen Ort in gleichem oder ähnlichen Berufe zu zahlende Entgelt beschrieben wird.[5] Es ist daher zu untersuchen, ob auch heute noch eine solche örtliche Gepflogenheit für die Vergütung ausmachbar ist, die zudem speziell nur für Handlungsgehilfen gilt.

1. *Handelsbräuche*

So wurden etwa bis Mitte der dreißiger Jahre unter anderem eigens für den Handlungsgehilfen im Ort geltende "Handelsbräuche" veröffentlicht.[6] Danach konnte zum Beispiel ein Handlungsgehilfe in Berlin eine Gratifikation für eine Mehrleistung verlangen, die in einer erheblichen Überschreitung der regelmäßigen Arbeitszeit lag.[7] Andere Bräuche waren aber auch für die Handlungsgehilfen auf die jeweilige Branche des Arbeitgebers beschränkt, so daß im übrigen eine Sonderbehandlung aller Handlungsgehilfen in der Regel nicht bestand.

Die Nachweise derartiger Gepflogenheiten beginnen indessen etwa Mitte der dreißiger Jahre zu versickern; Veröffentlichungen werden kommentarlos eingestellt. Der Grund dafür liegt darin, daß die Regelung des Branchenüblichen mehr und mehr von Tarifverträgen bzw. von Tarifordnungen des Dritten Reiches übernommen wird und sich im übrigen das Augenmerk auf den einzelnen Betrieb zu richten beginnt. Die betriebliche Übung und der Gleichbehandlungsgrundsatz entfalten als Gleichbehandlung in der Zeit bzw. in der Person im jeweiligen

---

[5] Vgl. statt vielen *Hueck/Nipperdey*, I, S. 265; *Soergel/Kraft*, § 612 Rdnr. 13; Staudinger/Richardi, § 612 Rdnr. 40. Vgl. auch den inzwischen aufgehobenen § 149 RVO, der vom sog. Ortslohn ausging und diesen als das ortsübliche Tagesentgelt gewöhnlicher Tagarbeiter definierte.

[6] Dies war terminologisch unrichtig, da ein Handelsbrauch gem. § 346 HGB auf den Handelsverkehr unter Kaufleuten beschränkt ist.

[7] Vgl. Handelsgebräuche zu Berlin, Nr. 15; auch *Horrwitz*, S. 68.

Betrieb ab Mitte der dreißiger Jahre Verpflichtungswirkung.[8] Im Mittelpunkt steht daher nicht mehr der Brauch einer Branche oder Berufsgruppe, sondern der des Betriebs, bezogen auf die Betriebszugehörigkeit.

2. *Tarifverträge*

Die in der Praxis relevante Frage, ob die tarifliche Vergütung ohne weiteres die übliche ist, beantwortet sich für die Handlungsgehilfen nicht anders, weswegen diese Problematik dahingestellt sei.[9] Wichtig ist in diesem Zusammenhang wiederum nur, ob für Handlungsgehilfen Besonderheiten aus tariflicher Sicht bestehen könnten.

Es existieren indessen weder Tarifverträge nur für kaufmännische Angestellte noch enthalten Tarifverträge Sonderregelungen speziell für diese Berufsgruppe. Dies erklärt sich vor allem daraus, daß die nach dem Industrieverbandsprinzip organisierten Gewerkschaften alle Arbeitnehmer des jeweiligen Wirtschaftszweiges aufnehmen, Fragen speziell zu den Handlungsgehilfen in internen Berufsgruppenausschüssen behandeln und für alle Organisierten einheitliche Tarifverträge abschließen. Berufsverbände nur für kaufmännische Angestellte gibt es nicht mehr, so daß die Interessen aller Angestellten wahrgenommen werden.[10] Besonderheiten auf tariflicher Ebene gibt es für Handlungsgehilfen damit nicht. Es besteht vielmehr die Möglichkeit, kaufmännische Angestellte verschiedener Branchen aufgrund unterschiedlicher Tarifverträge abweichend voneinander zu behandeln.

3. *Zwischenergebnis*

Als Zwischenergebnis bleibt somit festzuhalten, daß die Höhe der Vergütung für alle Arbeitnehmer nach denselben Kriterien ermittelt wird. Einen Ortsgebrauch im strengen Sinne des Wortes gibt es heute nicht mehr. Der Sache nach bedeutet der Ortsgebrauch in § 59 S. 1 HGB aber das Gleiche wie das Übliche in § 612 II BGB, nämlich in erster Linie die Betriebsüblichkeit. Nur wenn man

---

[8] Vgl. *RAG* vom 19. 1. 1938, ARS 33, 172, 176 f.; *Hueck/Fastrich*, AR-Blattei, D, Betriebsübung, unter A I; *Nikisch*, I, S. 262 ff.; *Mayer-Maly*, AR-Blattei, D, Gleichbehandlung, unter B.

[9] Vgl. dazu etwa *LAG Düsseldorf* vom 23. 8. 1977, DB 1978, 165; MünchKomm-*Schaub*, § 612 Rdnr. 220; kritisch *Rick*, AuR 1960, 369 ff.; *Soergel/Kraft*, § 612 Rdnr. 14; *Staudinger/Richardi*, § 612 Rdnr. 42 m.w.N.; *Zöllner*, S. 154.

[10] Vgl. dazu *Seiler*, AR-Blattei, D, Berufsverbände, unter B.

dem Ortsgebrauch unter diesem Aspekt noch eine Bedeutung beimißt,[11] ist § 59 S. 1 HGB lex specialis zu § 612 II BGB,[12] ohne aber deswegen eine Besonderheit für die Handlungsgehilfen zu begründen.

III. Das Angemessene

Ist die übliche Vergütung nicht feststellbar, bleibt gem. § 59 S. 2 HGB der Rückgriff auf die angemessenen Leistungen. Gleiches gilt aber auch nach den Normen des Allgemeinen Schuldrechts, wonach gem. §§ 316, 315 BGB der Forderungsinhaber die Bestimmung der Leistung nach billigem Ermessen treffen muß. Damit kann aber auch ein Arbeitnehmer, der nicht Handlungsgehilfe ist, ebenfalls nur eine angemessene Vergütung verlangen.[13]

C. Die Fälligkeit, § 64 HGB / § 614 BGB

Nach § 64 S. 1 HGB hat die Zahlung des dem Handlungsgehilfen zukommenden Gehalts am Schlusse jedes Monats zu erfolgen. Eine Vereinbarung, nach der die Zahlung des Gehalts später erfolgen soll, ist gem. § 64 S. 2 HGB nichtig. Dieser Sondernorm steht § 614 BGB gegenüber. § 614 S. 1 BGB bestimmt, daß die Vergütung nach der Leistung der Dienste zu entrichten ist. Wenn die Vergütung nach Zeitabschnitten bemessen ist, so ist sie gem. § 614 S. 2 BGB nach dem Ablaufe der einzelnen Zeitabschnitte zu entrichten.

Die in § 64 HGB gewählte Bezeichnung der Vergütung als Gehalt stellt nur den für das Entgelt von Angestellten gängigen Sprachgebrauch dar,[14] der zudem den fortlaufenden Charakter betont.[15] Beide Vorschriften haben also Fragen

---

[11] Vgl. aber auch *Staudinger/Richardi*, § 612 Rdnr. 40 ff., 530 ff. und *Zöllner*, S. 154 f., die § 59 HGB in diesem Zusammenhang überhaupt nicht mehr erwähnen; ähnlich *Würdinger* in RGRK-HGB, § 59 Anm. 36 ff.

[12] So ohne weiteres *Baumbach/Duden/Hopt*, § 59 Anm. 6 A; *Etzel* in GK-HGB, § 59 Rdnr. 76, 77; *Heymann/Honsell*, § 59 Rdnr. 98; MünchKomm-*Schaub*, § 612 Rdnr. 3; unklar *Schlegelberger/Schröder*, § 59 Rdnr. 48 b, wonach beide Normen nebeneinander angewendet werden sollen; *Soergel/Kraft*, § 612 Rdnr. 10; *Staudinger/Nipperdey/Mohnen/Neumann*, § 612 Rdnr. 34; so nicht richtig *Tibertius*, S. 12.

[13] Vgl. RGRK-*Denecke*, § 612 Anm. 4; *Söllner*, Entlohnung nach billigem Ermessen, AR-Blattei, D, Lohn XVI, unter A I; *ders.*, Leistungsbestimmung, S. 92; *Soergel/Kraft*, § 612 Rdnr. 16; *Staudinger/Nipperdey/Mohnen/Neumann*, § 612 Rdnr. 23, 31; *Titze*, S. 631.

[14] Zum Sprachgebrauch vgl. *Zöllner*, S. 153.

[15] Vgl. § 832 ZPO.

zur Auszahlung der festen, laufenden Bezüge zum Regelungsgegenstand. Während § 64 HGB die in § 614 BGB zum Ausdruck gekommene Vorleistungspflicht des Arbeitnehmers unberührt läßt, könnte aber die zugunsten der Handlungsgehilfen zwingend festgelegte Gehaltszahlung am Ende eines jeden Monats eine Besonderheit im positiven Sinne begründen.

I. Die monatliche Gehaltszahlung

Während der Gehaltsanspruch gem § 64 HGB somit jeweils spätestens am Ende eines jeden Monats seit Arbeitsaufnahme fällig wird,[16] kann nach § 614 S. 2 BGB der Zeitabschnitt auch länger sein. Dadurch wurden die Handlungsgehilfen insbesondere im Vergleich zu anderen Angestellten gegen eine "ungebührliche Verzögerung der Gehaltszahlung"[17] besonders geschützt. War nämlich ein Jahresgehalt vereinbart, stellte die nur einmalige Auszahlung gerade im letzten Jahrhundert keine Seltenheit dar.[18] Geschützt wurde der Handlungsgehilfe später aber auch im Vergleich zu den Arbeitern, denen der Lohn bei einer allmählich einsetzenden monatlichen Entlohnung erst Mitte des nachfolgenden Monats ausbezahlt wurde.[19]

Heute wird dieser von § 64 HGB beabsichtigte Schutz für Handlungsgehilfen ohne Blick auf die Vorschrift einheitlich für alle Arbeitnehmer verwirklicht. Die monatliche Gehaltszahlung wird nicht nur durch tarifliche Regelungen abgesichert, sondern ist inzwischen eine "überkommene Selbstverständlichkeit",[20] die wiederum den Zeitpunkt der Fälligkeit üblicherweise auf den letzten Arbeitstag des Kalendermonats[21] oder sogar auf den fünfzehnten des Monats[22] nach sich zieht.

---

[16]Zum Inhalt vgl. *Baumbach/Duden/Hopt*, § 64; *Erman/Küchenhoff*, § 614 Rdnr. 12; *Heymann/Kötter*, § 64 Anm. 2, 3; MünchKomm-*Schaub*, § 614 Rdnr. 5; *Schlegelberger/Schröder*, § 64 Rdnr. 3. Zur Praxis, die auch bei Arbeitsaufnahme während des laufenden Monats auf den Kalendermonat abstellt, vgl. *Etzel* in GK-HGB, § 64 Rdnr. 4 und *Heymann/Honsell*, § 64 Rdnr. 3.

[17]So *van der Borght*, S. 69; *Düringer/Hachenburg/Hoeniger*, § 65 Anm. 1; *Langrehr*, S. 26; *Sinzheimer*, DArbR 1918/19, S. 34, 35.

[18]Dieser Hintergrund ergibt sich auch aus der Denkschrift zum Handelsgesetzbuch, S. 238, abgedruckt bei *Schubert/Schmiedel/Krampe*, S. 998; vgl. auch *Henze*, S. 36.

[19]Vgl. die Angaben bei *Henze*, S. 40.

[20]So *Walter*, AR-Blattei, D, Monatliche Lohnzahlung, unter A I.

[21]Vgl. etwa § 11.2 MTV der Metallindustrie Nordwürttemberg/Nordbaden vom 1. 4. 1988. Siehe auch die für Auszubildende getroffene gleiche Regelung des Gesetzgebers in § 11 II BBiG.

[22]Vgl. etwa § 36 I 1 BAT.

Aufleben würde die Bedeutung des § 64 HGB damit nur bei einer unüblichen Vereinbarung, die in kollektivrechtlicher Sicht nicht vorstellbar und auch als arbeitsvertragliche Absprache nur theoretisch ist, so daß dahingestellt bleibt, ob die gewohnheitsrechtliche Zahlung spätestens am Monatsende überhaupt abbedungen werden kann. Haben aber die tarifvertragliche und auch gesellschaftliche Entwicklung den einst gem. § 64 HGB begründeten Vorsprung eingeholt, ist sogar der Verzicht auf diese Sondernorm zu wagen.[23]

II. Umgehungsklauseln

Besondere Bedeutung könnte § 64 S. 2 HGB allenfalls noch bei "Umgehungsklauseln" gewinnen. Da nach dieser Norm die Zahlung des Gehalts zwingend am Schlusse jedes Monats zu erfolgen hat, sind auch Vereinbarungen nichtig, die den Erhalt von Umständen wie etwa der Zahlung bestimmter Kunden abhängig machen und die damit den Fälligkeitszeitpunkt verzögern können.[24]

Bei genauerer Betrachtung dient § 64 HGB indessen nur als Aufhänger, während hinter dem Ergebnis vor allem das Wesen des auf Austausch von Diensten gegen Vergütung gerichteten Arbeitsverhältnisses steht, das gem. § 138 I BGB verbietet, den Anspruch auf wesentliche Lohnteile von Umständen abhängig zu machen, auf die der Arbeitnehmer keinen Einfluß hat.[25]

Es kann somit festgestellt werden, daß § 64 HGB auch unter diesem Aspekt keinen besonderen, nur für Handlungsgehilfen bestehenden Schutz begründet und damit bedeutungslos ist.

D. Die Provision, § 65 HGB

Ist bedungen, daß der Handlungsgehilfe für Geschäfte, die von ihm geschlossen oder vermittelt werden, die besondere Vergütungsform der Provision erhalten soll, sind gem. § 65 HGB die für die Handelsvertreter geltenden Vorschriften der § 87 I und III sowie der §§ 87 a bis 87 c HGB anzuwenden. Arbeitet der

---

[23] Beachte auch die wohl deswegen nicht gewollte Anwendung des § 64 HGB in dem Gebiet der ehemaligen DDR aufgrund des Einigungsvertrages vom 31. 8. 1990, Anl. I, Kap. VIII, Abschn. III, Nr. 2; i.d.S. auch *Wank,* RdA 1991, 1, 6.

[24] Vgl. *LAG Frankfurt* vom 8. 10. 1963, AP Nr. 1 zu § 64 HGB; MünchKomm-*Schaub,* § 614 Rdnr. 5; *Schlegelberger/Schröder,* § 64 Rdnr. 4.

[25] Vgl. dazu *LAG Hamm* vom 3. 10. 1979, DB 1980, 597.

Handlungsgehilfe also auf Provisionsbasis[26] bzw. erhält er neben seinem festen Gehalt eine Provision, stehen die Regelungen über das Vorliegen eines provisionspflichtigen Geschäfts, über Fälligkeit, Höhe und Abrechnung der Provision zur Verfügung. Da für andere Arbeitnehmer eine mit § 65 HGB vergleichbare Regelung fehlt, ist fraglich, ob die Sondernorm mit ihrer Verweisung auf das Handelsvertreterrecht Besonderheiten für Handlungsgehilfen begründet.

Eine Regelung eigens für Handlungsgehilfen hatte ihren Grund indessen nur in der praktischen Bedeutung der Provision gerade für die kaufmännischen Angestellten, die im Verkauf tätig sind oder die als sogenannte Handlungsreisende Geschäfte vermitteln oder abschließen sollen und sich von den Handelsvertretern nur hinsichtlich ihrer unselbständigen Stellung unterscheiden.[27] Es sollte hingegen keine unterschiedliche Behandlung anderen Arbeitnehmern gegenüber geschaffen werden. Entscheidend ist somit auch im Rahmen des § 65 HGB die Stellung des Handlungsgehilfen als Arbeitnehmer, die zum einen einer schematischen Anwendung der genannten Normen des Handelsvertreterrechts entgegensteht,[28] zum anderen aber auch zu einer Berücksichtigung nicht ausdrücklich angegebener Vorschriften wie etwa des § 87 II HGB bei entsprechender Interessenlage führen kann.[29] Da für die Anwendung der Normen des Handelsvertreterrechts letztlich nicht § 65 HGB ausschlaggebend ist, sondern die Existenz solcher Regelungen unter Berücksichtigung des Arbeitnehmerschutzes, bestehen zu Recht keine Bedenken, die für Handlungsgehilfen geltenden Vorschriften des Handelsvertreterrechts auch auf andere Arbeitnehmer entsprechend anzuwenden, die beispielsweise mit Vertriebsaufgaben bei einem Nichtkaufmann gegen Provision betraut sind.[30] Damit begründet § 65 HGB aber auch keine Besonderheiten.

---

[26] Zur Zulässigkeit vgl. *LAG Berlin* vom 3. 11. 1986, AP Nr. 14 zu § 65 HGB und *Heymann/Honsell,* § 65 Rdnr. 5.

[27] Zum Hintergrund vgl. die Denkschrift zum Handelsgesetzbuch, S. 238, abgedruckt bei *Schubert/Schmiedel/Krampe,* S. 998; *van der Borght,* S. 70; *Mayer,* S. 2.

[28] Vgl. dazu *BAG* vom 4. 7. 1972, AP Nr. 6 zu § 65 HGB mit zustimmender Urteilsanmerkung von Herschel; *Fenn,* Urteilsanmerkung zu BAG vom 20. 7. 1973, AP Nr. 7 zu § 65 HGB unter 2.; *Hoyningen-Huene, Billigkeit, S. 181, 182; Schulze/Osterloh,* Urteilsanmerkung zu BAG vom 22. 9. 1975, AP Nr. 8 zu § 65 HGB unter III 3 a; MünchKomm-*Schaub,* § 612 Rdnr. 89, 91 ff.

[29] Vgl. die Denkschrift zum Handelsgesetzbuch bei *Schubert/Schmiedel/Krampe,* S. 998; auch *Heymann/Honsell,* § 65 Rdnr. 13 ff.

[30] So auch *Heymann/Kötter,* § 65 Anm. 7; MünchKomm-*Schaub,* § 612 Rdnr. 90; *Oehmann/Bürger/Matthes,* HwB-AR, Provision des Handlungsgehilfen, unter 1.1.; *Schaub,* § 76 I 3, S. 404; *Trinkhaus,* DB 1967, 859, 860 m.w.N. in Fn. 12; dogmatisch anders *Etzel* in GK-HGB und *Heymann/Honsell,* § 65 Rdnr. 7, die § 65 HGB analog anwenden. Vgl. auch *Seifert,* DB 1979, 2034, der den Handlungsgehilfen im Zusammenhang mit § 65 HGB überhaupt nicht mehr erwähnt. A.A. wohl *Grossmann/Schneider,* S. 95.

E. Ergebnis

Es bestehen keine Besonderheiten bezüglich der Vergütungspflicht des Arbeitgebers.

§ 59 HGB enthält bei einer fehlenden Vereinbarung über die Höhe der Vergütung eine spezielle Auslegungsregel im Vergleich zu § 612 II BGB und § 315 BGB, ohne aber deswegen einen Unterschied in Lösungsweg und Ergebnis zu begründen. § 64 HGB bewirkt keine Besonderheiten mehr, da auch die anderen Arbeitnehmer heute ihr Entgelt spätestens am Ende des Monats zur Verfügung haben und vor nachteiligen Vereinbarungen durch § 138 BGB in gleichem Maße geschützt werden. Gleiches gilt auch für § 65 HGB, da die für Handlungsgehilfen geltenden Vorschriften des Handelsvertreterrechts auch auf andere Arbeitnehmer entsprechend anwendbar sind.

Viertes Kapitel

Das gesetzliche Wettbewerbsverbot, §§ 60, 61 HGB

Der Gesetzgeber hat das Wettbewerbsverbot während des Arbeitsverhältnisses sowie die Rechtsfolgen bei Verstößen gegen die Wettbewerbsenthaltungspflicht nur für Handlungsgehilfen in den §§ 60, 61 HGB geregelt, für andere Arbeitnehmer hingegen nicht. In Mittelpunkt rückt daher die Untersuchung, ob die Leistung kaufmännischer Dienste bei einem Kaufmann eine inhaltlich gleiche Regelung gebietet oder nicht.

A. Das Verbot

Nach dem Wortlaut des § 60 I HGB darf ein Handlungsgehilfe ohne Einwilligung des Prinzipals weder ein Handelsgewerbe betreiben noch in dem Handelszweige des Prinzipals für eigene oder fremde Rechnung Geschäfte machen. § 60 II HGB kommt dem Handlungsgehilfen insoweit entgegen, als die Einwilligung zum Betrieb eines Handelsgewerbes als erteilt gilt, wenn dem Prinzipal bei der Anstellung des Gehilfen bekannt ist, daß er das Gewerbe betreibt und der Prinzipal die Aufgabe des Betriebs nicht ausdrücklich vereinbart.

I. Rechtsgrundlagen, § 60 HGB / § 242 BGB

Da das Wettbewerbsverbot für andere Arbeitnehmer keine gesetzliche Regelung erfahren hat, ist zunächst die Rechtsgrundlage für ein solches Verbot zu suchen. Rechtsgrundlage war und ist nach der überwiegenden Meinung in Rechtsprechung und Literatur die arbeitsvertragliche Treuepflicht, letztlich also § 242 BGB;[1] nach einem Teil insbesondere der Literatur seit dem Jahre 1980

[1] I.d.S. *LAG Magdeburg* vom 5. 1. 1939, ARS 35, 18, 20; *RAG* vom 22. 3. 1939, ARS 36, 264, 269; *BAG* vom 17. 10. 1969, AP Nr. 7 zu § 611 BGB, Treuepflicht, unter 3 a, b, wobei erstaunlicherweise nicht bedacht wurde, daß der beklagte Einkaufssubstitut Handlungsgehilfe war und wohl § 60 I 2. Alt. HGB verletzte; *BAG* vom 12. 5. 1972, AP Nr. 6 zu § 60 HGB; *AG Verden* vom 8. 2. 1974, ARSt 1975, 16, Nr. 1024; *ArbG Göttingen* vom 11. 3. 1974, DB 1974, 632; *Bobrowski/ Gaul*, S. 532; *Hohn*, DB 1971, 94, 95; *Hueck/Nipperdey*, I, S. 251; *Nikisch*, I, S. 451; *Oeh-*

kommt dagegen § 60 HGB analog[2] bzw. eine Gesamtanalogie zu §§ 60, 61 HGB in Betracht.[3]

Gemeinsam ist allen Ansichten, daß die Frage, ob nichtkaufmännische Arbeitnehmer überhaupt einer Wettbewerbsbeschränkung unterliegen, niemals kritisch überdacht, eine entsprechende Pflicht vielmehr seit jeher als selbstverständlich vorausgesetzt wurde.[4] Auch der später nachgeschobene Hinweis, daß § 60 HGB einen allgemeinen Rechtsgedanken enthalte, der seine Grundlage in der Treuepflicht habe und demzufolge für alle Arbeitnehmer gelte,[5] ist kein Argument, da nur der gemeinsame Ursprung des gesetzlichen und des richterlich geschaffenen Wettbewerbsverbotes unterstrichen, die vorrangige Frage nach einer ausfüllungsfähigen Rechtslücke aber gerade nicht beantwortet wird. So hätte die auffällige Besonderheit, daß ein Wettbewerbsverbot nur für Handlungsgehilfen geregelt ist, der Gesetzgeber also das Problem der Wettbewerbstätigkeit kannte und gleichwohl von einer Regelung in den §§ 611 ff. BGB und gem. Art. 9 II EGHGB für die Gewerbeordnung absah, zu der Überlegung führen können, ob der Gesetzgeber mit der in § 60 HGB getroffenen Regelung nicht gleichzeitig eine Negativregelung bezüglich einer Wettbewerbsenthaltungspflicht anderer Arbeitnehmer erlassen hat. Denkbar wäre ein qualifiziertes Schweigen des Gesetzgebers etwa dergestalt, daß er die Wettbewerbstätigkeit nichtkaufmännischer Arbeitnehmer als eine Art Freizeitbeschäftigung dem rechtsfreien Raum zuwies und ein Umkehrschluß aus § 60 HGB die anderen Arbeitnehmer von einer Wettbewerbsbeschränkung befreien soll.

Von entscheidender Bedeutung ist deswegen allein der Gedanke, daß der Gesetzgeber in § 60 HGB nicht die Wettbewerbstätigkeit der Arbeitnehmer, sondern gem. § 83 HGB nur die einer bestimmten Berufsgruppe regeln wollte, so daß darin keine gleichzeitige Negativregelung für sonstige Arbeitnehmer enthalten sein kann. Erst damit steht fest, daß die Annahme eines Wettbewerbsverbots nicht gegen die Wertung des Rechts verstößt.

---

mann/Bürger/Matthes, HwB-AR, Wettbewerbsverbot, unter 1 b; *Palandt/Putzo*, § 611 Anm. 4 c; *Weisemann/Schrader*, DB 1980, Beil. 4, S. 3; *Zöllner*, S. 143.

[2] I.d.S. bereits *LAG Düsseldorf* vom 19. 11. 1953, DB 1954, 156; *BAG* vom 16. 1. 1975, AP Nr. 8 zu § 60 HGB; *Gamillscheg*, I, Fallnr. 81 c, S. 192. Unklar *Etzel* in GK-HGB, § 60 Rdnr.1.

[3] I.d.S. *Buchner*, AR-Blattei, D, Wettbewerbsverbot II, C II 2; *Loddenkemper*, S. 136, 137; *Röhsler/Borrmann*, S. 65.

[4] Anders lediglich *Camuzzi*, S. 7, der meinte, die theoretisch offenstehende Konkurrenztätigkeit anderer Angestellten sei aus praktischen Gründen bedeutungslos.

[5] Vgl. *BAG* vom 17. 10. 1969, AP Nr. 7 zu § 611 BGB, Treuepflicht; *BAG* vom 24. 4. 1970, DB 1970, 1645; *ArbG Verden* vom 8. 2. 1974, ARSt 1975, 16, Nr. 1024; *ArbG Göttingen* vom 11. 3. 1974, DB 1974, 632; zuletzt *BAG* vom 16. 8. 1990, BB 1991, 347, 349 unter III 2.

Welcher Rechtsgrundlage indessen der Vorrang einzuräumen ist, ist eine Frage der dogmatischen Richtigkeit. Gleich ob die Treuepflicht oder § 60 HGB analog zitiert werden, bleibt für den Handlungsgehilfen aufgrund der Abweichung eine formelle Besonderheit, die aber für sich betrachtet ohne praktische Relevanz ist.

Da die analoge Anwendung einer Bestimmung eine planwidrige Unvollständigkeit des positiven Rechts voraussetzt, kommt § 60 HGB analog als Rechtsgrundlage nicht in Betracht, wenn das Gesetz, das Gewohnheitsrecht oder Rechtssätze mit normativer Wirkung die Anwort enthalten.[6] Gleich wie man die arbeitsvertragliche Treuepflicht begründet, ob als ein aus der Natur des Arbeitsverhältnisses entwickeltes Rechtsinstitut[7] oder zu Recht als besondere Ausprägung von Treu und Glauben gem. § 242 BGB,[8] kann eine Antwort wenigstens mittelbar aus dem positiven Recht entnommen werden. Etwas anderes ergibt sich auch nicht, wenn man die Konkretisierung der Generalklausel als Ausfüllung einer "Delegationslücke" wertet,[9] da ihr auch dann als sinngemäße Ausgestaltung eines vom Gesetzgeber gerade bewußt vorgegebenen Rahmens der Vorrang zukommt. Damit ist aber der Rückgriff auf eine analoge Anwendung des § 60 HGB versperrt und die Anwendbarkeit des § 242 BGB eröffnet.[10]

Als Ergebnis bleibt festzuhalten, daß die auffallende Besonderheit einer nur für Handlungsgehilfen geschaffenen gesetzlichen Regelung in § 60 HGB keinen ebenso gravierenden Unterschied begründet. Es bleibt nur eine dogmatische Besonderheit aufgrund der verschiedenen Rechtsgrundlage für die Wettbewerbsenthaltungspflicht.

II. Inhalt

1. Meinungsstand

Auf die Frage, ob eine inhaltsgleiche Pflicht für alle Arbeitnehmer besteht, findet sich in Rechtsprechung und Literatur keine eindeutige Antwort. Nur

---

[6]Vgl. *Canaris*, Lücken im Gesetz, §§ 11-19, S. 24 ff.; *Engisch*, S. 140-146; *Larenz*, Methodenlehre, S. 370 ff.

[7]I.d.S. die ältere Literatur; vgl. *Hueck*, Treuegedanke, S. 15; *Larenz*, Wegweiser, S. 284.

[8]So die heute h.M.; vgl. MünchKomm-*Söllner*, § 611 Rdnr. 376; *Palandt/Putzo*, § 611 Anm. 4; siehe auch die Nachweise bei *Richardi*, in Tomandl, S. 44, 55 ff.; *Wolf*, DB 1971, 1863, 1867; *Zöllner*, S. 145 f., 172 f.

[9]*Canaris*, Lücken im Gesetz, §§ 15-17, S. 26 ff.

[10]Ob sogar von einem gewohnheitsrechtlichen Wettbewerbsverbot gesprochen werden kann, sei mangels Entscheidungsrelevanz dahingestellt.

vereinzelt klingt an, daß die Rechtsprechung für sonstige Arbeitnehmer eine "weitgehend" entsprechende Wettbewerbsenthaltungspflicht anerkannt habe[11] bzw. daß sich ein gleichartiges Wettbewerbsverbot ergeben könne.[12] Im übrigen läßt sich anhand einer Analyse der Rechtsprechung und Literatur nur ablesen, daß die Entwicklung dahin geht, die Wettbewerbsverbote anzugleichen und damit Besonderheiten zu nivellieren.

So setzte sich die Rechtsprechung bis Ende der vierziger Jahre mit Wettbewerbsbeschränkungen anderer Arbeitnehmer ohne Seitenblick auf § 60 HGB und die Rechtslage der Handlungsgehilfen auseinander.[13] Dem nichtkaufmännischen Arbeitnehmer war aufgrund der Treuepflicht verboten, seinem Arbeitgeber bis zur Beendigung des Arbeitsverhältnisses eine unmittelbar schädigende Konkurrenz zu machen.[14] Differenzen zwischen den Wettbewerbsverboten blieben unerforscht, zumal man sich in der Literatur schon über die genaue Reichweite des Wettbewerbsverbots infolge der allgemeinen Treuepflicht uneinig war.[15] Lediglich mittelbar klingt an, daß das Wettbewerbsverbot für Handlungsgehilfen wohl wegen § 60 I 1. Alt. HGB das strengere sei, da ein Verbot für andere Arbeitnehmer nur insoweit bestehe, als die Tätigkeit nicht mit der Treuepflicht zu vereinbaren sei.[16]

Soweit ersichtlich, beginnt die Rechtsprechung ab dem Jahre 1950 die Wettbewerbsverbote im Zusammenhang zu sehen. § 60 HGB findet aber in die Entscheidungen der Wettbewerbsstreitigkeiten nichtkaufmännischer Arbeitnehmer nur mit der Maßgabe Eingang, daß die Bestimmung nicht ohne weiteres analog

---

[11]So *Buchner,* Wettbewerbsverbot I, AR-Blattei, D, unter A I 1 a und Wettbewerbsverbot II, AR-Blattei, D, unter A I 2.

[12]So schon *Bundfuss,* S. 11; *Schlegelberger/Schröder,* § 60 Rdnr. 2.

[13]Vgl. *LAG Bielefeld* vom 26. 6. 1935, ARS 25, 40; *LAG Magdeburg* vom 5. 1. 1939, ARS 35, 18 f.; *RAG* vom 22. 3. 1939, ARS 36, 264 f. sowie die Denkschrift zum Entwurf eines Handelsgesetzbuchs, S. 235, bei *Schubert/Schmiedel/Krampe,* S. 995.

[14]Vgl. *LAG Magdeburg* vom 5. 1. 1939, ARS 35, 18, 20.

[15]Vgl. *Hueck,* Urteilsanmerkung zu LAG Magdeburg vom 5. 1. 1939, ARS 35, 18, 21 f.; *Hueck/Nipperdey,* I, S. 251, als Vertreter der Unmittelbarkeitsformel; weitergehend *Nikisch,* I, S. 451, der nur dann eine konkurrierende Tätigkeit zulassen will, wenn eine Schädigung überhaupt nicht denkbar ist; auf Wettbewerbshandlungen im weiteren Sinne des Wortes sollte das Konkurrenzverbot nach *Staudinger/Nipperdey/Mohnen/Neumann,* § 611 Rdnr. 166 zu beschränken sein.

[16]Vgl. *Hueck/Nipperdey,* I, S. 251; *Hueck,* Urteilsanmerkung zu LAG Bielefeld vom 26. 6. 1935, ARS 25, 40, 43 u. 44.

auf alle Arbeitsverhältnisse anwendbar sei,[17] nach anderer Ansicht wiederum eine analoge Anwendung auf gewerbliche Angestellte durchaus angängig erscheine.[18] Allgemein beginnt man aber den gemeinsamen Nenner der Wettbewerbsverbote zu betonen, indem ausgeführt wird, daß § 60 HGB einen allgemeinen Rechtsgedanken wiedergebe, der seine Grundlage in der Treuepflicht des Arbeitnehmers habe.[19]

So verschwimmen die einst streng getrennten Wettbewerbsverbote zu der für alle Arbeitnehmer geltenden Pflicht, dem Arbeitgeber keine Konkurrenz zu machen.[20] Die zu § 60 HGB entwickelten Grundsätze werden nun zur Konkretisierung der Wettbewerbsenthaltungspflicht nichtkaufmännischer Arbeitnehmer benützt, wobei eine schematische Übernahme der Vorschrift aber abgelehnt wird.[21]

2. *Stellungnahme*

Ob eine inhaltsgleiche Pflicht für alle Arbeitnehmer besteht, läßt sich anhand dieser Rechtsausführungen der Rechtsprechung und Literatur nicht ermitteln. Der Grund besteht darin, daß Rechtsprechung und Literatur eine Prüfung der Momente missen lassen, die eine unterschiedliche Behandlung auslösen könnten. Gemeint sind die gesetzlichen Regelungen in § 60 I und § 60 II HGB sowie die im ersten Kapitel herausgearbeiteten Besonderheiten der Handlungsgehilfeneigenschaft als solcher. Nur wenn das Augenmerk darauf gelenkt wird, kann die Frage nach Besonderheiten beantwortet werden.

---

[17] So *ArbG Bremen* vom 24. 2. 1950, BB 1950, 535 mit allerdings unzutreffender Differenzierung zwischen Handlungsgehilfen und leitenden Angestellten, da auch ein Handlungsgehilfe leitender Angestellter sein kann.

[18] *LAG Düsseldorf* vom 19. 11. 1953, DB 1954, 156.

[19] Vgl. *BAG* vom 17. 10. 1969, AP Nr. 7 zu § 611 BGB, Treuepflicht; *BAG* vom 24. 4. 1970, DB 1970, 1645; *BAG* vom 12. 5. 1972, AP Nr. 6 zu § 60 HGB; *ArbG Verden* vom 8. 2. 1974, ARSt 1975, 16, Nr. 1024; *ArbG Göttingen* vom 11. 3. 1974, DB 1974, 632. Vgl. auch die Parallele des *BGH* vom 5. 12. 1983, Bd. 89, 162 ff. für § 113 HGB.

[20] Vgl. *BAG* vom 17. 10. 1969, AP Nr. 7 zu § 611 BGB, Treuepflicht; *BAG* vom 24. 4. 1970, DB 1970, 1645; *BAG* vom 21. 10. 1970, DB 1971, 50; *BAG* vom 16. 1. 1975, DB 1975, 1705; *BAG* vom 16. 6. 1976, AP Nr. 8 zu § 611 BGB, Treuepflicht. Vgl. auch die Formulierung des *BGH* vom 28. 1. 1969, MDR 1969, 471, 472, wonach für die Konkurrenztätigkeit eines freien Mitarbeiters zur Anwendung kommt, was für einen unselbständigen Dienstverpflichteten allgemein gilt.

[21] Vgl. *LAG Frankfurt* vom 21. 6. 1974, BB 1975, 788; *Buchner,* Wettbewerbsverbot II, AR-Blattei, D, unter C I 3; *Heymann/Kötter,* § 60 Anm. 1; *Hohn,* DB 1971, 94, 95; *Röhsler/Borrmann,* S. 62-64; *Weisemann/Schrader,* DB 1980, Beil. 4, S. 3; *Schaub,* § 57 V 2 u. 3, S. 293.

a) § 60 I 1. Alt. HGB

Nach dem Wortlaut des § 60 I 1. Alt. HGB ist es dem Handlungsgehilfen schlechterdings verwehrt, irgendein Handelsgewerbe ohne Einwilligung des Prinzipals zu betreiben. Dies würde beispielsweise bedeuten, daß die Verkäuferin eines Bäckers in ihrer Freizeit nicht mit Kosmetikartikeln handeln darf. Da dieses Verbot über eine Konkurrenztätigkeit hinausgeht, kann es auf seiten der anderen Arbeitnehmer als Wettbewerbsverbot keine Entsprechung finden.[22] Aber auch eine davon losgelöste extensive Ausgestaltung der Treuepflicht im Sinne einer "Fesselung der Arbeitskraft an das Geschäft"[23] könnte diesen Unterschied im Hinblick auf Art. 12 I GG nicht aufheben.

Die Beseitigung dieser prägnanten Besonderheit erfolgte seitens der Rechtsprechung durch eine Reduktion der Bestimmung auf das Verbot, ein Handelsgewerbe im Handelszweig des Prinzipals ohne dessen Einwilligung zu betreiben[24] und wird wegen der von Art. 12 GG geschützten Berufsfreiheit nahezu einhellig befürwortet.[25] Zuzugeben ist freilich, daß diese Auslegung weniger im Zuge einer für alle Arbeitnehmer in gleichem Maße gewollten Beschränkung der gewerblichen Tätigkeit vorgenommen wurde, da Art. 3 I GG nur im Hinblick auf § 112 HGB und die Funktion von § 60 HGB, nicht aber im Vergleich zur Rechtslage anderer Arbeitnehmer Erwähnung findet.[26]

Der Entscheidung ist im wesentlichen zuzustimmen. Überlegenswert ist nur, ob ein Rückgriff auf Grundrechte überhaupt bemüht werden mußte. Sinn und Zweck des § 60 I 1. Alt. HGB kann weder sein, dem Arbeitgeber die volle Arbeitskraft des Handlungsgehilfen zu erhalten,[27] weil dann das Fehlen des Verbots sonstiger Nebenbeschäftigungen sinnlos wäre. Im Hinblick auf § 60 II und § 61 HGB kann ebensowenig angenommen werden, daß der Gehilfe vor der besonderen Verantwortung eines Kaufmanns geschützt werden sollte.[28] Da der

---

[22] So wurde denn zunächst auch nur § 60 I 2. Alt. HGB zur Gewinnung des Treuegedankens herangezogen; vgl. *BAG* vom 17. 10. 1969, AP Nr. 7 zu § 611 BGB, Treuepflicht u. *BAG* vom 24. 4. 1970, DB 1970, 1645.

[23] I.d.S. die einst h.M. zur ratio legis des § 60 I 1. Alt. HGB; vgl. dazu die Ausführungen bei *Francke*, S. 8 ff.; *Richter*, S. 7; *Vehring*, insb. S. 9.

[24] *BAG* vom 25. 5. 1970, AP Nr. 4 zu § 60 HGB.

[25] A.A. nur *Schlegelberger/Schröder*, § 60 Rdnr. 5; offen *Heymann/Kötter*, § 60 Anm. 1.

[26] Vgl. *BAG* vom 25. 5. 1970, AP Nr. 4 zu § 60 HGB unter 2 b sowie 2 c, 3 b.

[27] Vgl. die Nachweise für die einst h.M. bei *Francke*, S. 8; *Heeder*, S. 13 ff.; *Hirschfeld*, insb. S. 20; *Richter*, S. 7.

[28] So aber *v. Mantey*, S. 18; *Staub/Bondi*, § 60 Anm. 4.

Arbeitnehmer während der Arbeitszeit ohnehin jede Nebenbeschäftigung zu unterlassen hat, bleiben sonstige Tätigkeiten übrig, die sich für den Arbeitgeber schädigend auswirken können. Als solche kommen aber neben der Konkurrenztätigkeit nur Beschäftigungen in Betracht, die sich negativ auf die Arbeitsleistung auswirken, weil der Arbeitnehmer etwa übermüdet zur Arbeit erscheint. Letztere hat der Gehilfe aber bereits aufgrund seiner Verpflichtung, die Arbeit wie versprochen zu leisten, zu unterlassen. Damit bleiben für § 60 I 1. Alt. HGB aber nur konkurrierende Nebentätigkeiten, mithin das Handeln im Geschäftszweig des Arbeitgebers übrig.[29]

Wer diesen Überlegungen nicht folgt, ermittelt dasselbe Ergebnis im Wege einer verfassungskonformen Auslegung. Insbesondere verbietet auch nicht der Wortlaut der Norm eine entsprechende Auslegung,[30] da verfassungswidriges vorkonstitutionelles Recht ohnehin insoweit nicht anzuwenden ist und dessen ungeachtet der Begriff des Handelsgewerbes dem Wortsinn nach ein solches innerhalb und außerhalb des Handelszweigs des Prinzipals umfaßt, so daß die Möglichkeit zur Reduktion eröffnet ist.[31] Enthält aber § 60 I 1. Alt. HGB schlechthin das Verbot, als Kaufmann tätig zu werden, könnte der Handlungsgehilfe dem nur durch Aufgabe seines Arbeitsplatzes entkommen. Ein solcher Eingriff in die Berufsfreiheit wird von den Schranken des Art. 12 I 2 GG indessen in keiner Weise gedeckt. Eine derartige Beschränkung der Berufswahl auf dieser Stufe ist nur zulässig, wenn solch subjektive Zulassungsvoraussetzungen durch den Zweck der angestrebten Berufserfüllung notwendig werden.[32] Dies ist aber ersichtlich nicht der Fall. Auch verfassungsimmanente Schranken können hier den Schutzbereich von Art. 12 I GG nicht enger fassen. Der Arbeitgeber wird nur bei einer konkreten Auswirkung auf seinen Leistungsanspruch durch Art. 14 GG geschützt, so daß ihm auch über § 60 HGB kein weiterreichender Schutz zu Lasten des Arbeitnehmers eingeräumt werden kann.[33]

b) § 60 I 2. Alt. HGB

Die Tatbestandsmerkmale "Geschäfte machen" des § 60 I 2. Alt. HGB erfassen den Kern einer Wettbewerbshandlung in der Umgangssprache. Die Konkretisierung als "jede, wenn auch nur spekulative, auf Gewinn gerichtete

---

[29] Vgl. auch die Ansätze bei *Francke*, S. 9 f. und *Titze*, S. 786 f.

[30] So aber *Schlegelberger/Schröder*, § 60 Rdnr. 5.

[31] Vgl. *Bydlinski*, S. 163 ff.; *Larenz*, Methodenlehre, S. 339 ff.; *Wank*, Grenzen richterlicher Rechtsfortbildung, S. 71.

[32] Vgl. die Ausführungen im sog. Apothekenurteil, *BVerfG* vom 11. 6. 1958, Bd. 7, 377 ff.

[33] Anders *Schlegelberger/Schröder*, § 60 Rdnr. 5, wonach die Interessen des Arbeitgebers ohne weiteres die berechtigten sind.

Teilnahme am geschäftlichen Verkehr, die nicht nur zur Befriedigung eigener privater Bedürfnisse des Handlungsgehilfen erfolgt",[34] ermöglicht einen großen Anwendungsbereich, der aber mit der Handlungsgehilfeneigenschaft als solcher nichts zu tun hat, sondern die verbotene Tätigkeit generell umschreibt.

Gleichwohl scheint nach vereinzelter Ansicht das Wettbewerbsverbot gem. § 242 BGB das weitere zu sein. Die Tätigkeit als Arbeitnehmer für ein Konkurrenzunternehmen soll nicht unter den Begriff des Geschäftemachens im Sinne der §§ 60, 61 HGB fallen,[35] wohl aber wegen eines Verstoßes gegen die Treuepflicht wettbewerbswidrig sein.[36]

Danach wird zwar für Handlungsgehilfen keine Besonderheit begründet, da ihre wettbewerbliche Tätigkeit im Rahmen eines anderen Arbeitsverhältnisses als Treuepflichtverletzung unabhängig von § 60 HGB gewertet wird. Fraglich ist jedoch, ob diese dogmatische Herleitung überhaupt zulässig ist oder gar ein Vorgehen contra legem darstellt. § 60 I 1. Alt. HGB erfaßt zu Recht nicht die unselbständige Mehrfachtätigkeit des Handlungsgehilfen. Dies ergibt sich zum einen aus dem Wortlaut des "Geschäftemachens", das ein selbständiges Tätigwerden zum Ausdruck bringt, zum anderen aus dem geschichtlichen Hintergrund der Norm. Die §§ 60, 61 HGB von 1898 sind noch auf den Handlungsgehilfen ausgerichtet, der als zukünftiger Kaufmann nur vorübergehend als rechte Hand des Prinzipals tätig war, um sich dann selbständig zu machen. Versuchte er sich aber bereits daran, wie sein Arbeitgeber Geschäfte zu machen, wurden Regelungen wie die §§ 60, 61 HGB notwendig. Völlig abwegig war die Vorstellung, daß dieser Handlungsgehilfe, der zudem eine enge persönliche Bindung an den Prinzipal hatte, noch ein zweites Arbeitsverhältnis mit einem Konkurrenten eingehen könnte, um dadurch seinem Arbeitgeber Konkurrenz zu machen.[37]

Aus der wirtschaftlichen Entwicklung, in der eine Doppeltätigkeit heute keine Seltenheit mehr ist, resultiert damit eine nachträgliche Regelungslücke, die es zu schließen gilt. Da § 60 HGB darauf keine Antwort gibt, verbietet sich ein Umkehrschluß zugunsten einer erlaubten konkurrierenden Tätigkeit als Arbeit-

---

[34]Vgl. statt vielen *BAG* vom 24. 4. 1970, DB 1970, 1645 m.w.N. unter I 1 b; *Baumbach/Duden/Hopt,* § 60 Anm. 1 A; *Etzel* in GK-HGB, § 60 Rdnr. 3; *Schlegelberger/Schröder,* § 60 Rdnr. 8 b.

[35]So *BAG* vom 15. 2. 1962, AP Nr. 1 zu § 61 HGB unter 2 a; wohl auch *Grunsky,* S. 5; anders wiederum *BAG* vom 25. 5. 1970, AP Nr. 4 zu § 60 HGB unter 3 d. In der von Baumbach/Duden/Hopt, § 60 Anm. 1 A c zitierten Entscheidung *RG* 67, 3, 4 steht indessen die Tätigkeit als Arbeitnehmer einer Anwendung des § 60 I 2. Alt. HGB nicht generell entgegen.

[36]Vgl. *BAG* vom 17. 10. 1969, AP Nr. 7 zu § 611 BGB, Treuepflicht, unter 3 a.

[37]Vgl. zum Hintergrund der §§ 59 HGB insb. *Neundörfer,* S. 27, 28 u. 32; *Ogris,* RdA 1967, 286, 292; auch *Standeswehr,* S. 1.

nehmer. Da es bereits aufgrund des Vertrauensverhältnisses nicht angehen kann, daß beispielsweise eine Verkäuferin vormittags in einem Juweliergeschäft arbeitet und nachmittags beim Konkurrenten nebenan tätig ist, wird zu Recht die arbeitsvertragliche Treuepflicht gem. § 242 BGB herangezogen, um die berechtigten Interessen des Arbeitgebers zu schützen.

Während desweiteren die Sondernorm auf die "Tathandlung" abstellt und bei Vorliegen automatisch eine Konkurrenzgefahr zu indizieren scheint, muß die Gefahr bei einem Treuepflichtverstoß neben der Handlung positiv festgestellt werden. Darin könnte eine Besonderheit liegen, die wenigstens ab und zu relevant sein könnte.[38] So darf nach dem Wortlaut des § 60 HGB ein Autoverkäufer aus München auch nicht in Hamburg entsprechende Geschäfte tätigen, während dies nach der arbeitsvertraglichen Treuepflicht doch sehr fraglich scheint. Indessen ist auch die Tathandlung der Sondernorm entsprechend dem Sinn und Zweck eines Konkurrenzverbotes auszulegen, so daß diesen Tatbestand nur Tätigkeiten erfüllen, denen eine Gefährdung der geschäftlichen Interessen des Arbeitgebers immanent ist. Damit scheidet aber eine abweichende Darlegungs- und Beweislast aus.

Eine unterschiedliche Reichweite, zumindest aber gewisse Modifizierungen sind jedoch aufgrund der besonderen Merkmale des Handlungsgehilfen denkbar, die ihn von anderen Arbeitnehmern abheben.

c) Die Handlungsgehilfeneigenschaft

Als sachlicher Grund für eine unterschiedliche Reichweite kommt die aus der Kombination der Kaufmannseigenschaft des Arbeitgebers und der Leistung kaufmännischer Dienste bestehende echte Besonderheit in Betracht. Sie signalisiert eine ausgeprägte Nähe zur Geschäftsabwicklung und könnte wegen der erhöhten Konkurrenzgefahr eine strengere Beurteilung geschäftlicher Nebentätigkeiten rechtfertigen. So kann gerade der Handlungsgehilfe den im Rahmen des Arbeitsverhältnisses gewonnenen Kontakt nach außen unter Verwertung der kennengelernten Geschäftsbräuche für sich nützen und damit ein besonderes Vertrauensverhältnis zum Arbeitgeber verletzen.

Bei genauerer Betrachtung gilt dies aber auch nicht pauschal für jeden Handlungsgehilfen, da beispielsweise der Kundenberater einer Bank oder der für die Annahme von Inseraten zuständige Angestellte eines Zeitungsverlags dem Arbeitgeber schwerlich Konkurrenz machen können, andererseits wiederum der Verkäufer der Geschäftsabwicklung wiederum näher steht als etwa der Kassierer

---

[38] I.d.S. *Buchner*, AR-Blattei, D, Wettbewerbsverbot II, unter B I a b aa und C I 2.

oder gar Buchhalter. Eine gleich gelagerte Konkurrenzgefahr kann auch von einem Angestellten eines nicht eingetragenen Immobilienmaklers oder eines landwirtschaftlichen Betriebes ausgehen. Da zudem Wettbewerbshandlungen auch nicht an einem besonderen Vertrauensverhältnis, sondern allein an den geschäftlichen Belangen des Arbeitgebers auszurichten sind, wird eine Einmischung in den Geschäftsbereich für jeden Arbeitgeber unabhängig einer möglicherweise bestehenden besonderen Vertrauensstellung spürbar.[39] Damit ist die echte Besonderheit der Leistung kaufmännischer Dienste bei einem Kaufmann bedeutungslos und vermag keine unterschiedliche Reichweite zu rechtfertigen.

Unterstützt wird das Ergebnis ferner durch die Untersuchung der unechten Besonderheiten der Handlungsgehilfeneigenschaft, also der isolierten Bestandteile der Kaufmannseigenschaft und der Leistung kaufmännischer Dienste. Zwar entspricht die Kaufmannseigenschaft immer noch der klassischen Vorstellung des Geschäftemachens und einer klar umrissenen Wettbewerbssituation. Schützenswert ist aber nicht der Arbeitgeber als Kaufmann, sondern in seiner Eigenschaft als Teilhaber am Geschäftsgeschehen gleich welcher Art. So erscheint der Inhaber einer GeflügelGmbH genauso schutzwürdig wie der nicht eingetragene Landwirt, ein Architekt so schützenswert wie ein Ingenieur. Die Kaufmannseigenschaft bewirkt nur eine Besonderheit in der Terminologie, die aber rechtlich nicht weiter interessant ist. So ist der Handelszweig des Prinzipals als Marktbereich oder Geschäftszweig des Arbeitgebers zu lesen. Abgerundet wird dieses Ergebnis schließlich auch durch die in § 17 UWG getroffene Wertung. So zeigt gerade die für Arbeiter und Angestellte geltende Regelung des § 17 UWG die gleiche Schutzbedürftigkeit ihrer Arbeitgeber auf. Ebenso kann die Art der Tätigkeit unter dem Aspekt gerade der Leistung kaufmännischer Dienste vernachlässigt werden. So ist bereits im Rahmen der kaufmännischen Dienste die Tätigkeit als Buchhalter weniger geeignet, eine Konkurrenzgefahr mit sich zu bringen als etwa die eines Verkäufers. Andererseits können der Verkäufer und der als Ausfahrer tätige Arbeiter im gleichen Umfang wettbewerblich tätig sein wie der Angestellte eines Architekten, der Aufträge seines Arbeitgebers übernimmt oder sich wie dieser um ein ausgeschriebenes Projekt bemüht. Die Bedeutungslosigkeit der ausgeübten Tätigkeit ist die Folge veränderter Lebensverhältnisse, in denen Faktoren wie die allgemeine Schulpflicht, qualifizierte Berufsausbildungen und mögliche Finanzierungshilfen die einst von der Leistung kaufmännischer Dienste ausgegangene spezifische Konkurrenzgefahr wettmachen. Maßgebend ist allein der Wille und die Fähigkeit, sich im Geschäftsbereich des Arbeitgebers wettbewerblich zu betätigen, so daß dieses so ermittelte Konkurrenzverbot aufgrund der unterschiedlichen Tätigkeiten nur

[39] Die Berücksichtigung gerade der Vertrauensposition in der Entscheidung des *LAG Düsseldorf* vom 28. 2. 1957, DB 1957, 432 erklärt sich aus der gem. § 626 BGB gebotenen umfassenden Interessenabwägung.

Besonderheiten in der Terminologie aufweist, indem das Geschäftemachen bei wirtschaftlicher Betrachtungsweise der Auftragsübernahme, der gleichzeitigen Teilnahme an ein und demselben Wettbewerb oder der Tätigkeit im Produktionsbereich entspricht.

d) § 60 II HGB

Letztlich könnte die Reichweite des Wettbewerbsverbots aufgrund der in § 60 II HGB enthaltenen Regelung in unterschiedlichem Maße eingeschränkt sein. Danach gilt die Einwilligung zum Betrieb eines Handelsgewerbes als erteilt, wenn dem Prinzipal bei der Anstellung des Gehilfen bekannt ist, daß er das Gewerbe betreibt und der Prinzipal die Aufgabe des Betriebs nicht ausdrücklich vereinbart.

Eine Besonderheit würde von vornherein entfallen, wenn § 60 II HGB heute keine Bedeutung mehr hat. Da sich die Norm nur auf das Betreiben eines Handelsgewerbes bezieht und das Geschäftemachen im Handelszweig gerade nicht erfaßt,[40] könnte man daran denken, daß § 60 II HGB die echte Konkurrenztätigkeit nicht regeln sollte. Aufgrund der Beschränkung des § 60 I 1. Alt. HGB auf ein Betreiben eines Handelsgewerbes im Handelszweig des Prinzipals hätte damit auch § 60 II HGB seine Bedeutung verloren. Da der Wortlaut der §§ 60 I 1. Alt., 60 II HGB aber sowohl ein Handelsgewerbe außerhalb als auch innerhalb des Handelszweiges umfaßt und seit jeher auch die Konkurrenztätigkeit unter 60 II HGB subsumiert wurde, ist von einer Relevanz des § 60 II HGB auszugehen.

aa) § 60 II HGB / §§ 133, 157 BGB

§ 60 II HGB könnte indessen gesetzlich fixierter Beispielsfall einer Einwilligung kraft konkludenten Verhaltens sein,[41] so daß diese Wertung nach den allgemeinen Auslegungsregeln der §§ 133, 157 BGB auch im Arbeitsverhältnis anderer Arbeitnehmer gelten würde.

Die Sonderregelung geht jedoch über die Reichweite einer schlüssig erklärten Einwilligung hinaus. Zwar kann der unbedingte Abschluß eines Arbeitsvertrags trotz Kenntnis der dauernden Erwerbstätigkeit des Arbeitnehmers in derselben Branche als Verzicht auf den Schutz des Konkurrenzverbotes ausgelegt werden.

---

[40] Vgl. statt vielen *Baumbach/Duden/Hopt*, § 60 Anm. 2; *Etzel* in GK-HGB, § 60 Rdnr. 10; *Heymann/Honsell*, § 60 Rdnr. 27; *Schlegelberger/Schröder*, § 60 Rdnr. 10.

[41] I.d.S. soweit ersichtlich nur *K. Schmidt*, § 16 VI 2 b aa, S. 450 und *Vehring*, S. 43. Im übrigen fehlt in der Rechtsprechung und Literatur eine Stellungnahme zum Rechtscharakter dieser Bestimmung.

Dies gilt aus der Sicht eines objektiven Beobachters jedoch nicht, wenn der Arbeitgeber bei der Anstellung dem geschäftlichen Treiben widerspricht. Ein derartiger Protest reicht jedoch nach der Sonderregelung für den Ausschluß der Einwilligung gerade nicht aus. Hier muß der Arbeitgeber die Aufgabe des Betriebs ausdrücklich vereinbaren. § 60 II HGB verlangt also mehr von ihm als die allgemeinen Regeln. Damit bliebe zum Beispiel bei einem erkennbaren Mißfallen des Arbeitgebers der im Aufbau begriffene Getränkehandel seines Ausfahrers eine verbotene Konkurrenztätigkeit, während er für seinen Verkäufer erlaubt wäre.

bb) § 60 II HGB analog

Diese Besonderheit besteht nur dann nicht, wenn die in § 60 II HGB getroffene Regelung analoge Anwendung auch auf das Arbeitsverhältnis anderer Arbeitnehmer finden kann.[42]

Eine Analogie setzt zunächst das Bestehen einer Lücke im Gesetz voraus.[43] Ihr Vorliegen ist nicht bereits aufgrund des irreführenden Satzes ausgeschlossen, Ausnahmevorschriften seien nicht analogiefähig.[44] Maßgebend ist vielmehr, ob eine planwidrige Unvollständigkeit des positiven Rechts besteht.

Auf der Ebene einer gesetzesimmanenten Rechtsfortbildung müßte die in § 60 II HGB getroffene Regelung, gemessen an der immanenten Teleologie der Bestimmung, unvollständig sein, weil ein von der Regelungsabsicht als gewünscht geregelter Fall von der Norm nicht erfaßt wird.[45] Da die den §§ 59 ff. HGB zugrundeliegende Regelungsabsicht die Schaffung eines Sonderrechts eigens für Handlungsgehilfen war, sollte mit den Bestimmungen keine Negativregelungen für das Arbeitsrecht aller Arbeitnehmer geschaffen werden. Damit ist § 60 II HGB gemessen am Regelungsplan aber vollständig, so daß eine Gesetzeslücke nach diesem Maßstab ausscheidet.

---

[42] Die Rechtsprechung mußte sich bislang zu dieser Problematik nicht äußern. Auch in der Literatur fehlt eine Stellungnahme.

[43] Statt vielen *Bydlinski*, S. 473; *Canaris*, Lücken im Gesetz, § 14, S. 25; *Engisch*, S. 138-146; *Larenz*, Methodenlehre, S. 370 ff.

[44] Vgl. dazu *Engisch*, S. 151; *Larenz*, Methodenlehre, S. 355.

[45] Vgl. *Bydlinski*, S. 474; *Larenz*, Methodenlehre, S. 370 ff.; *Wank*, Grenzen richterlicher Rechtsfortbildung, S. 71.

In Betracht kommt aber eine "Prinzip- oder Wertlücke"[46] auf der Stufe einer gesetzesübersteigenden Rechtsfortbildung.[47] Die Wertung erfolgt nun nicht mehr aus der Sicht des § 60 II HGB, sondern von außen, das heißt von den Prinzipien der Gesamtrechtsordnung aus mit Blick auf § 60 II HGB.

Ob man auch aus § 60 II HGB eventuell in Verbindung mit § 112 II HGB im Wege der Induktion einen solch allgemeinen Rechtsgedanken gewinnen kann, scheint im Hinblick auf die anderslautenden Bestimmungen der §§ 88 I 3, 284 I 2 AktG problematisch. Als maßgebendes Prinzip bietet sich hier deutlicher der Gleichheitssatz als ein vom Rechtsbewußtsein bejahtes allgemeines Prinzip an. In diesem Rahmen deckt er die von § 60 II HGB verursachte Ungleichbehandlung als Lücke auf, wenn das Gerechtigkeitsgebot, daß Gleiches gleich behandelt werden muß, keine ausreichende Durchführung erfahren hat.[48]

Maßgebend ist also, ob die aufgrund der Arbeitnehmereigenschaft bestehende Gemeinsamkeit eine Gleichstellung gebietet oder ob der durch die verschiedene Berufsgruppenzugehörigkeit begründete Unterschied eine Ungleichbehandlung rechtfertigt. Die dafür erforderliche Wertung ist am positiven Recht selbst festzumachen.[49] Allgemein zeigen die inzwischen erlassenen Gesetze und Tarifverträge auf, daß der durch die verschiedenen Berufsgruppen begründete Unterschied vernachlässigt werden darf. Konkret auf das Wettbewerbsverbot bezogen wurde bereits dargestellt, daß eine Wettbewerbsenthaltungspflicht unabhängig von der Zugehörigkeit in eine Berufsgruppe besteht und verletzt werden kann. Dies ist hier im Hinblick auf einen Gesetzesentwurf interessant, der als § 80 a ein für alle Arbeitnehmer geltendes einheitliches Wettbewerbsverbot formulierte.[50] Ohne Bestandteil der Gesamtrechtsordnung zu werden, ist der Entwurf doch Indiz dafür, daß das entscheidende Beurteilungskriterium die Arbeitnehmereigenschaft ist. Allenfalls könnte § 60 II HGB selbst eine Vorschrift sein, die gerade den Besonderheiten des Handelsrechts Rechnung trägt. Man könnte daran denken, in dieser Vorschrift eine Parallele zu den sonstigen Regelungen zu sehen, die wie § 377 HGB, § 362 I HGB oder die Grundsätze des kaufmännischen Bestätigungsschreibens den Kaufmann zu einer schnellen und unmißverständlichen Reaktion auffordern und ihm bei Versäumnis die Nachteile

---

[46] Dazu *Canaris*, Lücken im Gesetz, § 133, S. 140 f. u. §§ 84 ff., S. 93 ff.

[47] Vgl. dazu die prägnante Erläuterung bei *v. Hoyningen-Huene*, BB 1986, 2133, 2134 m.w.N. in Fn. 13.

[48] Vgl. dazu das Beispiel bei *Canaris*, Lücken im Gesetz, § 100, S. 108 f. sowie die Ausführungen in § 105, S. 113 f.

[49] Vgl. *Canaris*, Lücken im Gesetz, § 105, S. 113 f.; *Larenz*, NJW 1965, 1, 4.

[50] Siehe den Kommissionsentwurf eines Arbeitsgesetzbuchs, hrsg. vom Bundesminister für Arbeit und Sozialordnung, 1977.

auferlegen. Dagegen spricht jedoch, daß sich § 60 II HGB an den Kaufmann in seiner Eigenschaft als Arbeitgeber wendet und somit weniger auf spezifisch kaufmännische Bedürfnisse abstellt. Da zudem auch die Kaufmannseigenschaft des Arbeitgebers wegen § 83 HGB gegenüber seinen übrigen Arbeitnehmern bedeutungslos ist, handelt es sich bei § 60 II HGB nicht um eine Norm, die handelsrechtliche Besonderheiten betont.

Das Gerechtigkeitsgebot in Form des Gleichheitssatzes verlangt daher, die anderen Arbeitnehmer wie die Handlungsgehilfen zu behandeln und deckt das Fehlen einer entsprechenden Vorschrift wie § 60 II HGB als Lücke auf. Diese Lücke ist durch Verwirklichung des Gebots in Form einer Gesetzesanalogie zu schließen.

III. Ergebnis

Das Ergebnis läßt sich als "gleiche Pflicht für alle" zusammenfassen. Die Bedeutung des § 60 I HGB erschöpft sich in seiner Funktion als gesetzliche Teilregelung des Wettbewerbsverbots, ohne aber deswegen andere als nur dogmatische Besonderheiten zu begründen. Relevant bleibt hingegen § 60 II HGB, da es im Bürgerlichen Gesetzbuch keine vergleichbare Regelung gibt. Gleichwohl resultieren auch daraus keine Besonderheiten, da § 60 II HGB auch im Arbeitsverhältnis anderer Arbeitnehmer entsprechend gilt.

B. Die Rechtsfolgen, § 61 HGB

In § 61 HGB sind speziell für Handlungsgehilfen drei wichtige Rechtsfolgen bei einem Verstoß gegen das Wettbewerbsverbot geregelt. So kann der Prinzipal gem. § 61 I HS. 1 HGB Schadensersatz fordern, wenn der Handlungsgehilfe die ihm gem. § 60 HGB obliegende Verpflichtung verletzt. Statt dessen kann er auch gem. § 61 I HS. 2 HGB das sogenannte Eintrittsrecht geltendmachen, indem er verlangt, daß der Handlungsgehilfe die für eigene Rechnung gemachten Geschäfte als für Rechnung des Prinzipals eingegangen gelten lasse und die aus Geschäften für fremde Rechnung bezogene Vergütung herausgebe oder seinen Anspruch auf die Vergütung abtrete. Gem. § 61 II HGB verjähren die Ansprüche in drei Monaten von dem Zeitpunkt an, in welchem der Prinzipal Kenntnis von dem Abschlusse des Geschäfts erlangt; sie verjähren ohne Rücksicht auf diese Kenntnis in fünf Jahren von dem Geschäftsabschluß an.

Während § 61 HGB für Handlungsgehilfen somit eine klare Regelung enthält, ist die Rechtslage ungleich verworrener, wenn der gleiche Pflichtverstoß von einem nichtkaufmännischen Arbeitnehmer begangen wird. Da für sie eine passende Regelung in den §§ 611 ff. BGB fehlt, kommt nach der Gesetzestechnik ein Rückgriff auf die noch allgemeineren Bestimmungen des Bürgerlichen Gesetzbuches in Betracht.

I. Der Schadensersatzanspruch, § 60 I HS. 1 HGB / positive Vertragsverletzung

Während der Arbeitgeber eines Handlungsgehilfen seinen Schadensersatzanspruch auf § 61 I HS. 1 HGB stützt, kommt für andere als Anspruchsgrundlage eine positive Forderungsverletzung wegen eines schuldhaften Verstoßes gegen die Treuepflicht in Betracht.

Da die Anwendung der positiven Vertragsverletzung eine Regelungslücke voraussetzt, hätte zumindest vor ihrer gewohnheitsrechtlichen Anerkennung überlegt werden müssen, ob das als Rechtsanalogie verstandene Rechtsinstitut in Anbetracht einer eventuell möglichen Gesetzesanalogie von § 61 I HS. 1 HGB überhaupt einschlägig sein kann. Heute ist die Anwendbarkeit der positiven Vertragsverletzung indessen nicht mehr problematisch, da der Rückgriff auf Gewohnheitsrecht als Bestandteil des positiven Rechts einer Analogie vorgeht, so daß die erste Voraussetzung einer positiven Vertragsverletzung vorliegt.

Da § 61 I HS. 1 HGB im Gegensatz zu einer positiven Forderungsverletzung dem Wortlaut nach kein Verschulden voraussetzt, würde eine Besonderheit begründet, wenn sich der nichtkaufmännische Arbeitnehmer gem. § 282 BGB analog erfolgreich entlasten kann. Indessen ist auch der Anspruch gem. § 61 I HS. 1 HGB verschuldensabhängig, da es sich um eine Schadensersatzforderung wegen Verletzung einer auf Gesetz (§ 60 HGB) beruhenden Vertragspflicht handelt und ein Anspruch daher nur bei Verschulden gerechtfertigt ist.[51] Folgerichtig gilt auch im Rahmen des § 61 I HS. 1 HGB bezüglich der Darlegungs- und Beweislastverteilung das für eine positive Vertragsverletzung Entsprechende.[52] Da sich im übrigen die Schadensabwicklung gem. Art. 2 I EGHGB nach den §§ 249 ff. BGB richtet, sind auch insofern keine Besonderheiten denkbar.

Als Zusammenfassung kann somit festgehalten werden, daß § 61 I HS. 1 HGB eine formelle Besonderheit begründet, indem er eine spezielle Anspruchs-

---

[51] Seit jeher unbestritten; vgl. *Baumbach/Duden/Hopt*, § 61 Anm. 3; *Buchner*, AR-Blattei, D, Wettbewerbsverbot II, B II 1; *Francke*, S. 49 f.; *Heymann/Honsell*, § 61 Rdnr. 5; unklar *Heymann/Kötter*, § 61 Anm. 1; *Vigener*, S. 29.

[52] So auch *Heymann/Honsell*, § 61 Rdnr. 5. Die übrige Kommentarliteratur geht davon offenbar stillschweigend aus.

grundlage für den Schadensersatzanspruch enthält.[53] Der Sache nach bringt die Sondernorm jedoch keine Unterschiede, da sie mit dem Institut der positiven Forderungsverletzung inhaltlich übereinstimmt.

II. Das Eintrittsrecht, § 61 I HS. 2 HGB

Wie bereits erwähnt, kann der Prinzipal anstatt Schadensersatz zu fordern, auch sein sogenanntes Eintrittsrecht gem. § 61 I HS. 2 HGB geltend machen, um die wirtschaftliche - nicht die rechtliche - Position des Handlungsgehilfen zu erlangen.[54] Damit der wettbewerbswidrig erlangte Vermögensvorteil dem Handlungsgehilfen entzogen wird und dem Prinzipal zufließt, muß der Handlungsgehilfe die für eigene Rechnung gemachten Geschäfte als für Rechnung des Prinzipals eingegangen gelten lassen bzw. die aus Geschäften für fremde Rechnung bezogene Vergütung herausgeben oder seinen Vergütungsanspruch abtreten. Bedeutung gewinnt dieser Anspruch zum einen, wenn der Prinzipal einen Schaden nicht nachweisen kann, zum anderen, wenn der Gewinn des Handlungsgehilfen größer ist als der Schaden des Prinzipals, da das Eintrittsrecht das positive Interesse umfaßt, der Schadensersatzanspruch hingegen nur auf Ersatz des durch die Vertragsverletzung enstandenen Schadens gerichtet ist.

Dieses in § 61 I HS. 2 HGB enthaltene Recht begründet eine negative, den Handlungsgehilfen also belastende Besonderheit, wenn im Arbeitsverhältnis anderer Arbeitnehmer eine entsprechende Regelung nicht eingreift. Dies zu vermuten liegt nahe, wurde doch das Eintrittsrecht schon als Anspruch sui generis des Handelsgesetzbuches bezeichnet[55] und der ausgeprägte Eigencharakter ausdrücklich betont.[56]

Eine Subsumtion der im Bürgerlichen Gesetzbuch geregelten Rechtsinstitute nicht in Betracht zu ziehen, weil ein solches Eintrittsrecht mangels ausdrücklicher gesetzlicher Bestimmung nicht bestehe,[57] hieße, das Ergebnis vorwegzunehmen

---

[53] Vgl. auch *Gamillscheg*, I, Fallnr. 81 a und *LAG Berlin* vom 17. 2. 1970, DB 1970, 1837, 1838, bei denen diese formelle Besonderheit infolge einer vernachlässigten Erwähnung des § 61 I HS. 1 HGB entfällt.

[54] Zu der irreführenden Bezeichnung als Eintrittsrecht vgl. statt vielen die Kritik von *Buchner*, AR-Blattei, D, Wettbewerbsverbot II, B II 2; nur teilweise ablehnend *Vigener*, S. 32.

[55] I.d.S. *OLG Hamburg* vom 28. 5. 1903, Bd.7, 149, 150; *v. Mantey*, S. 39; *Mühlhäuser*, S. 38 f.

[56] So *Kühlhorn*, S. 52; zustimmend *Francke*, S. 53; *Roth*, S. 28; *Vigener*, S. 38.

[57] So aber im Grunde genommen *Hueck/Nipperdey*, I, S. 251; vgl. auch *Nikisch*, I, S. 453; ähnlich auch die Vorgehensweise des *LAG Berlin* vom 17. 2. 1970, DB 1970, 1837 u. 1838.

und ist aufgrund der Gesetzessystematik des Bürgerlichen Gesetzbuches nicht angängig. Es ist vielmehr zu untersuchen, ob es dort ein Rechtsinstitut gibt, dessen Voraussetzungen und Rechtsfolgen mit denen des Eintrittsrechts nach § 61 I HS. 2 HGB übereinstimmen. Die einst lebhaft geführte Diskussion über die juristische Natur des Eintrittsrechts,[58] in der freilich nicht die Rechtslage sonstiger Arbeitnehmer geklärt werden sollte, gewinnt unter diesem Aspekt wieder neue Bedeutung.

1. §§ 164 ff. BGB

Das Eintrittsrecht mit den Regeln über die Stellvertretung in Verbindung bringen zu wollen, ist sowohl im Hinblick auf die Voraussetzungen als auch die Rechtsfolgen abwegig.[59] So wird der wettbewerbswidrig tätige Arbeitnehmer weder ausdrücklich noch stillschweigend im Namen des Arbeitgebers tätig, ohne daß Ausnahmen vom Offenheitsgrundsatz vorliegen. Damit scheidet eine Möglichkeit der Genehmigung gem. § 177 BGB aus. Vor allem aber entstehen bei der direkten Stellvertretung Rechtsbeziehungen zwischen dem Vertretenen und dem Dritten, die bei Ausübung des Eintrittsrechts gerade nicht begründet werden.[60]

Auch eine indirekte Stellvertretung als Handeln des Arbeitnehmers im eigenen Namen aber auf fremde Rechnung scheidet aus. Hier bleiben zwar die Rechtsbeziehungen auf solche zwischen Arbeitnehmer und Dritten sowie Arbeitnehmer und Arbeitgeber beschränkt.[61] Indessen fehlt es am Willen des konkurrierenden Arbeitnehmers, für Rechnung des Prinzipals tätig zu werden. Ein entsprechender Wille würde überdies dem Handeln des Arbeitnehmers den Charakter des Wettbewerbs gerade nehmen.[62]

---

[58]Vgl. vor allem *Diss*, S. 7 ff.; *Francke*, S. 50 ff.; *Hering*, S. 30 ff.; *Kühlhorn*, S. 50 ff.; *v. Mantey*, S. 16 ff.; *Mühlhäuser*, S. 38 ff.; *Roth*, S. 28 ff.

[59]So aber *Anschütz/v. Völderndorff*, S. 413 f. für Art. 59 i.V.m. der Verweisung auf den für Prokuristen und Handlungsbevollmächtigten geltenden früheren Art. 56 ADHGB, der sich jedoch von § 61 I HS. 2 HGB nicht unterscheidet.

[60]So im wesentlichen auch *Francke*, S. 53; *Kühlhorn*, S. 51; *v. Mantey*, S. 39; *Vehring*, S. 59 f.

[61]Wenn *v. Mantey*, S. 39 dies als Gegenargument bewertet, beruht das auf einer falschen Beurteilung der Wirkungen des Eintrittsrechts.

[62]Darauf macht zu Recht *Kühlhorn*, S. 51 aufmerksam.

2. § 328 BGB

Ebenso scheidet ein Vergleich des Eintrittsrechts mit einem Vertrag zugunsten Dritter ersichtlich aus.[63] Abgesehen davon, daß der Arbeitnehmer und der Dritte dem Arbeitgeber keinen eigenen Anspruch aus ihrem Rechtsverhältnis verschaffen wollen, wird auch hier verkannt, daß das Eintrittsrecht keine Rechtsbeziehungen zum Dritten herbeiführt. Im übrigen ist auch die Interessenlage eine völlig andere, da der Arbeitgeber nicht mit einem durch den Geschäftsabschluß Begünstigten, sondern mit einem dadurch Benachteiligten vergleichbar ist.[64]

3. §§ 681 S. 2, 667, 677 BGB

Schließlich wurde auch ein Vergleich mit dem Herausgabeanspruch des Geschäftsherrn gegen den Geschäftsführer gem. §§ 681 S. 2, 667, 677 BGB in Erwägung gezogen und eine Idendität vereinzelt bejaht.[65] Nach diesen Regelungen ist der Geschäftsführer im Rahmen einer berechtigten Geschäftsführung ohne Auftrag verpflichtet, wie ein Beauftragter das aus der Geschäftsbesorgung Erlangte herauszugeben. Damit ist der Anspruch zwar auf die gleichen Rechtsfolgen wie das Eintrittsrecht gerichtet; fraglich sind aber seine Voraussetzungen. So hat der Geschäftsführer gem. § 677 BGB das Geschäft insbesondere mit Fremdgeschäftsführungswillen zu besorgen.[66] Er muß also wissen und wollen, daß die Vorteile der Geschäftsbesorgung einem anderen zugute kommen sollen.[67]

Dies will der wettbewerbswidrig tätige Arbeitnehmer jedoch gerade nicht. Die Vermögensvorteile sollen vielmehr nur ihm zufließen. Dies versteht sich bei einem Geschäft für eigene Rechnung von selbst. Aber auch ein Geschäft für fremde Rechnung stellt in erster Linie ein eigenes Geschäft des Arbeitnehmers dar, das er durchführt, um sich Vermögensvorteile in Form einer Vergütung zu verschaffen. Auch wenn man berücksichtigt, daß der Arbeitnehmer das Geschäft dann nicht ausschließlich zu seinem eigenen Vorteil führt, resultiert daraus noch kein geeigneter Fremdgeschäftsführungswille, da er jedenfalls weder das

---

[63]Anders aber wohl Hartmann, auf den *Kühlhorn*, S. 52 Fn. 2 hinweist.

[64]So im wesentlichen auch *Francke*, S. 53; *Hering*, S. 32; *Kühlhorn*, S. 52; *v. Mantey*, S. 38; *Schilling*, S. 18.

[65]I.d.S. *Diss*, S. 10 ff. im Anschluß an *Wendt* in Endemanns Handbuch, S. 28; *Schilling*, S. 21 ff. A.A. *Francke*, S. 52, 53; *Hering*, S. 32; *Kühlhorn*, S. 51; *v. Mantey*, S. 37; *Sick*, S. 45.

[66]Die Frage, ob überhaupt ein fremdes Geschäft vorliegt, soll an dieser Stelle offenbleiben.

[67]Vgl. etwa *Berg*, JuS 1975, 681; *Palandt/Thomas*, § 677 Anm. 3; RGRK-*Steffen*, vor § 677 Rdnr. 38; *Staudinger/Wittmann*, Vorbem. zu §§ 677-687, Rdnr. 20; *Wittmann*, S. 23 f.; *Wollschläger*, S. 72 f.

Bewußtsein noch den Willen hat, für den Arbeitgeber als Geschäftsherrn tätig zu werden. Eine abweichende Vorstellung über die Person des anderen läßt gem. § 686 BGB den Anspruch des wirklichen Geschäftsherrn jedoch nur im Falle eines Irrtums über dessen Person nicht entfallen. Eine solch unbewußte Fehlvorstellung des Arbeitnehmers liegt indessen nicht vor, da er durch seine verbotswidrigen Geschäfte den Arbeitgeber bewußt außer acht läßt. Damit fehlt es am erforderlichen Fremdgeschäftsführungswillen.[68]

Den fehlenden Willen deswegen durch das Arbeitsverhältnis[69] oder durch die in § 61 I HGB getroffene Regelung zu ersetzen,[70] klingt reichlich gewaltsam. So ist es widersinnig, über die Treuepflicht des Arbeitsverhältnisses die gewünschte Haltung des Arbeitnehmers zu fingieren, zumal sich jener gerade treuwidrig verhalten hat.[71] Desweiteren kann auch die Vorschrift des § 61 I HGB nicht zum Ersatz des Fremdgeschäftsführungswillens umfunktioniert werden. Eine derartige Absicht des Gesetzgebers ist in Anbetracht der älteren Regelung nicht feststellbar und würde überdies nur für das Handlungsgehilfenverhältnis gelten, nicht aber für die gerade in Frage stehenden anderen Arbeitsverhältnisse.

Scheidet eine echte Geschäftsführung ohne Auftrag damit aus, sind auch Ausführungen zum Charakter des Eintrittsrechts als Genehmigungsrecht im Sinne des § 684 S. 2 BGB verfehlt.[72] Diese Genehmigung setzt das Vorliegen der Tatbestandsmerkmale des § 677 BGB voraus und bewirkt nur die Umwandlung einer unberechtigten, weil dem Interesse oder Willen des Geschäftsherrn widersprechenden GoA in eine berechtigte.[73]

4. §§ 687 II 1, 681 S. 2, 667 BGB

Behandelt indessen jemand ein fremdes Geschäft als sein eigenes, obwohl er weiß, daß er nicht dazu berechtigt ist, kann der Geschäftsherr gem. § 687 II 1 BGB unter anderem auch den Herausgabeanspruch nach §§ 681 S. 2, 667 BGB

---

[68] I. E. ebenso *Francke*, S. 52; *Hering*, S. 32; *Kühlhorn*, S. 51; *v. Mantey*, S. 37, die allerdings nicht zwischen den Alternativen des § 61 I HS. 2 HGB differenzieren.

[69] I.d.S. *Schilling*, S. 23 f.

[70] I.d.S. *Diss*, S. 11 hinsichtlich der für eigene Rechnung gemachten Geschäfte.

[71] Ähnlich *Francke*, S. 52.

[72] Ausführlich dazu *Diss*, S. 10 ff.; teilweise zustimmend *Francke*, S. 53.

[73] Verfehlt ist daher die Kritik von *v. Mantey*, S. 37, der auch im Hinblick auf möglicherweise sehr gewagte Geschäfte des Gehilfen eine Geschäftsführung ohne Auftrag ablehnt. Ähnlich auch *Sick*, S. 45 f.

geltend machen. Diese sogenannte unechte GoA wird heute als der dem Eintrittsrecht zugrundeliegende Gedanke begriffen, ohne daß deswegen freilich Übereinstimmung hinsichtlich der Rechtslage anderer Arbeitnehmer besteht. So werden Rückschlüsse für deren Arbeitsverhältnis entweder nicht gezogen,[74] wird ein Eintrittsrecht sowohl abgelehnt[75] als auch mit Hilfe des Herausgabeanspruchs bejaht[76] bzw. über eine analoge Anwendung des § 61 I HS. 2 HGB angestrebt.[77]

a) Das fremde Geschäft

Problematisch ist bereits, ob der konkurrierende Arbeitnehmer überhaupt ein objektiv fremdes, nämlich ein zum Rechtskreis seines Arbeitgebers gehörendes Geschäft wahrnimmt. Da ein Dritter bei Vornahme der gleichen Wettbewerbshandlung schon im Hinblick auf Art. 12 GG nicht im fremden Rechtskreis tätig wird, müßte dem Unterschied zum Dritten, also der Arbeitnehmereigenschaft bei der Auslegung des Tatbestandsmerkmals entscheidende Bedeutung zukommen.

Die Wahrnehmung eines fremden Geschäfts könnte im Hinblick auf einen bloßen Vertragsbruch abzulehnen sein.[78] Für die Grenzziehung entscheidend ist indessen weniger die Lösung der diskutierten Streitfrage, ob für das Vorliegen eines objektiv fremden Geschäfts das Eingreifen in ein absolut geschütztes Recht

---

[74] Vgl. *Baumbach/Duden/Hopt*, § 61 Anm. 3; *Heymann/Kötter*, § 60 Anm. 1; *Würdinger* in RGRK-HGB, § 61 Anm. 3. Vgl. auch *BGH* vom 23. 1. 1964, LM Nr. 1 zu § 61 HGB, insb. II, wo als Herausgabeanspruch gegen einen wettbewerbswidrig tätigen Handelsvertreter eher § 61 I HS. 2 HGB analog geprüft wird als § 687 II BGB Beachtung zu schenken.

[75] Vgl. *Nikisch*, I, 2. Aufl., S. 390 sowie die Klarstellung in der 3. Aufl., S. 453; ähnlich *LAG Berlin* vom 17. 2. 1970, DB 1970, 1837 u. 1838, das sich aber mit der hilfsweisen Begründung absichert, daß im konkreten Fall auch gegenüber einem Handlungsgehilfen kein Eintrittsrecht bestanden hätte.

[76] I.d.S. wohl *BAG* vom 16. 1. 1975, AP Nr. 8 zu § 60 HGB; *BAG* vom 21. 10. 1970, AP Nr. 13 zu § 242 BGB, Auskunftspflicht; *BAG* vom 16. 6. 1976, AP Nr. 8 zu § 611 BGB, Treuepflicht, mit allerdings verfehlter Anlehnung an die Entscheidung vom 22. 8. 1966, BAG AP Nr. 3 zu § 687 BGB, da dortiger Anknüpfungspunkt gerade nicht die Wettbewerbshandlung war, sondern das Kassieren des Honorars entgegen der ausdrücklichen Vereinbarung für sich selbst; *Weisemann/Schrader*, DB 1980, Beil. 4, S. 5.

[77] *Buchner*, AR-Blattei, D, Wettbewerbsverbot II, C II 2; ohne weiteres *Oehmann/Bürger/Matthes*, HwB-AR, Wettbewerbsverbot, 2 c; *Schaub*, § 57 V 4, S. 294.

[78] Kritisch deswegen *Buchner*, AR-Blattei, D, Wettbewerbsverbot II unter C II 2; *Rosenkranz*, S. 72 ff.; *Vigener*, S. 38.

erforderlich ist oder ob ein Vertragsbruch genügen kann,[79] als vielmehr die Wertung des positiven Rechts selbst. So hat der Gesetzgeber durch § 60 HGB der Betätigungsfreiheit von Handlungsgehilfen eine Grenze gezogen, indem die dort genannten Geschäfte dem Arbeitgeber zu überlassen sind. Diese Bewertung bringt aber zum Ausdruck, daß die Geschäfte dem Rechtskreis des Prinzipals zugewiesen sind und daß der Handlungsgehilfe außerhalb des Erlaubten ein fremdes Geschäft wahrnimmt, dessen Vorteile er gem. § 61 I HS. 2 HGB nur nach Wahl des Arbeitgebers behalten darf.[80] Dies gilt nach der Wertung des § 60 HGB auch hinsichtlich der für fremde Rechnung abgeschlossenen Geschäfte, so daß die Betätigung in dem grundsätzlich für Dritte offenstehenden Marktbereich ebenfalls zu einem Geschäft des Prinzipals wird. Damit begründet auch nicht erst die Ausübung des Eintrittsrechts eine Geschäftsanmaßung.[81] Vielmehr ist die Vornahme einer Wettbewerbshandlung im Sinne des § 60 HGB die Wahrnehmung eines fremden Geschäfts.[82] Dies gilt dann folgerichtig auch für vergleichbar konkurrierende Tätigkeiten anderer Arbeitnehmer, da für sie, wie oben aufgezeigt, die gleichen Grundsätze gelten.

Zu klären bleibt aber, ob § 687 II BGB entgegen § 61 I HS. 2 HGB eine größere Reichweite hat, da zum einen der Wortlaut des § 61 I HS. 2 HGB nur auf die Einzelgeschäfte des § 60 I 2. Alt. HGB eingeht. Da sich aber das Betreiben eines konkurrierenden Handelsgewerbes gem. § 60 I 1. Alt. HGB aus einzelnen Geschäften zusammensetzt, erfaßt auch das Eintrittsrecht des Handelsgesetzbuchs diesen auf Dauer angelegten Wettbewerbsverstoß.[83] Zum anderen enthalten die §§ 61 I HS. 2, 60 HGB für Wettbewerbsverstöße in Form einer unselbständig ausgeübten Tätigkeit gerade keine Regelungen.[84] Zieht man auch für diese Verstöße einen Herausgabeanspruch in Erwägung, kann für Handlungsgehilfen nichts anderes gelten.

---

[79] Darauf beziehen sich etwa *Gamillscheg*, I, Fallnr. 81 b, S. 191 f. und *Isele*, Urteilsanmerkung zu BAG vom 22. 8. 1966, AP Nr. 3 zu § 687 BGB unter 2; *Nipperdey*, Böhm-Festschrift, S. 163, 168, 174. Dazu allgemein *Isele*, Cohn-Festschrift, S. 75, 77; *Rosenkranz*, S. 72 ff.; *Staudinger/Wittmann*, § 687 Rdnr. 7 m.w.N.; *Wittmann*, S. 152 f.

[80] Dies verkennt *Diss*, S. 11, der nur darauf abstellt, daß ein Geschäft im selben Handelszweig deswegen noch kein fremdes sei.

[81] I.d.S. *Beuthien* und *Janzen*, Urteilsanmerkung zu BAG vom 16. 1. 1975, AP Nr. 8 zu § 60 HGB.

[82] Ähnlich *Ebbecke*, Das Recht, 1921, 99, 103; zumindest für das Geschäft auf eigene Rechnung ebenso *Wollschläger*, S. 54; auch *Rosenkranz*, S. 88 f.

[83] Zur Frage, ob der Anspruch alle oder nur einzelne Geschäfte erfaßt vgl. *BAG* vom 15. 2. 1962, AP Nr. 1 zu § 61 HGB; *Etzel* in GK-HGB, § 61 Rdnr. 10; *Schlegelberger/Schröder*, § 61 Rdnr. 6 c; *Staudinger/Richardi*, § 611 Rdnr. 387. A.A. *Heymann/Honsell*, § 61 Rdnr. 15.

[84] Vgl. in diesem Kapitel A. II. 2. b).

b) Der Eigengeschäftsführungswille

Eine angemaßte Geschäftsführung setzt desweiteren einen Eigengeschäftsführungswillen voraus. Dies bedeutet, daß der Geschäftsführer das fremde Geschäft als sein eigenes behandelt, obgleich er weiß, daß er nicht dazu berechtigt ist.[85]

Fraglich ist zum einen, ob der konkurrierende Arbeitnehmer ein Geschäft für fremde Rechnung als sein eigenes behandelt. Zwar führt er dann das Geschäft nicht ausschließlich zu seinem eigenen Vorteil; jedoch steht auch hier das Eigeninteresse im Vordergrund, da der Arbeitnehmer um der Vergütung willen tätig wird. Anders könnte es sein, wenn er keine Gegenleistung zu beanspruchen hat und rein fremdnützig tätig wird. Dann stellt sich aber auch die Frage nach einem Herausgabeanspruch nicht. Im übrigen läßt auch die bewußte Vorstellung, gleichzeitig für einen Dritten zu handeln, den Eigengeschäftsführungswillen gegenüber dem Arbeitgeber unberührt.

Fraglich ist zum anderen, ob der konkurrierende Arbeitnehmer überhaupt das Bewußtsein hat, ein fremdes Geschäft zu führen.[86] So scheint auch die Einlassung vertretbar, daß er das fremde Geschäft in der Meinung besorgt habe, es sei sein eigenes. Ersteres freilich pauschal abzulehnen, da sonst die Vorschrift des § 61 I HS. 2 HGB unnötig sei,[87] ist kein Argument, zumal § 61 I HS. 2 HGB zeitlich vor § 687 II BGB erlassen wurde. Entscheidend ist vielmehr, ob allein das Wissen über die Vornahme eines Geschäfts im Geschäftszweig des Arbeitgebers auch die Vorstellung umfaßt, ein fremdes Geschäft wahrzunehmen. Da der Arbeitnehmer die tatsächlichen Voraussetzungen des Tatbestandsmerkmals "fremdes Geschäft" kennt und auch die für das Interesse seines Arbeitgebers bedeutsame Komponente erfaßt hat, handelt er mit der für den Vorsatz erforderlichen Tatsachen- und Bedeutungskenntnis und damit auch im Bewußtsein, ein fremdes Geschäft zu führen.

Problematisch ist letztlich, ob der Arbeitnehmer weiß, daß er dazu nicht berechtigt ist. Während gem. § 61 I HS. 2 HGB ein Handlungsgehilfe bereits bei fahrlässiger Unkenntnis der Wettbewerbsenthaltungspflicht bzw. - sieht man

---

[85]Vgl. dazu statt vielen MünchKomm-*Seiler*, § 687 Rdnr. 8; *Palandt/Thomas*, § 687 Anm. 2; *Staudinger/Wittmann*, § 687 Rdnr. 12, 13.

[86]Kritisch auch deswegen *Buchner*, AR-Blattei, D, Wettbewerbsverbot II unter C II 2; *Röhsler/Borrmann*, S. 65.

[87]So *Diss*, S. 11.

von einem Verschuldenserfordernis ab -[88] sogar bei völliger Ahnungslosigkeit zur Herausgabe verpflichtet ist, kommt der Anspruch über § 687 II BGB gegen einen nichtkaufmännischen Arbeitnehmer bei gleichem Wissensstand noch nicht in Betracht.[89] Verlangt man für § 61 I HS. 2 HGB aufgrund der mit dem Merkmal "statt dessen" getroffenen Verweisung auf die Voraussetzungen des Schadensersatzanspruchs wenigstens fahrlässiges Verhalten, wirkt sich der vermeidbare Verbotsirrtum unterschiedlich aus. Da er im Zivilrecht nach der Vorsatztheorie den Vorsatz entfallen läßt, greift bei fahrlässiger Unkenntnis des Verbots oder fahrlässiger Annahme der rechtfertigenden Einwilligung der Anspruch nur zu Lasten der Handlungsgehilfen.

c) Die Verweisung auf § 682 BGB

Desweiteren ist auffällig, daß § 687 II 1 BGB eine Verweisung auf § 682 BGB enthält, wonach der Anspruch aus einer GoA gegen einen nicht voll geschäftsfähigen Konkurrenten ausgeschlossen ist und sich nach Bereicherungsrecht richtet. Da § 61 I HS. 2 HGB einen entsprechenden Schutz nicht vorsieht, sind mögliche Besonderheiten zu bedenken. Von Relevanz sind hier namentlich die Konkurrenzgeschäfte, die der beschränkt geschäftsfähige Arbeitnehmer wirksam nur mit Zustimmung seines gesetzlichen Vertreters schließen konnte (§§ 107 ff BGB). Hält man die Zustimmung zu einem solchen Rechtsgeschäft überhaupt mit § 138 BGB für vereinbar und wird die Anwendbarkeit des § 682 BGB auf eine derartige Geschäftsbesorgung rechtsgeschäftlicher Art bejaht,[90] liegt eine Besonderheit im Handlungsgehilfenverhältnis vor, wenn § 61 I HGB von der nach § 682 BGB angeordneten Bereicherungshaftung abweicht.[91]

d) Die Beweislast

Neben der strengeren Haftung des Handlungsgehilfen ist aber auch die im Prozeß unterschiedliche Darlegungs- und Beweislast von Bedeutung. So hat der Arbeitgeber nach den allgemeinen Grundsätzen die positive Kenntnis seines nichtkaufmännischen Arbeitnehmers nachzuweisen, während umgekehrt aufgrund

---

[88] So *Vigener*, S. 33 Fn. 70; soweit ersichtlich schweigen die übrige Literatur und die Rechtsprechung.

[89] Mit der h.M. wird hier davon ausgegangen, daß § 687 II BGB auf fahrlässiges Verhalten nicht analog angewandt werden kann. Vgl. dazu *Rosenkranz*, S. 61 ff. m.w.N, der selbst aber anderer Meinung ist.

[90] Str.; vgl. *Erman/Hauss*, § 682 Rdnr. 3; MünchKomm-*Seiler*, § 682 Rdnr. 2 ff.; *Palandt/Thomas*, § 682 Anm. 1.

[91] Siehe dazu oben B. II. 5.

des Schweigens des § 61 I HGB der Handlungsgehilfe für seine Entlastung sorgen muß. Ein non liquet hätte damit unterschiedliche Auswirkungen.

e) Zusammenfassung

Zusammenfassend bleibt festzuhalten, daß § 61 I HS. 2 HGB mit § 687 II BGB nicht völlig übereinstimmt. Abweichungen bestehen insofern, als das Eintrittsrecht auch bei fahrlässigem Verhalten besteht und zugunsten der Minderjährigen keine Einschränkung enthält. Desweiteren ist § 61 I HS. 2 HGB insofern strenger, als der Handlungsgehilfe für seine Entlastung sorgen muß.

5. §§ 812 I 1, 2. Alt., 818 I, III, 819 I BGB

Unterschiede zu § 61 I HS. 2 HGB können auch nicht mit einem Rückgriff auf die bereicherungsrechtliche Anspruchsgrundlage ausgeräumt werden.[92]

a) Etwas erlangt

Der Arbeitnehmer hat Eigentum und Besitz am Geld erlangt oder ist Inhaber des Vergütungsanspruchs geworden.

b) In sonstiger Weise

Der grundsätzliche Vorrang des Leistungsverhältnisses des Dritten zum Arbeitnehmer vor der hier geltend gemachten Eingriffskondiktion läßt sich ausschalten, indem man die zum objektiv fremden Geschäft des § 687 II BGB angestellte Wertung hier entsprechend bemüht. Dann liegt ein Eingriff in eine geschützte Rechtsposition entgegen dem durch § 60 HGB, § 242 BGB getroffenen Zuweisungsgehalt vor, so daß der Sinn und Zweck eines Vorrangs der Leistungskondiktion, nämlich den Leistungsempfänger zu schützen, nicht verwirklicht ist.

Fraglich ist indessen, ob der konkurrierende Arbeitnehmer etwas auf Kosten des Arbeitgebers erlangt hat, wenn eine Umsatzeinbuße beim Arbeitgeber nicht spürbar ist. "Auf Kosten" bedeutet jedoch nicht, daß der Berechtigte einen Vermögensnachteil erlitten haben muß, weil er das Geschäft hätte machen können. Erforderlich ist vielmehr, daß der Vermögensvorteil unmittelbar unter

---

[92] Dieser Anspruch findet in Rechtsprechung und Literatur in dem Zusammenhang keine Erwähnung.

Ausnützung der Rechte des Inhabers erlangt wurde.[93] Hier hat sich der Arbeitnehmer durch das Geschäftemachen in den von § 60 HGB, § 242 BGB abgesteckten Rechtskreis eingemischt und sich dadurch Vorteile verschafft. Daß diese tatsächlich aus dem Vermögen eines Dritten stammen, ist unerheblich, da das gewinn- mit dem verlustbegründenden Geschäftemachen identisch ist.

c) Rechtsgrundlos

Die Vermögensvorteile des Arbeitnehmers sind im Verhältnis zum Arbeitgeber auch rechtsgrundlos weil unerlaubt erlangt, da sie nach der in § 60 HGB, § 242 BGB getroffenen Wertung dem Arbeitgeber zustehen sollen, solange dieser in die Konkurrenztätigkeit nicht einwilligt. Der Arbeitnehmer hat damit für seine Bereicherungshandlung kein gesetzliches oder vom Arbeitgeber abgeleitetes Recht zum Eingriff.

d) Wegfall der Bereicherung

Das Problem besteht hier darin, daß der Anspruch entgegen § 61 I HS. 2 HGB ausgeschlossen ist, soweit der Arbeitnehmer nicht mehr bereichert ist. Um aber eine Berufung auf den Wegfall der Bereicherung gem. § 818 III BGB zu verhindern, muß der Arbeitgeber auch hier die Bösgläubigkeit des Arbeitnehmers, das bedeutet gem. § 819 I BGB die Kenntnis vom Mangel des rechtlichen Grundes nachweisen. Bei einer nur fahrlässigen Eigengeschäftsführung ist daher ein Wegfall des Anspruchs infolge einer Entreicherung möglich.

An dieser Stelle werden auch die bereits oben angesprochenen Wettbewerbshandlungen der beschränkt Geschäftsfähigen relevant.[94] Da eine Eingriffskondiktion infolge einer verbotswidrigen Handlung vorliegt, kommt es auf ihre Kenntnis und konkrete Einsichtsfähigkeit an,[95] so daß sich die Lösung in obige Ausführungen einreiht. Damit begründet § 61 I HS. 2 HGB nicht noch eine zusätzliche Besonderheit für nur beschränkt geschäftsfähige Arbeitnehmer.

6. Zwischenergebnis

Als Zwischenergebnis kann festgehalten werden, daß es im Bürgerlichen Gesetzbuch kein Rechtsinstitut gibt, das in Voraussetzungen und Rechtsfolgen

---

[93] Vgl. statt vielen *Larenz*, Schuldrecht II, § 68 II, S. 533; ausführlich MünchKomm-*Lieb*, § 812 Rdnr. 193 ff.; *Palandt/Thomas*, § 812 Anm. 5 A.

[94] Siehe in diesem Kapitel B. II. 4. c).

[95] H.M.; vgl. *Erman/Westermann*, § 819 Rdnr. 6; *Palandt/Thomas*, § 819 Anm. 2 e; *Larenz*, Schuldrecht II, § 70 IV, S. 584 ff. A.A. MünchKomm-*Lieb*, § 819 Rdnr. 7.

mit dem des Eintrittsrechts identisch ist. Dennoch besteht im Normalfall die gleiche Verpflichtung sonstiger Arbeitnehmer auch bezüglich des Eintrittsrechts. Lediglich in den Fällen eines vermeidbaren Verbotsirrtums, in denen der Vorsatz entfällt, scheidet ein Herausgabeanspruch gem. §§ 687 II 1, 681 S. 2, 667 BGB entgegen § 61 I HS. 2 HGB aus. Auch der Anspruch gem. § 812 I 1, 2. Alt. BGB kann dann aufgrund des Wegfalls der Bereicherung gem. § 818 III BGB scheitern.

7. § 61 I HS. 2 HGB analog

Vereinzelt wird eine analoge Anwendung des § 61 I HS. 2 HGB vorgeschlagen.[96] In Anbetracht der einschlägigen Regelungen der angemaßten GoA sowie der ungerechtfertigten Bereicherung ist eine Lücke im Gesetz indessen zweifelhaft, zumal es auch nur um die Fälle vorsatzlosen Handelns geht.[97] Durchschlagend ist jedenfalls die methodische Überlegung, daß einer Analogie die verfassungskonforme Auslegung einer Norm vorrangig ist.

8. Verfassungskonforme Reduktion des § 61 I HS. 2 HGB

Zu erwägen ist deshalb eine verfassungskonforme Restriktion des § 61 I HS. 2 HGB auf die Fälle vorsätzlichen Handelns, zumal die Norm vorkonstitutionelles Recht enthält und im Falle einer Verfassungwidrigkeit insoweit nicht anwendbar ist. Da die Bestimmung sowohl vorsätzliche als auch fahrlässige Wettbewerbsverstöße umfaßt, steht der Wortlaut einer Beschränkung nicht entgegen, um die von Art. 3 I GG gebotene Gleichbehandlung der Arbeitnehmer zu erreichen. Es ist kein vernünftiger Grund denkbar, daß die Handlungsgehilfen entgegen den anderen Arbeitnehmern bei fahrlässigem Verhalten zur Herausgabe des Erlangten verpflichtet sein sollen. Das in gleichem Maße ausgeprägte Schutzbedürfnis der Arbeitgeber sowie das bei wirtschaftlicher Betrachtungsweise gleiche Wettbewerbsverbot lassen eine differenzierte Behandlung der Arbeitsverhältnisse als willkürlich erscheinen. Entsprechendes gilt auch hinsichtlich der Darlegungs- und Beweislast, die jener des §§ 687 II, 819 I BGB anzupassen ist.

---

[96] So *Grunsky,* S. 35; *Hönsch/Natzel,* Rdnr. 249; *Oehmann/Bürger/Matthes,* HwB-AR, Wettbewerbsverbot unter 2 c, S. 6; *Schaub,* § 57 V 4, S. 294; für eine Anwendung der Bestimmung im Wege der Gesamtanalogie der §§ 60, 61 HGB, *Buchner,* AR-Blattei, D, Wettbewerbsverbot II unter C II 2; *Röhsler/Borrmann,* S. 65; wohl auch *Staudinger/Richardi,* § 611 Rdnr. 387.

[97] Gegen eine analoge Anwendung ist die h.M., die sich freilich nur auf den speziellen Charakter des Eintrittsrechts stützt. Vgl. *LAG Stuttgart* vom 8. 8. 1956, BB 1956, 1141; *LAG Berlin vom 17. 2. 1970,* DB 1970, 1837, 1838; *Kopp,* HdA, Wettbewerbsrecht, Anm. 14; *Weisemann/Schrader,* DB 1980, Beil. 4, S. 5 f.; *Palandt/Putzo,* § 611 Anm. 4 c aa.

9. *Ergebnis*

Mit der verfassungskonformen Restriktion des § 61 I HS. 2 HGB auf vorsätzliches Handeln wird die oben festgestellte Besonderheit zu § 687 II BGB und § 819 BGB beseitigt. Auch die Darlegungs- und Beweislast ist denselben Grundsätzen zu entnehmen.

III. Konkurrenzen

§ 61 I HGB regelt auch das Verhältnis der beiden Rechte, indem der Prinzipal nach HS. 1 Schadensersatz fordern oder statt dessen das Eintrittsrecht gem. HS. 2 geltend machen kann. Da es auch nach allgemeinen Grundsätzen nicht möglich ist, gleichzeitig Schadensersatz und Gewinnherausgabe zu beanspruchen, begründet die Sondernorm insofern keine Besonderheit.

1. *Facultas alternativa*

Etwas anderes würde aber gelten, wenn § 61 I HGB einen Fall der Wahlschuld gem. §§ 262 ff. BGB mit Wahlrecht des Gläubigers enthält. Dann hätten die Handlungsgehilfen gem. § 264 II BGB das Recht, den im Verzug befindlichen Prinzipal zur Vornahme der Wahl aufzufordern und nach Ablauf der dafür gesetzten Frist die Wahl selbst vorzunehmen.[98]

Die Auslegung des § 61 I HGB steht jedoch der Annahme dieser sogenannten obligatio alternativa entgegen. Bereits die Formulierung der Norm deutet darauf hin, daß nicht Schadensersatz und Gewinnherausgabe geschuldet werden, aber nur eins davon zu erbringen ist. Die Fassung des § 61 I HGB geht vielmehr von der Schadensersatzpflicht des Handlungsgehilfen aus, wobei der Prinzipal aber an ihrer Stelle eine andere Leistung, nämlich Gewinnherausgabe verlangen kann.[99] Anliegen des Gesetzgebers war es, die einstige Rechtsunsicherheit des Art. 59 i.V.m. 56 ADHGB zu beseitigen, wonach der Handlungsgehilfe sich *auch* das Eintrittsrecht gefallen lassen mußte und diese gleichzeitig ermöglichte Geltendmachung durch die Rechtsprechung nach Treu und Glauben auf den Differenzbetrag von Schaden und Gewinn beschränkt wurde.[100] Die Wahl des Tatbestandsmerkmals "statt dessen" fügt sich im übrigen in die Ausdrucksweise

---

[98] I.d.S. ein Teil der älteren Literatur; vgl. *Goldmann*, § 61 Anm. 1 I; *v. Mantey*, S. 49; *Remmert*, S. 29 ff., insb. S. 33; *Richter*, S. 44 f. sowie die zahlreichen Nachweise bei *Heeder*, S. 34 Fn. 9 und *Francke*, S. 61 Fn. 3.

[99] So auch *Hering*, S. 38 im Anschluß an *Staub/Bondi*, § 61 Anm. 1.

[100] Vgl. dazu *Francke*, S. 60; *Sick*, S. 67 ff.

des Gesetzgebers ein, der mit diesem Merkmal eine gesetzliche Ersetzungsbefugnis kennzeichnet.[101] Da dem geschützten Prinzipal zudem aufgrund der in § 61 II HGB getroffenen Verjährungsregelung eine dreimonatige Überlegungsfrist zugute kommt, sind auch Billigkeitserwägungen hinsichtlich eines Rechts des Handlungsgehilfen gem. § 264 II BGB verfehlt.[102] Damit begründet § 61 I HGB keine Wahlschuld, sondern eine gesetzliche Ersetzungsbefugnis zugunsten des Prinzipals.[103]

2. *Bindungswirkung*

Nahezu einhellig wird seit jeher die einmal getroffene Wahl für unwiderruflich gehalten, so daß der Prinzipal bei Geltendmachung des Schadensersatzanspruchs das Eintrittsrecht verliert und umgekehrt.[104] Dieses Ergebnis wird entweder nur festgestellt[105] oder wenigstens mit einer analogen Anwendung des § 263 BGB begründet, wonach die gewählte Leistung als die von Anfang an allein geschuldete gilt.[106]

Eine Besonderheit würde demnach nur dann nicht vorliegen, wenn für die Geltendmachung des Schadensersatz- oder Herausgabeanspruchs bei freier Anspruchskonkurrenz des BGB das gleiche nach den Geboten von Treu und Glauben gilt. Die spätere Entscheidung für den wirtschaftlich günstigeren Anspruch wird aber wohl kaum in jedem Falle treuwidrig sein.

Entscheidend wird damit, ob es richtig ist, § 263 II BGB im Rahmen des § 61 I HGB anzuwenden. Die entsprechende Anwendung des § 263 BGB folgt nicht

---

[101] Vgl. die bei *Francke*, S. 63 aufgeführten Beispiele; kritisch *Goldmann*, § 61 Anm. 1 I.

[102] Ähnlich auch *Francke*, S. 62; *Heeder*, S. 34; *Hering*, S. 39; *Roth*, S. 25. A.A. gerade in diesem Punkt die Befürworter einer obligatio alternativa; vgl. noch einmal die Nachweise bei *Heeder*, S. 34; *Francke*, S. 62.

[103] H.M.; vgl. *Düringer/Hachenburg/Hoeniger*, § 61 Anm. 2; *Etzel* in GK-HGB, § 61 Rdnr. 3; *Schaub*, § 57 IV 3, S. 291; *Schlegelberger/Schröder*, § 61 Rdnr. 4; *Würdinger* in RGRK-HGB, § 61 Anm. 1. Vgl. auch die dogmatisch andere Einordnung von *Heymann/Honsell*, § 61 Rdnr. 1.

[104] Differenzierend einst nur *Makower*, § 61 Anm. I, der die nachträgliche Geltendmachung des Eintrittsrechts bis zur Leistung des Schadensersatzes für möglich hielt.

[105] Vgl. *Etzel* in GK-HGB, § 61 Rdnr. 3; *Grunsky*, S. 33; *Kopp*, HdA, Wettbewerbsrecht, Anm. 15; *F. Neumann*, S. 38; *Schaub*, § 57 IV 3, S. 291; *Schlegelberger/Schröder*, § 61 Rdnr. 4, 5; *Tiedemann*, S. 54. Ähnlich auch *Donath*, S. 48.

[106] So im Anschluß an *OLG Hamburg* vom 28. 5. 1903, OLGR 7, 149, das § 263 BGB aber direkt und ohne Begründung anwandte, *Düringer/Hachenburg/Hoeniger*, § 61 Anm. 1; *Gerth*, S. 34; *Hasenkamp*, S. 40; *Heymann/Kötter*, § 61 Anm. 2; *Heymann/Honsell*, § 61 Rdnr. 4; *Künzel*, S. 43; *Vehring*, S. 69 f.; *Würdinger* in RGRK-HGB, § 61 Anm. 1. Siehe auch *Francke*, S. 63, der wenigstens das praktische Bedürfnis für eine entsprechende Anwendung des § 263 II BGB betont.

bereits aus der oben festgestellten Ersetzungsbefugnis. Ob die Wahl bindet, ist vielmehr durch Auslegung des § 61 I HGB zu ermitteln.[107] Die Norm besagt nur, daß der Prinzipal Schadensersatz fordern oder statt dessen Gewinnherausgabe verlangen kann. Damit sollte lediglich betont werden, daß der Prinzipal die beiden Ansprüche nicht nebeneinander, sondern entsprechend der Billigkeit nur wahlweise geltend machen kann.[108] Daraus zu schließen, daß die entsprechende Erklärung zumindest im Fall des Eintrittsrechts unwiderruflich sei und die Ausübung des Wahlrechts den anderen Anspruch vernichte, ist äußerst fraglich.[109] So ist zum einen nach § 145 BGB an seine Erklärung nur gebunden, wer einem anderen die Schließung eines Vertrags anträgt. Ein Erlöschen wenigstens des Schadensersatzanspruchs wäre desweiteren nur bei einer Umgestaltung der Rechtslage durch die Ausübung des Eintrittsrechts denkbar. Anders als der Rücktritt oder eine Anfechtung ist das Eintrittsrecht als bloßer Gewinnherausgabeanspruch kein Gestaltungsrecht, das ein Schuldverhältnis umwandelt. Etwas anderes ergibt sich auch nicht aus § 61 I HGB, da dieser Norm nicht entnommen werden kann, daß primär und ohne weiteres ein Schadensersatzanspruch besteht, während der Gewinnherausgabeanspruch erst durch eine besondere Erklärung entsteht.[110] Diese Überlegungen sind vielmehr auf ein falsches Verständnis und eine Überbewertung des sogenannten Eintrittsrechts und seiner Wirkungen zurückzuführen. Umgekehrt spricht für eine derartige konkretisierende Wirkung des Schadensersatzbegehrens nur das Bedürfnis nach Rechtssicherheit. Diesem geltend gemachten praktischen Bedürfnis der Handlungsgehilfen[111] wie auch dem anderer Arbeitnehmer wird aber § 242 BGB gleichermaßen gerecht.

Damit bleibt als Ergebnis festzuhalten, daß gem. § 61 I HGB keine andere Bindungswirkung begründet wird[112] und somit auch in der Konkurrenzfrage für Handlungsgehilfen keine Besonderheiten bestehen.

---

[107] Dazu *Palandt/Heinrichs*, § 262 Anm. 3 c aa.

[108] Vgl. Denkschrift zum Handelsgesetzbuch, S. 235 u. 236, abgedruckt bei *Schubert/Schmiedel/Krampe*, S. 995, 996.

[109] So *Donath*, S. 48 im Anschluß an *Horrwitz*, S. 60; vgl. auch *Schilling*, S. 29, der ein Erlöschen kraft Verzichts bejaht.

[110] I.d.S. aber *Makower*, § 61 Anm. I.

[111] So *Francke*, S. 63.

[112] I.E. ebenso nur *Mahnke*, DJZ 1905, 1117, 1118.

IV. Gegenansprüche

Die Gegenansprüche der Handlungsgehilfen bei Ausübung des Eintrittsrechts sind im Handelsgesetzbuch nicht besonders geregelt. Da sie sich dann nach den allgemeinen Regeln des Bürgerlichen Gesetzbuchs richten, scheinen Besonderheiten nicht denkbar zu sein.

Etwas anderes könnte aber gelten, wenn für den Aufwendungsersatzanspruch der Handlungsgehilfen eine andere Anspruchsgrundlage in Betracht kommt. So wird teilweise ausgeführt, daß die Ausübung des Eintrittsrechts nach § 61 I HS. 2 HGB bewirke, daß der Handlungsgehilfe wie ein Beauftragter gehandelt habe, so daß er gem. § 670 BGB[113] bzw. § 670 BGB analog[114] Ersatz seiner Aufwendungen verlangen könne. Damit wäre er aber anders als die Geschäftsführer im Fall des § 687 II 2 i.V.m. § 684 S. 1 BGB nicht auf eine Aufwendungskondiktion nach Bereicherungsrecht beschränkt.[115] Dies würde mit anderen Worten bedeuten, daß nur der Arbeitgeber des Handlungsgehilfen keinen Wegfall der Bereicherung geltend machen kann, obgleich auch seine Auslagen geringer gewesen sein können.

Indessen beruht auch der Aufwendungsersatzanspruch des Handlungsgehilfen auf § 687 II 2 BGB.[116] Dafür spricht, daß der Handlungsgehilfe nach § 61 I HS. 2 HGB zwar in der Rechtsfolge wie ein Beauftragter gem. § 667 BGB behandelt wird, er aber als konkurrierender Arbeitnehmer gerade nicht als und wie ein Beauftragter im Sinne der §§ 662 ff. BGB gehandelt hat. Sein Tätigwerden ist regelmäßig Ausdruck einer angemaßten GoA, wobei das Herausgabeverlangen des Geschäftsherrn gem. § 687 II BGB gerade nicht bedeutet, daß der Geschäftsführer im Nachhinein einem Beauftragten gleichgestellt werden soll. Auch in den Fällen des vermeidbaren Verbotsirrtums, in denen wie oben ausgeführt eine angemaßte GoA nicht vorliegt, werden die Arbeitnehmer hinsichtlich ihres Gegenanspruchs gem. §§ 687 I, 812 I 1, 2. Alt. BGB gleich behandelt.

---

[113] Vgl. *Etzel* in GK-HGB, § 61 Rdnr. 9, der § 670 BGB wohl auch beim Geschäft für fremde Rechnung bejaht, vgl. § 61 Rdnr. 12; ebenso *Schlegelberger/Schröder,* § 61 Rdnr. 6 a, 6 d; wohl auch *Schaub,* § 57 IV 3, S. 291, 292. So im Ergebnis auch *Diss,* S. 21 ff., der für ihn folgerichtig § 670 BGB über die §§ 684 S. 2, 683 S. 1 BGB anwendet.

[114] Vgl. *Heymann/Honsell,* § 61 Rdnr. 18.

[115] So ausdrücklich *Heymann/Honsell,* § 61 Rdnr. 18.

[116] I.d.S. *Baumbach/Duden/Hopt,* § 61 Anm. 3; für eine analoge Anwendung *Würdinger* in RGRK-HGB, § 61 Anm. 5.

Damit bleibt als Ergebnis festzuhalten, daß hinsichtlich des Gegenanspruchs keine Besonderheiten bestehen.

V. Die Verjährung

Am deutlichsten tritt ein Unterschied im Bereich der Verjährung hervor, da es von vornherein keine Regelung mit gleicher Rechtsfolge gibt.

1. § 61 II HGB / § 195 BGB

Gem. § 61 II HGB verjähren die Ansprüche in drei Monaten von dem Zeitpunkt an, in welchem der Prinzipal Kenntnis von dem Abschlusse des Geschäfts erlangt bzw. ohne Rücksicht auf diese Kenntnis in fünf Jahren von dem Geschäftsabschluß an. Dieser Sondernorm stehen die allgemeinen Verjährungsregeln des Bürgerlichen Gesetzbuchs gegenüber, so daß gem. §§ 195, 198 S. 1 BGB die Ansprüche gegen andere Arbeitnehmer noch dreißig Jahre nach Anspruchsentstehung durchsetzbar sind.

Die "erfreuliche Einsicht", die das Handelsgesetzbuch mit der Abschaffung der unbilligen Härte einer dreißigjährigen Verjährungsfrist bewies,[117] bringt eine Reihe von Besonderheiten in Form einer Schlechterstellung des Prinzipals mit sich, die im folgenden herausgearbeitet werden.

Fraglich ist zunächst, welche Ansprüche der kurzen Verjährungsfrist unterliegen. "Die Ansprüche" im Sinne des § 61 II HGB sind zweifellos der Schadensersatzanspruch und das Eintrittsrecht. Überwiegend wird aber davon ausgegangen, daß § 61 II HGB alle Ansprüche regelt, die sich aus der Verletzung des § 60 HGB ergeben können.[118] Danach unterliegen auch der Auskunfts- und Unterlassungsanspruch sowie die Ansprüche aus unerlaubter Handlung der kurzen Verjährungsfrist. Der dagegen geltend gemachte Einwand des systematischen Zusammenhangs mit § 61 I HGB, der nur die beiden Hauptrechte regelt, blieb vereinzelt.[119]

[117] So *Francke*, S. 68; ebenso *v. Mantey*, S. 52; *F. Neumann*, S. 47; *Richter*, S. 52, um nur einige Literaten zu nennen, die voll Lobes für die neue Regelung waren.

[118] Vgl. *Baumbach/Duden/Hopt*, § 61 Anm. 4; *Düringer/Hachenburg/Hoeniger*, § 61 Anm. 3; *Etzel* in GK-HGB, § 61 Rdnr. 16; *Heymann/Honsell*, § 61 Rdnr. 20; *Heymann/Kötter*, § 61 Anm. 4; *Schlegelberger/Schröder*, § 61 Rdnr. 9. Unklar *BAG* vom 16. 1. 1975, AP Nr. 8 zu § 60 HGB unter III 2.

[119] I.d.S. *Donath*, S. 61; *Gerth*, S. 44; *v. Mantey*, S. 53.

Richtigerweise ist zwischen den verschiedenen Ansprüchen zu differenzieren. Soweit der Auskunftsanspruch nur der erleichterten Verfolgung der Rechte gem. § 61 I HGB dient, ist es aufgrund seiner bloßen Hilfsfunktion sinnvoll, die kurze Verjährungsfrist auch auf diesen Anspruch anzuwenden, zumal das Rechtsschutzinteresse unverändert bestehen bleibt. Anders ist es aber, wenn Auskunft begehrt wird, weil eine verhaltensbedingte Kündigung ausgesprochen werden soll, deren Wirksamkeit von einem längere Zeit zurückliegenden Wettbewerbsverstoß abhängt. Die kurze Verjährung erfaßt hingegen alle konkurrierenden deliktischen Ansprüche,[120] da andernfalls der Zweck des § 61 II HGB, den Handlungsgehilfen vor einer weiterhin möglichen Inanspruchnahme zu schützen, leer laufen würde. Freilich darf nicht verkannt werden, daß der Handlungsgehilfe bei Verwirklichung eines deliktischen Tatbestandes so schützenswert nicht mehr ist, da der Verstoß gegen § 60 HGB nicht ohne weiteres einen Eingriff in den Gewerbebetrieb gem. § 823 I BGB oder gar eine sittenwidrige Schädigung gem. § 826 BGB darstellt. Diese Überlegung sollte aber hinter der bezweckten raschen und abschließenden Abwicklung der Ansprüche zurücktreten.[121]

Keinesfalls ist es aber angängig, auch den Unterlassungsanspruch der Frist des § 61 II HGB zu unterstellen. Zunächst paßt bereits der Wortlaut nicht auf den zukunftsorientierten Unterlassungsanspruch, da die Norm nur die Rechtsfolgen bereits getätigter Geschäfte zum Regelungsgegenstand hat. So ist denn auch der Sinn und Zweck der kurzen Verjährung für den Unterlassungsanspruch nicht einschlägig, da es hier weder um eine schnelle Abwicklung geht, noch dem Handlungsgehilfen ermöglicht werden soll, sich in Zukunft unbesorgt über das Verbot des § 60 HGB hinwegzusetzen.[122]

Zusammenfassend kann damit festgehalten werden, daß von der Besonderheit der kurzen Verjährung die Schadensersatzansprüche und das Eintrittsrecht sowie die der Verfolgung dienenden Auskunftsansprüche des Prinzipals erfaßt werden.

Zu klären ist weiterhin, wegen welcher Wettbewerbsverstöße die oben genannten Ansprüche der Sonderregelung unterliegen.

---

[120] A.A. *v. Hoyningen-Huene,* Urteilsanmerkung zu BAG, Urt. v. 11. 8. 1987, EWiR 1988, S. 279 unter 1; *LAG Baden-Württemberg* vom 6. 6. 1989, ARSt 1990, 78 f., Nr. 1070 für § 823 II BGB i.V.m. § 266 StGB.

[121] So auch *Grunsky,* S. 44; für den Anspruch aus § 826 BGB offen aber *BAG* vom 28. 1. 1986, AP Nr. 2 zu § 61 HGB.

[122] A.A. *RG* vom 1. 5. 1906, Bd. 63, 252, 254 f.; im Anschluß daran *Richter,* S. 53 f.; differenzierend im Hinblick auf die Schwere des Wettbewerbsverstoßes *Grunsky,* S. 43 f.

Obgleich in § 61 II HGB nur vom "Abschlusse des Geschäfts" die Rede ist, erfaßt die Regelung auch den Wettbewerbsverstoß nach § 60 I 1. Alt. HGB. Dafür ein Redaktionsversehen des Gesetzgebers zu bemühen,[123] ist allerdings fraglich, da die Tatbestandsmäßigkeit früher keineswegs geklärt war.[124] Seit der Reduktion des § 60 I 1. Alt. HGB auf ein echtes Wettbewerbsverbot kann die Geltung der kurzen Verjährungsfrist jedenfalls nicht mehr zweifelhaft sein, da sich das Betreiben eines Handelsgewerbes aus einzelnen Geschäften im Sinne der §§ 60 I 2. Alt., 60 II HGB zusammensetzt.

Daß die Verjährung gem. § 61 II HS. 1 HGB erst mit der Kenntnisnahme und nicht wie in anderen Arbeitsverhältnissen gem. § 198 S. 1 BGB schon mit dem Geschäftsabschluß zu laufen beginnt, schwächt die Besonderheit der unterschiedlichen Verjährungsfristen zwar ab, ist aber in Anbetracht der dreißigjährigen Dauer kaum der Rede wert.

Zusammenfassend kann festgehalten werden, daß ein Handlungsgehilfe und ein anderer Arbeitnehmer sinngemäß die gleichen Wettbewerbsverstöße durch selbständiges Handeln begehen können, ohne aber zum gleichen Zeitpunkt die Einrede der Verjährung gegenüber ihrem Arbeitgeber erheben zu dürfen, der von beiden Schadensersatz, bzw. Gewinnherausgabe fordert und deswegen auch Auskunft oder Rechnungslegung verlangt.

2. § 61 II HGB / § 242 BGB

Überlegenswert ist der Gedanke, ob diese so krasse Besonderheit nicht entfallen kann, wenn der Verjährungsregelung des § 61 II HGB die Grundsätze der Verwirkung gem. § 242 BGB gegenübergestellt werden. Danach ist es unter bestimmten Voraussetzungen möglich, für die Rechtsausübung eine zusätzliche zeitliche Grenze zu begründen. Könnte daher die Frist des § 61 II HGB Maßstab für die Verwirkung sein, wäre die Dauer einer möglichen Inanspruchnahme die gleiche.

Ein Recht ist verwirkt, wenn der Inhaber es längere Zeit nicht geltend gemacht hat und der Verpflichtete zu Recht darauf vertraut, daß er nicht mehr in Anspruch genommen wird.[125]

---

[123] So *BAG* vom 25. 5. 1970, AP Nr. 4 zu § 60 HGB unter II 2.

[124] Vgl. die Ausführungen bei *Francke*, S. 69 f.

[125] Vgl. *Erman/Sirp*, § 242 Rdnr. 84; *Larenz*, Schuldrecht I, § 10 II, S. 134; MünchKomm-*Roth*, § 242 Rdnr. 326; *Palandt/Heinrichs*, § 242 Anm. 5.

Um diese Voraussetzungen unabhängig von den Umständen des Einzelfalles bejahen zu können, müßte allein die von § 61 II HGB vorprogrammierte Ungleichbehandlung das Verhalten des Arbeitgebers als treuwidrig erscheinen lassen. Ein widersprüchliches Verhalten gegenüber anderen Arbeitnehmern indessen anzunehmen, weil der Arbeitgeber ihnen gegenüber untätig bleibt, während er seinen Handlungsgehilfen innerhalb der Frist des § 61 II HGB in Anspruch nimmt, ist in Anbetracht der bloßen Wahrnehmung einer vom Gesetz eingeräumten Rechtspositionnicht angängig. Hinzu kommt, daß diese Vorgehensweise methodisch höchst bedenklich ist, da das Institut der Verwirkung umfunktioniert werden würde, um eine Gleichbehandlung zu erreichen. Die Voraussetzungen einer Analogie blieben zudem ungeprüft. Letztlich darf auch nicht verkannt werden, daß die für Handlungsgehilfen bestehende positive Besonderheit einer so kurzen Verjährung ins Gegenteil verkehrt würde. Der Grund dafür liegt im unterschiedlichen Rechtscharakter von Verjährung und Verwirkung. So müßte der Handlungsgehilfe bei einer unterlassenen einredeweisen Geltendmachung der Verjährung dennoch leisten, während für einen anderen Arbeitnehmer die rechtsvernichtende Einwendung der Verwirkung im Prozeß von Amts wegen zu berücksichtigen wäre. Da desweiteren eine verjährte Forderung weiterhin besteht und erfüllbar ist, ein verwirkter Anspruch hingegen erlischt,[126] könnte der Handlungsgehilfe im Gegensatz zu seinen Kollegen beispielsweise das Geleistete wegen § 222 II BGB weder zurückfordern noch gem. § 390 BGB eine Aufrechnung verhindern.

Damit bleibt festzuhalten, daß die gem. § 61 II HGB begründete Besonderheit auch nicht über eine Anwendung der Grundsätze der Verwirkung aufgehoben werden kann.

3. § 61 II HGB analog

Besteht daher für Handlungsgehilfen die positive Besonderheit, die Einrede der Verjährung gem. § 61 II HGB schon nach drei Monaten, bzw. fünf Jahren erheben zu können, drängt sich die Frage auf, ob diese Ungleichbehandlung hinzunehmen ist[127] oder mittels richterlicher Rechtsfortbildung beseitigt werden kann bzw. muß.

---

[126] Str.; vgl. *Larenz*, Schuldrecht I, § 19 I c, S. 271; MünchKomm-*Roth*, § 242 Rdnr. 338-340.

[127] So die h.M.; vgl. *BAG* vom 16. 1. 1975, AP Nr. 8 zu § 60 HGB; *Baumbach/Duden/Hopt*, § 61 Anm. 4; *Braasch*, AR-BLATTEI, D, Verjährung unter D III; *Etzel* in GK-HGB, § 61 Rdnr. 2; *Heymann/Honsell*, § 61 Rdnr. 20; *Kopp*, HdA, Wettbewerbsrecht, Anm. 18; *Oehmann/Bürger/Matthes*, HwB-AR, Wettbewerbsverbot unter 2 c, S. 7; *Weisemann/Schrader*, DB 1980, Beil. 4, S. 5 u. 6.

Da aufgrund des eindeutigen Wortlauts des § 61 II HGB eine verfassungskonforme Reduktion ausscheidet, kommt eine Gleichbehandlung nur mittels einer Analogie in Betracht. Anlaß hierfür ist das Vorliegen einer Rechtslücke.

a) Lückenfeststellung

Problematisch ist, ob eine derartige planwidrige Unvollständigkeit des positiven Rechts besteht. Es fehlt zwar im Bürgerlichen Gesetzbuch eine eigens auf Wettbewerbsverstöße zugeschnittene Regelung. Anwendbar ist aber die allgemeine Verjährungsvorschrift des § 195 BGB, so daß durch diesen möglichen Rückgriff das positive Recht vollständig zu sein scheint.[128]

Vorliegender Fall unterscheidet sich insofern von den typischen Fällen einer Rechtslücke, als man dort entgegen seiner Erwartung überhaupt keine Regelung, hier indessen keine gleiche Regelung vorfindet. Entscheidend wird damit, ob der aufgezeigte Wertungswiderspruch eine Lücke begründen kann. Allein die enttäuschte Erwartung, eine gleiche Bewertung vorzufinden, bestätigt keineswegs das Vorliegen einer Rechtslücke, sondern wird als subjektives Unbehagen allenfalls das Motiv für eine Lückenfeststellung.[129] Maßgebend ist vielmehr, ob das positive Recht eine Ergänzung fordert, weil das Postulat der Gerechtigkeit, Gleichartiges rechtlich gleich zu behandeln, anhand der oben aufgezeigten Ungleichbehandlung eine Lücke aufdeckt.[130]

Sollte diese ungleiche Behandlung jedoch Ausdruck einer bewußt getroffenen Entscheidung des Gesetzgebers sein, würde diese Wertung das Vorliegen einer Rechtslücke ausschließen. So wurde das Rechtsverhältnis der gewerblichen Angestellten weitgehend dem der Handlungsgehilfen nachgebildet, eine den §§ 60, 61 HGB entsprechende Regelung aber gerade nicht übernommen. Dies müßte zur Folge haben, daß der Gesetzgeber die Frage der Verjährung durch § 195 BGB im Sinne der regelmäßigen Verjährungsfrist von dreißig Jahren geregelt wissen wollte. Da an eine Normierung des Wettbewerbsverbots aber überhaupt nicht gedacht wurde, kann von einer bewußten Entscheidung für eine dreißigjähre Frist und gegen eine kurze Verjährungsfrist wie die des § 61 II HGB keine Rede sein.

---

[128] In diesem Sinne *BAG* vom 16. 1. 1975, AP Nr. 8 zu § 60 HGB unter III 2.

[129] Dazu *Canaris,* Lücken im Gesetz, § 20, S. 31 f. u. § 65, S. 73; *Wank,* Grenzen richterlicher Rechtsfortbildung, S. 70.

[130] Vgl. dazu *Canaris,* Lücken im Gesetz, §§ 84 ff., S. 93 ff. Für diese Rechtsfortbildung extra legem weniger geeignet ist das nur rechtsethische Prinzip der gegenseitigen Rücksichtspflicht, das von *Beuthien* und *Janzen,* Urteilsanmerkung zu BAG vom 16. 1. 1975, AP Nr. 8 zu § 60 HGB, 3 d, unter anderem angeführt wird, um das Erfordernis einer ebenfalls verkürzten Frist zu unterstreichen.

Zu bedenken bleibt aber, daß § 195 BGB die Entscheidung des Gesetzgebers verkörpert, einen Auffangtatbestand zu schaffen, der naturgemäß den konkreten Fall weder erwähnen noch voraussehen muß und ihn dennoch regelt. Obgleich sich der Gesetzgeber zudem für eine kürzere Verjährungsfrist im Arbeitsrecht nur in den Fällen der §§ 196 I Nr. 8, 9 BGB entschied, kann daraus ebenfalls nicht auf den Willen des Gesetzgebers geschlossen werden, die Ansprüche gegen nichtkaufmännische Arbeitnehmer erst in dreißig Jahren verjähren zu lassen. Entscheidend ist, daß er nicht daran dachte, im ohnehin nur dürftig normierten Arbeitsrecht das Wettbewerbsverbot und erst recht dessen Verletzungsfolgen zu regeln, so daß er damit auch die Verjährungsfrage nicht durch den Auffangtatbestand weder geregelt wissen konnte noch wollte. Dann ist aber der Wertungswiderspruch auch nicht Ausdruck einer bewußt getroffenen Entscheidung des Gesetzgebers, sondern eher die zufällige Folge einer möglichen, weil systemgerecht erscheinenden Anwendung von Normen.

Damit ist die Untersuchung auch nicht auf die bloße Feststellung einer möglichen Verfassungswidrigkeit beschränkt. Die Ungleichbehandlung verschleiert vielmehr einen Mangel, der über den Gleichheitssatz als Rechtslücke aufgedeckt wird, wenn die Gemeinsamkeit der Arbeitnehmereigenschaft dem Unterschied der Berufsgruppenzugehörigkeit vorgeht. Wie oben aufgezeigt, besteht ein Wettbewerbsverbot für alle Arbeitnehmer, auf dessen inhaltliche Reichweite sich die Besonderheiten der Handlungsgehilfeneigenschaft nicht auswirken.[131] Obliegt aber jedem Arbeitnehmer die gleiche Pflicht, ist es unangebracht, gleiche Wettbewerbsverstöße mit zweierlei Maß zu messen. Da diese planwidrige Unvollständigkeit erst im Lauf der Zeit spürbar wurde, liegt hier eine offene nachträgliche Gebietslücke vor.[132]

b) Lückenausfüllung

Die Ähnlichkeit der Interessenlage, die sich hier aus der gleichen Arbeitnehmerstellung und der ungleichen, aber zu vernachlässigenden Berufsgruppenzugehörigkeit zusammensetzt, ist damit so groß, daß das Gerechtigkeitsgebot die gleiche rechtliche Bewertung fordert. Unterstrichen wird dies durch denselben Charakter des Wettbewerbsverstoßes als Treuepflichtverletzung sowie der vergleichbaren zeitlichen Dauer seiner Aufklärung.

Der Überlegung, wer wem gleichzustellen ist, wird bereits durch die festgestellte Lücke im Wettbewerbsrecht der anderen Arbeitnehmer und dem eindeutigen Gesetzesbefehl in § 61 HGB die Richtung gewiesen. Eine Gleichbehandlung

---

[131] Siehe A. II.

[132] Vgl. zum Begriff *Canaris*, Lücken im Gesetz, §§ 126-130, S. 135-138.

kann also nur mittels einer Angleichung der Rechtslage an die der Handlungsgehilfen erfolgen. Vorgeschlagen wird zum Teil eine Rechtsanalogie zu § 61 II HGB und den anderen handelsrechtlichen Wettbewerbsbestimmungen,[133] die Übernahme des Regelungskomplexes der §§ 60, 61 HGB[134] sowie die entsprechende Anwendung des § 61 II HGB.[135]

aa) §§ 61 II, 113 III HGB, §§ 88 III, 284 III AktG analog

Da der Wertungswiderspruch auf der Ungleichbehandlung der Arbeitnehmer beruht und weniger in einer ungleichen Behandlung der Wettbewerbsverstöße in einem Dauerschuldverhältnis mit besonderem Vertrauen, fügt sich eine Gesamtanalogie zu den handelsrechtlichen Wettbewerbsvorschriften der §§ 61 II, 113 III HGB, 88 III, 284 III AktG nicht in die so aufgedecke Lücke ein.[136] Hinzu kommt, daß diese Analogie unmittelbar nur für Arbeitnehmer von Kaufleuten in Betracht kommen würde.

bb) Induktion

Man könnte allenfalls daran denken, § 61 II HGB und / oder die inhaltsgleichen handelsrechtlichen Verjährungsvorschriften als Basis zur Ermittlung eines allgemeinen Rechtsgedankens zu begreifen. Dieses Vorgehen würde indessen dem Charakter einer Induktion nicht gerecht, da es hier um den Schluß von einer besonderen Norm auf bestimmte Fälle geht und nicht um die Gewinnung eines allgemeinen Rechtsgedankens, von dem die Wettbewerbsverstöße von Arbeitnehmern unter anderem erfaßt werden.[137] Ungeachtet dieser methodischen Bedenken dürfte überdies ein allgemeiner Rechtsgedanke, daß Ansprüche gegen den ungetreuen Arbeitnehmer in besonders kurzer Zeit geltend zu machen sind, nicht existieren. Auch aus § 61 II HGB i.V.m. § 60 II HGB

[133] So *Beuthien* und *Janzen*, Urteilsanmerkung zu BAG vom 16. 1. 1975, AP Nr. 8 zu § 60 HGB unter 3 d.

[134] Dafür *Buchner*, AR-Blattei, D, Wettbewerbsverbot II unter C II 2; *Loddenkemper*, S. 136 f.; *Röhsler/Borrmann*, S. 65; *Staudinger/Nipperdey/Mohnen/neumann*, § 611 Rdnr. 166.

[135] So *BAG* vom 12. 5. 1972, AP Nr. 6 zu § 60 HGB, II 2 a in einem obiter dictum; *LAG Hamm* vom 28. 6. 1973, ARSt 1975, 142, Nr. 1196 u. ARSt 1975, 158, Nr. 1221; *Grunsky*, S. 42 f.; *Staudinger/Richardi*, § 611 Rdnr. 388.

[136] Daher nur im Ansatz richtig *Beuthien* und *Janzen*, a.a.O., die im Rahmen der von ihnen vertretenen Gesamtanalogie zunächst folgerichtig die geregelten Wettbewerbsverbote betonen, dann aber doch die gleiche Stellung der Arbeitnehmer als Kern der Begründung heranziehen.

[137] Vgl. zu dieser Methode *Canaris*, Lücken im Gesetz, insb. §§ 90-92, S. 97 ff.

kann eine Pflicht zur alsbaldigen Geltendmachung der Ansprüche außerhalb des Handlungsgehilfenverhältnisses nicht gefolgert werden.[138]

cc) §§ 60, 61 HGB analog

Eine Gesamtanalogie zu §§ 60, 61 HGB muß ebenfalls ausscheiden, da Raum nur für eine Beseitigung des lückenbegründenden Wertungswiderspruchs besteht und dieser nicht über den Bereich der Verjährung hinausgeht. Als nur kosmetische Korrektur zwecks Beseitigung der formellen Besonderheiten ist diese Rechtsfortbildung aber nicht möglich.

dd) § 61 II HGB analog

Geht man von der festgestellten Lücke aus, ist methodisch korrekt nur die Einzelanalogie von § 61 II HGB.[139] Allerdings ist hier zu bedenken, daß die so vorzunehmende Lückenausfüllung über den klassischen Analogieschluß hinausgeht. Vorliegend rechtfertigt nicht die ratio legis des § 61 HGB i.V.m. dem Gleichheitssatz die Analogie, sondern das Postulat der Gerechtigkeit, Gleiches rechtlich gleich zu behandeln. Für diese damit gesetzesübersteigende Rechtsfortbildung werden aber überwiegend schwerwiegende Gründe gefordert.[140] Die dahinter stehende Warnfunktion ist hier indessen nicht notwendig, da sich die angestrebte Analogie des § 61 II HGB vom Gesetz nicht allzuweit entfernt. Die analoge Anwendung des § 61 II HGB ist noch in gewissem Maße an eine gesetzesimmanente Rechtsfortbildung angelehnt, bewertet man § 61 HGB aufgrund des einst nur Handlungsgehilfen gegenüber bestandenen Regelungsbedürfnisses als eine Norm für wettbewerblich tätige Arbeitnehmer.

Die analoge Anwendung des § 61 II HGB könnte aber durch außerhalb des Gleichheitssatzes liegenden Wertungen ausgeschlossen sein. Hier setzt die Argumentation des dritten Senats des Bundesarbeitsgerichts an, mit der die zuletzt als obiter dictum geäußerte geheimnisvolle Formulierung, vieles spreche

---

[138] Vgl. auch *K. Schmidt*, § 16 VI 2 b, S. 452, der wegen der Berufung auf *RG* vom 1. 5. 1906, Bd. 63, 252, 255 den Grundsatz einer baldtunlichen Geltendmachung wohl auf die Ansprüche gegen Handlungsgehilfen begrenzt.

[139] Die vorgeschlagenen Lösungswege resultieren denn auch aus einer vernachlässigten Lückenfeststellung.

[140] Vgl. *Larenz*, Methodenlehre, S. 366, im einzelnen dazu S. 413 ff.; ihm folgend *Koch/Rüssmann*, S. 261, 262.

für eine Analogie,[141] gegen eine im Ergebnis ausdrückliche Ablehnung ausgetauscht wird.[142] Der Senat stützt sich hierbei auf vier Argumente.

Der Senat führt zunächst aus, daß § 61 II HGB nur einen engen Wirkungsbereich habe, da die Vorschrift nur für Handlungsgehilfen und auch in diesem Rahmen nicht für alle Ansprüche des Arbeitgebers gelte.[143] Die Betonung des Ausnahmecharakters der Vorschrift hält indessen nur zu einer besonders sorgfältigen Prüfung der Voraussetzungen einer Analogie an. Eine vergleichbare Interessenlage der bei einem Nichtkaufmann angestellten Arbeitnehmer würde entfallen, wenn § 61 II HGB wie die vergleichbaren §§ 113 III HGB, 88 III, 284 III AktG nur Ausprägung der raschen Abwicklung im Handelsverkehr ist. Indessen verdeutlicht bereits § 83 HGB, daß die Kaufmannseigenschaft als solche für die kurze Verjährungsfrist nicht ausschlaggebend sein kann. Nicht nur bei der Verfolgung seiner Ansprüche gegen andere Arbeitnehmer, sondern auch bei Ansprüchen gegen den Handlungsgehilfen infolge anderer Treuepflichtverstöße, wie etwa der Konkurrenztätigkeit durch unselbständige Arbeit kann sich auch der Kaufmann dreißig Jahre Zeit lassen. Dann liegt aber auch bei § 61 II HGB der Schwerpunkt nicht bei der Kaufmanns- oder Handlungsgehilfeneigenschaft, sondern beim Wettbewerb durch selbständiges Geschäftemachen trotz eines bestehenden Arbeitsverhältnisses, so daß der Ausnahmecharakter der Norm auch einer gleichen Interessenlage nicht entgegensteht.[144]

Das Bundesarbeitsgericht wendet desweiteren ein, daß der Gerechtigkeitsgehalt des § 61 II HGB nicht sonderlich eindrucksvoll sei.[145] Diese Argumentation erstaunt nicht nur aufgrund des vom Arbeitsrecht erwarteten Schutzes der Arbeitnehmer. Mit diesem Einwand wird vor allem ein - zumindest nach gerichtlicher Auffassung existenter - rechtspolitischer Fehler in Ansatz gebracht. Es drängt sich die Frage auf, ob das Gericht mit dieser Begründung, unabhängig der inhaltlichen Richtigkeit, überhaupt gehört werden kann. Der Senat hält letztlich eine Gleichbehandlung nicht deswegen für ungerecht, weil entgegen den Voraussetzungen Ungleiches gleich behandelt werden würde, sondern weil die Folge einer Gleichbehandlung von Gleichem aufgrund des fehlenden Gerechtigkeitsgehalts des § 61 II HGB als ungerecht empfunden wird. Entscheidend wird

---

[141] Vgl. *BAG* vom 12. 5. 1972, AP Nr. 6 zu § 60 HGB unter A II 2.

[142] Vgl. *BAG* vom 16. 1. 1975, AP Nr. 8 zu § 60 HGB unter III 2.

[143] Zur Reichweite des § 61 II HGB siehe oben B. VI. 1.

[144] Vgl. auch *Beuthien* und *Janzen*, a.a.O., die sich gegen das Argument des engen Wirkungsbereichs der Sache nach wenden und deswegen den Hinweis nicht für überzeugend halten.

[145] So auch *Etzel* in GK-HGB, § 61 Rdnr. 2.

daher, ob der Gleichheitssatz bei Vorliegen seiner Voraussetzungen das Recht oder die Pflicht gibt, Gleiches gleich zu behandeln.

Für einen Spielraum auf der Rechtsfolgenseite und damit für eine Richtigkeitskontrolle spricht auf den ersten Blick, daß es nicht um eine Gleichbehandlung um der Gleichbehandlung willen, sondern um der Gerechtigkeit willen geht. Die Gerechtigkeit konkretisiert sich indessen darin, daß Gleiches gleich und nicht wie Gleiches gleich zu behandeln ist. Davon abgesehen wird man den Streit um die Antwort erahnen können, was gerecht ist, um daraus wiederum zu folgern, daß es gerechter ist, Gleiches ungleich zu behandeln.[146] Selbst wenn man das Argument überspitzt formuliert in den Grundsatz "keine Gleichbehandlung im Unrecht" umwandelt, vermag dies hier zu keiner Ausnahme von der gebotenen Gleichbehandlung führen. Mag § 61 II HGB als ungerecht empfunden werden, so ist er dennoch kein Unrecht, da er formell und materiell mit der Rechtsordnung in Einklang steht, so daß von einer rechtswidrigen Gleichbehandlung keine Rede sein kann. Das Bundesarbeitsgericht hat mit dieser Bewertung seine bei Betriebsvereinbarungen gehandhabte und teilweise für Tarifverträge geforderte Billigkeitskontrolleauf gesetzliche Normen ausgeweitet und damit einen grundsätzlich hinzunehmenden rechtspolitischen Fehler in Ansatz gebracht. Ein solches Vorgehen liegt aber genauso außerhalb seiner Kompetenz wie umgekehrt eine Rechtsfortbildung bei einem rechtspolitischen Fehler.

Man könnte allenfalls daran denken, das in jeder Fristenregelung enthaltene Maß an Willkür durch eine angemessene Frist auszugleichen. Indessen ist auch für diese Rechtsfortbildung Voraussetzung, daß ein System verschiedener Fristenregelungen zur Verfügung steht, auf deren Induktionsbasis eine angemessene Frist ermittelt werden kann.[147] In Anbetracht der eindeutigen Entscheidung des Gesetzgebers für eine dreimonatige bzw. fünfjährige Frist in den §§ 61 II, 113 III HGB, §§ 88 III, 284 III AktG bleibt kein Raum lediglich für eine Abschwächung der Besonderheit.

Auch das Argument, daß die typischerweise verwirklichten Treuepflichtverstöße konkurrierender Arbeitnehmer in dreißig Jahren verjähren, ist verfehlt. Dies aber nicht deswegen, weil § 61 II HGB gerade das Gegenteil besagt,[148] sondern aufgrund des falsch gewählten Bezugspunktes. So kommt es nicht auf

---

[146] Vgl. nur *Beuthien* und *Janzen*, a.a.O. unter 3 b, die § 61 II HGB keineswegs für eine verunglückte Einzelwertung halten. Im übrigen stellt das Bundesarbeitsgericht in seiner Begründung nur auf die dreimonatige Verjährungsfrist ab und bezieht die fünfjährige Frist des § 61 II HS. 2 HGB in die Gerechtigkeitsbewertung nicht mit ein.

[147] Vgl. *Canaris*, Lücken im Gesetz, § 174, S. 183 Fn. 40.

[148] So *Beuthien* und *Janzen*, a.a.O. unter 3 c.

die gleiche Rechtsnatur der begangenen Verstöße an, sondern auf die gleiche Interessenlage der Beteiligten. Im übrigen ist der Rückgriff auf die dreißigjährige Frist gerade das Problem und nicht die Prämisse.

Die zuletzt noch in einem Halbsatz nachgeschobene Begründung, "das bereits an sich schon reichlich unübersichtliche Verjährungsrecht würde durch solche Analogien, denen keine Gerechtigkeitssubstanz zugrundeliegt, noch unsicherer,"[149] vermag die analoge Anwendung des § 61 II HGB ebenfalls nicht zu verhindern. Das Verjährungsrecht nicht noch komplizierter ausgestalten zu wollen, ist kein sachlicher Grund, eine vom Gleichheitsgrundsatz gebotene Rechtsfortbildung nicht vorzunehmen.

c) Schlußfolgerung

Damit bleibt festzuhalten, daß einer analogen Anwendung des § 61 II HGB nichts im Wege steht. Um dem enttäuschten Vertrauen des einzelnen in den Fortbestand der bisherigen Rechtsprechung gerecht zu werden, kann allenfalls an eine Übergangsregelung gedacht werden, die aber den Wegfall der Besonderheit auf Dauer nicht verhindern kann.

C. Ergebnis

Besonderheiten beim gesetzlichen Wettbewerbsverbot werden durch die §§ 60, 61 HGB nur noch in formeller Hinsicht begründet. Materielle Unterschiede sind entweder nicht vorhanden oder mittels richterlicher Rechtsfortbildung zu beseitigen.

§ 60 HGB enthält seit der verfassungskonformen Reduktion des § 60 I 1. Alt. HGB nur noch ein Konkurrenzverbot, das über § 242 BGB auch für andere Arbeitnehmer gilt. § 60 II HGB findet analoge Anwendung.

Eine von § 61 HGB abweichende Beurteilung bei Anwendung der allgemeinen zivilrechtlichen Regeln muß nicht zwangsläufig sein, ist aber bei bestimmten Fallkonstellationen denkbar. Danach besteht für Handlungsgehilfen eine negative Besonderheit, da sie gem. § 61 I HS. 2 HGB das Erlangte auch bei vorsatzlosem Handeln herausgeben müssen und eine positive Besonderheit, als sie gem. § 61 II HGB schon nach drei Monaten bzw. fünf Jahren die Einrede der Verjährung erheben können. Diese Besonderheiten entfallen jedoch aufgrund der gebotenen verfassungskonformen Restriktion des § 61 I HS. 2 HGB auf vorsätzliches

---

[149] *BAG* vom 16. 1. 1975, AP Nr. 8 zu § 60 HGB unter III 2.

Handeln sowie durch eine analoge Anwendung des § 61 II HGB auf das Arbeitsverhältnis anderer Arbeitnehmer. Auch hinsichtlich der Darlegungs- und Beweislast gelten die gleichen Grundsätze.

Fünftes Kapitel

Die Konkurrenzklausel, §§ 74 ff. HGB

Gemeinsam ist allen Arbeitsverhältnissen die zeitliche Geltung des Konkurrenzverbots nur bis zur rechtlichen Beendigung des Vertragsverhältnisses. Danach wird jeder Arbeitnehmer wieder zu einem Dritten mit der Folge freier Wettbewerbsmöglichkeit in den allgemeinen Grenzen der §§ 823, 826 BGB, § 1 UWG.[1] Entfaltet aber das beendete Arbeitsverhältnis kein nachvertragliches Wettbewerbsverbot, muß sich der Arbeitgeber durch eine entsprechende - im Hinblick auf die Vertragsfreiheit auch mögliche[2] - Vereinbarung schützen.

A. Besonderheiten kraft Gesetzes, §§ 74 ff. HGB, § 133 f GewO, § 138 BGB

Vor diesem Hintergrund gewinnen die §§ 74 ff. HGB ihre Bedeutung. Zum besonderen Schutz der Handlungsgehilfen erlassen, enthalten sie Regelungen für dieses Wettbewerbsverbot. Ein formaler Vergleich dieser detaillierten Vorschriften mit den für andere Arbeitnehmer in Betracht kommenden Normen weist gravierende Unterschiede auf. So finden die §§ 74 ff. HGB zwar in § 133 f GewO eine teilweise Entsprechung,[3] gehen aber dann vor allem hinsichtlich des Formerfordernisses (§ 74 I HGB), der Entschädigungspflicht (§ 74 II HGB) sowie der Höchstdauer (§ 74 a I 3 HGB) weit über den für technische Angestellte gem. § 133 f GewO bestehenden Schutz hinaus. Noch deutlicher wird die Diskrepanz zu dem für sonstige Arbeitnehmer in Betracht kommenden

---

[1] Vgl. statt vielen *BAG* vom 28. 3. 1977, AP Nr. 28 zu § 611 BGB, Konkurrenzklausel, unter 2 d.

[2] Die von *Achterberg*, JZ 1975, 713, 718 geäußerte gegenteilige Ansicht ist eine Mindermeinung geblieben. Dagegen zu Recht *Westhoff*, RdA 1976, 353 ff.; *Schwabe*, JZ 1976, 439 f.; *Plett/Welling*, DB 1986, 2282.

[3] Vgl. §§ 74 a I 2, 74 a II 2, 1. Alt. HGB für die unbillige Erschwerung des beruflichen Fortkommens sowie die Nichtigkeit des Verbots mit einem Minderjährigen.

§ 138 BGB, da § 74 a I 2, III HGB schon die Verschiedenheit der Wertmaßstäbe aufzeigt.[4]

Eine vertiefte Untersuchung erübrigt sich jedoch, wenn Besonderheiten infolge einer korrekten richterlichen Rechtsfortbildung der Vergangenheit angehören. Das Augenmerk ist damit insbesondere auf die seit dem Jahre 1969 von der Rechtsprechung und herrschenden Lehre gehandhabte analoge Anwendung der §§ 74 ff. HGB zu lenken.

B. Gleichbehandlung durch richterliche Rechtsfortbildung

Besonderheiten im Handlungsgehilfenverhältnis entfallen, wenn die Ausdehnung der §§ 74 ff. HGB auf Arbeitsverhältnisse anderer Arbeitnehmer möglich und geboten ist. In Mittelpunkt rückt noch einmal die Entscheidung des Bundesarbeitsgerichts vom 13. 9. 1969.[5] Der dritte Senat nahm den Rechtsstreit eines Rechtsanwalts und des bei ihm angestellten Assessors über die Wirksamkeit eines auf fünf Jahre vereinbarten Wettbewerbsverbots ohne Entschädigung zum Anlaß, sich zur analogen Anwendung der §§ 74 ff. HGB, im konkreten Fall der §§ 74 II, 74 a I 3 HGB, auf Wettbewerbsverbote mit Arbeitnehmern jeder Art zu bekennen.[6] Hatte sich der Senat zunächst über eine Konkretisierung der §§ 133 f GewO, 138 BGB mit den Wertungen der §§ 74 ff. HGB an die Rechtslage der Handlungsgehilfen herangetastet, ohne freilich hinsichtlich der Anrechnung oder der Zeit- und Betragsgrenzen eine Gleichbehandlung zu erreichen,[7] besiegelt er nunmehr mit dieser Konstruktion die Notwendigkeit einer Rechtsangleichung und eröffnet den Weg, durch Einzelanalogien die Besonderheiten für Handlungsgehilfen zu beseitigen.[8]

---

[4] Am Rande erwähnt sei noch die Besonderheit, die sich aufgrund des Vergleichs von § 75 c II HGB mit der für alle geltenden Regelung der §§ 340 I 1, II 2 BGB ergibt, die aber aufgrund der Verfassungswidrigkeit des § 75 b HGB bedeutungslos wurde. Vgl. dazu *Hörnig*, S. 43 ff. und andererseits *Baumbach/Duden/Hopt*, § 75 b, § 75 c Anm. 2.

[5] AP Nr. 24 zu § 611 BGB, Konkurrenzklausel; vgl. auch *BAG* vom 16. 5. 1969, AP Nr. 23 zu § 133 f GewO, wo aber auf die tragenden Überlegungen der Entscheidung vom 13. 9. 1969 (Beratung am 7. 2. 1969) verwiesen wird.

[6] Vgl. den Leitsatz der Entscheidung sowie die Ausführungen unter V 5.

[7] Vgl. die Ausführungen des *BAG* vom 13. 9. 1969, AP Nr. 24 zu § 611 BGB, Konkurrenzklausel, unter IV 2, 3 sowie den Überblick bei *Lieb*, § 4 IX, S. 119 f. und *M. Wolf*, S. 206 ff.

Die von der Rechtsprechung mittels einer Analogie erreichte Gleichstellung der Arbeitnehmer wurde zwar teilweise schon lange vorher gefordert[9] und wird nun vom Großteil der Literatur begrüßt[10] bzw. ohne weitere Stellungnahme akzeptiert;[11] vereinzelt klingt aber auch ein gewisser Unmut an, wenn die Vorgehensweise anbei als "kühne Analogie" bezeichnet wird[12] oder die Feststellung erfolgt, daß die Grenze richterlicher Rechtsfortbildung überschritten worden sei.[13] Andererseits finden sich sogar Ausführungen, die über eine Gleichbehandlung hinausgehen, indem eine Besserstellung etwa der Arbeiter hinsichtlich der Mindesthöhe der Entschädigung vorgeschlagen wird.[14]

---

[8]Vgl. die nachfolgenden Entscheidungen; *BAG* vom 16. 5. 1969, AP Nr. 23 zu § 133 f GewO; *BAG* vom 16. 7. 1971, AP Nr. 25 zu § 611 BGB, Konkurrenzklausel, unter II 1 c; *BAG* vom 26. 11. 1971, AP Nr. 26 zu § 611 BGB, Konkurrenzklausel, unter 1 a; *BGH* vom 27. 9. 1983, AP Nr. 29 zu § 611 BGB, Konkurrenzklausel, unter II a; *BAG* vom 10. 12. 1985, AP Nr. 31 zu § 611 BGB, Konkurrenzklausel, unter II 1 a; *BAG* vom 2. 5. 1970, AP Nr. 26 zu § 74 HGB unter I; *BAG* vom 12. 11. 1971, AP Nr. 28 zu § 74 HGB unter II 1 b; *BGH* vom 27. 9. 1983, DB 1984, 111 ff. unter II 3 b aa.

[9]Vgl. statt vielen *Fritz*, S. 14 hinsichtlich einer Analogie der begünstigenden Vorschriften; ebenso *Günther*, NJW 1960, 946, 948; vgl. auch *Hofmann*, Urteilsanmerkung zu der Entscheidung des BAG vom 18. 2. 1967, SAE 1967, 288 ff.; *Diederichsen*, Urteilsanmerkung zu BAG vom 2. 12. 1966, SAE 1968, 130 f. Eine entsprechende Ausdehnung auf andere Angestellte durch den Gesetzgeber wurde schon im Jahre 1910 gefordert; vgl. insb. *Oertmann*, Verhandlungen des XXX. Deutschen Juristentages, S. 112, 150 f.

[10]Vgl. *Diederichsen*, Urteilsanmerkung zu BAG, Entscheidung vom 16. 5. 1969, Nr. 70 u. vom 13. 9. 1969, Nr. 71, AR-Blattei, D, Wettbewerbsverbot; *Gamillscheg*, RdA 1975, 13, 15; *Monjau*, AR der Gegenwart, 1969, Bd. 7, S. 75, 86; *Reimann*, DB 1970, 929, 931; *Seiter*, ZfA 1970, 355, 405; *Wiedemann/Steinberg*, Urteilsanmerkung zu BAG vom 13. 9. 1969, AP Nr. 24 zu § 611 BGB, Konkurrenzklausel, unter 2 b-d. Aus neuerer Zeit *Baumbach/Duden/Hopt*, § 74 Anm. 1 A; *Buchner*, Wettbewerbsverbot, S. 25 ff.; *Grunsky*, S. 50 f.; *v. Hoyningen-Huene*, BB 1986, 2133, 2139; *Röhsler/Borrmann*, S. 142, 143; *Trieschmann*, Herschel-Festschrift, S. 421, 452 f.; *Weisemann/Schrader*, DB 1980, Beil. 4, S. 7.

[11]Vgl. *Etzel* in GK-HGB, § 74 Rdnr. 2; *Kopp*, HdA, Wettbewerbsrecht, Anm. 27; MünchKomm-*Söllner*, § 611, Rdnr. 443, 444; *Oehmann/Bürger/Matthes*, HwB-AR, Wettbewerbsvereinbarung, unter 3 e, S. 13; *Plett/Welling*, DB 1986, 2282 ff.; *Staudinger/Richardi*, § 611 Rdnr. 393; *Winterstein*, NJW 1989, 1463, 1464.

[12]So *Hanau/Adomeit*, S. 196; dogmatische Schwierigkeiten stellt auch *Grunsky*, S. 50 fest.

[13]Vgl. *Soergel/Kraft*, § 611 Rdnr. 85; *Zöllner*, S. 143.

[14]Vgl. *Grüll*, S. 21 Fn. 5; ähnlich *Köst*, S. 35; *Schaub*, § 58 I 5, S. 296.

Die Auswertung aller vorgebrachten und im folgenden noch näher zu untersuchenden Einwände ergibt vier Möglichkeiten, die Frage nach den Besonderheiten für Handlungsgehilfen zu beantworten. Sie reichen von der völligen Beseitigung über eine mögliche Abschwächung hin zur Aufrechterhaltung alter und sogar zur Schaffung neuer Besonderheiten und sind Folge insbesondere eines jeweils unterschiedlichen Verständnisses für Methoden und Grenzen richterlicher Rechtsfortbildung.

I. Lückenfeststellung

Einer planwidrigen Unvollständigkeit des Gesetzes könnten vor allem die für technische Angestellte geschaffene Sonderregelung in § 133 f GewO und der für andere Arbeitnehmer geltende § 138 BGB entgegenstehen.[15] Maßgebend ist auch hier, ob der oben aufgezeigte Wertungswiderspruch eine Lücke begründet oder als bewußte Entscheidung des Gesetzgebers nur eine Überprüfung der Verfassungsmäßigkeit der Normen im Hinblick auf Art. 3 I GG eröffnet und allenfalls eine Konkretisierung der §§ 133 f GewO, 138 BGB mittels der in den §§ 74 ff. HGB enthaltenen Maßstäbe erlaubt.[16] Sowohl § 83 HGB als auch § 154 I Nr. 2 GewO deuten auf eine gewollt strikte Trennung zwischen den Rechtsverhältnissen kaufmännischer und technischer Angestellter hin. Hinzu kommt noch die historische Entwicklung der Normen, da zwar die §§ 74, 75 HGB im Jahre 1914 detaillierter gefaßt, von gleichzeitigen Änderungen auch des § 133 f GewO hingegen abgesehen wurde.[17] In der Schaffung von Schutzvorschriften für Handlungsgehilfen bzw. in der unterlassenen Änderung des § 133 f GewO ist jedoch zum einen keine Negativregelung enthalten.[18] Daß es zum anderen nicht bei den unterschiedlichen Regelungen sein Bewenden haben sollte, zeigen zudem die zahlreichen Gesetzesentwürfe auf, mit denen die Bestimmungen der §§ 74 ff. HGB für alle Arbeitnehmer Geltung erlangen sollten.[19] War sich der Gesetzgeber aber schon frühzeitig einer gebotenen Anpassung der Schutzvorschriften bewußt, kann von einer abschließend getroffenen Ungleichbehandlung keine Rede sein.

---

[15] I.d.S. *Larenz*, Methodenlehre, S. 381; *Westhoff*, S. 103-112; *Zöllner*, S. 143; vgl. auch *Gumpert*, BB 1970, 178, der von einer "durch nichts begründeten Gesetzeslücke" spricht, eine Analogie aber um des klaren Ergebnisses willen befürwortet.

[16] So die früher h.M.; vgl. *BAG* vom 20. 4. 1961, AP Nr. 8 zu § 133 f GewO; *BAG* vom 28. 1. 1966, AP Nr. 18 zu § 74 HGB; *BAG* vom 29. 4. 1966, AP Nr. 21 zu § 611 BGB, Konkurrenzklausel; *BAG* vom 9. 9. 1968, AP Nr. 22 zu § 611 BGB, Konkurrenzklausel.

[17] Vgl. dazu *Grombacher*, S. 9 ff.; *Günther*, NJW 1960, 946, 947.

[18] So *BAG* vom 13. 9. 1969, AP Nr. 24 zu § 611 BGB, Treuepflicht, unter V 2.

[19] Vgl. die Nachweise bei *Erdel*, S. 111; *Fritz*, S. 21, 101 Fn. 12.

Infolge der teilweisen Identität der § 74 a I 2, 74 a II 2, 1. Alt. HGB mit § 133 f GewO und des § 74 a III HGB mit § 138 BGB kann zwar nicht das Fehlen eines den §§ 74 ff. HGB entsprechenden Regelungskomplexes zu einer Lücke führen, wohl aber die sonstige Ungleichbehandlung der Arbeitnehmer, wenn der Wertungswiderspruch aufgrund des Gerechtigkeitsprinzips eine Gleichbehandlung fordert.[20] Entscheidend wird auch hier das gleichmäßige Schutzbedürfnis aller Arbeitnehmer. So führt das Bundesarbeitsgericht zu Recht aus, daß inzwischen die Interessenlage der Arbeitnehmergruppen nicht mehr zu vielschichtig und untypisch sei, um eine Differenzierung zuzulassen. Für die Schutzbedürftigkeit der Arbeitnehmer sei die Handlungsgehilfeneigenschaft als maßgebliches Moment verblaßt. Es komme vielmehr auf die fachliche Qualifikation eines Arbeitnehmers an, die das ungleiche Berufsbild in den Hintergrund treten lasse und eine Gleichheit der Arbeitgeberinteressen am Schutz vor Schädigungen bzw. der Arbeitnehmerinteressen an freier Entfaltung mit sich bringe.[21]

Der zwischenzeitlich gewandelten Anschauung des ideellen und materiellen Wertes beruflicher Fähigkeiten aufgrund der fachlichen Spezialisierung sind noch zwei bislang nicht beachtete Aspekte auf Seiten der Handlungsgehilfen hinzuzufügen. Zu nennen ist zum einem die im Laufe des Jahrhunderts gewachsene Komplexität des Tätigkeitsbildes eines kaufmännischen Angestellten, so daß es aufgrund der damit oftmals verbundenen unsicheren Zuordnung einer Arbeitsleistung, dem erheblich schwankenden Schwierigkeitsgrad der Tätigkeiten und auch der Art der Dienste auf die Handlungsgehilfeneigenschaft nicht mehr maßgebend ankommen kann. Verstärkt wird die Überlegung noch mit der damit einhergehenden Aufgliederung des Handlungsgehilfenstandes in die zwei Hauptgruppen des Kontorpersonals und der Verkäufer, wobei sich erstere insbesondere durch eine Anstellung in der Industrie wirtschaftlich und sozial zumindest ihren technischen Angestelltenkollegen annähern.[22] Abgerundet wird diese Überlegung noch durch die in Kapitel eins aufgezeigten Schwächen des Kaufmannsbegriffs und die Aufspaltung der echten Besonderheiten in eine Leistung kaufmännischer Dienste bei einem Nichtkaufmann. Zum anderen bleibt noch der Wegfall der typischerweise von Handlungsgehilfen ausgehenden Gefahr zu betonen, die darin bestand, die Stellung als Handlungsgehilfe als "Sprungbrett" zu benützen, um sich nach ausreichender Einsichtnahme in den Geschäftskreis des Arbeitgebers

---

[20]Vgl. auch die parallele Problematik beim gesetzlichen Wettbewerbsverbot, Viertes Kapitel, A. II. 2. d) bb) und B. V. 3. a).

[21]Vgl die Ausführungen des *BAG* vom 13. 9. 1969, AP Nr. 24 zu § 611 BGB, Treuepflicht, unter V 2; *Schaefer*, S. 115 ff.

[22]Dazu instruktiv *Potthoff*, Verhandlungen des XXX. Deutschen Juristentages, S. 266, 273 f. Interessant auch *Hromadka*, S. 11, 18.

selbständig zu machen. Dieses Unterfangen war in den Gründerjahren nach 1871 eigentlicher Auslöser der Schutzbedürftigkeit der Kaufleute, den Wettbewerbsklauseln und folglich der §§ 74 ff. HGB.[23] Diese Gefahr hat sich heute auf den Arbeitnehmer verlagert, der seinem früheren Arbeitgeber aufgrund seiner fachlichen Qualifikation in einer freien Marktwirtschaft selbständig oder als Arbeitnehmer Konkurrenz zu machen droht.

In Anbetracht des gleichen Schutzbedürfnisses der Arbeitnehmer rückt daher das Postulat der Gerechtigkeit, Gleiches gleich zu behandeln, in den Mittelpunkt, wird zur Methode der Lückenfeststellung und räumt Bedenken hinsichtlich der Notwendigkeit einer hier vorzunehmenden Rechtsfortbildung extra legem aus. Der über die bisherige Auslegung der §§ 133 f GewO, 138 BGB erreichte Minimalschutz außerkaufmännischer Arbeitnehmer wird dem gleichen Bedürfnis gerade nicht gerecht und läßt daher die Möglichkeit einer Rechtsfortbildung extra legem nicht entfallen.[24]

Es bleibt festzuhalten, daß das Bundesarbeitsgericht zu Recht eine Gesetzeslücke konstatiert hat. Ihre Bewertung als nachträglich entstandene offene Regelungslücke[25] oder ihre möglicherweise treffendere Einteilung in eine anfängliche bewußte Regelungslücke für technische Angestellte bzw. in eine nachträglich entstandene offene Gebietslücke für sonstige Arbeitnehmer sei als lediglich methodische Überlegung dahingestellt.[26]

II. Lückenschließung

Zur Frage, wie diese Lücke zu schließen ist, werden vier Meinungen vertreten, deren Folgen sich hinsichtlich der Besonderheiten für Handlungsgehilfen teilweise überschneiden. Es handelt sich dabei um die Methode der induktiven Gewinnung eines allgemeinen Rechtsgedankens aus den §§ 74 ff., 90 a HGB, um eine partielle Analogie nur der begünstigenden Vorschriften, sowie um eine modifizierte und eine unmodifizierte Analogie. Welcher Lösung der Vorrang einzuräumen ist, wird im folgenden erörtert, wobei sich zeigen wird, daß den

---

[23]Vgl. zu diesem Hintergrund *Berendt*, S. 11 ff.; *van der Borght*, S. 13 f.; *Brunner/Conze/Koselleck*, S. 121 f., insb. auch Fn. 55.

[24]A.A. *Lieb*, 3. Aufl., § 2 V 3, S. 42 f., im Hinblick auf den für eine Rechtsfortbildung extra legem erforderlichen Rechtsnotstand. Vgl. aber auch dazu *Güntner*, AuR 1964, 14, 15, der von einem bestehenden "Rechtselend" sprach.

[25]So *BAG* vom 13. 9. 1969, AP Nr. 24 zu § 611 BGB, Konkurrenzklausel, unter V 3, V 4.

[26]Zur Terminologie vgl. *Canaris*, Lücken im Gesetz, §§ 123-130, S. 132-138.

Auswirkungen auf mögliche Besonderheiten für Handlungsgehilfen bei der Wahl der Schließungsmethode maßgebende Bedeutung zukommt.

1. Induktion

Canaris will in ausdrücklicher Ablehnung einer Analogie die Methode der induktiven Gewinnung eines allgemeinen Rechtsgedankens aus den §§ 74 ff., 90 a HGB anwenden, um die starren Fristen und Prozentsätze der §§ 74 ff. HGB durch jeweils angemessene zu ersetzen.[27] Dies hätte zur Folge, daß je nach konkreter Fallgestaltung für Handlungsgehilfen eine Besonderheit in Form einer zwingenden Besserstellung bestehen bleiben, entfallen oder sogar in Form einer Benachteiligung neu entstehen könnte.

Gegen die analoge Anwendung der §§ 74 ff. HGB und für die Entwicklung allgemeiner Rechtsgedanken führt Canaris vor allem an, daß nur mit letzteren das in Zahlen- und Zeitgrenzen von Normen enthaltene Element gesetzgeberischer Willkür ausgeschaltet und das mit § 90 a HGB gewollt eröffnete differenzierte Schutzsystem verwirklicht werden könne. Die mit der Bestimmung der angemessenen Fristen bzw. Entschädigungen einhergehende Rechtsunsicherheit und fehlende Praktikabilität seien im Hinblick auf die nur so zu erreichende materielle Gerechtigkeit und das zu schützende Vertrauen vor einer plötzlichen Rechtsprechungsänderung hinzunehmen. Letztlich spreche für die Entwicklung allgemeiner Rechtsgedanken auch die damit eröffnete Flexibilität, nachteilige Regelungen in Tarifverträgen für andere Arbeitnehmer zu treffen, da die analoge Anwendung zwingender Normen als unmodifizierte Regelungsübernahme nicht abänderbar sei; ein Argument, das Canaris aber - wie er zugesteht - angesichts der von ihm in Erwägung gezogenen Tarifdisponibilität der §§ 74 ff. HGB und deswegen seines Erachtens auch im gleichen Umfang möglichen Abänderbarkeit selbst wieder entkräftet.[28]

Die mit Anwendung dieser Methode ermöglichten Vorteile sind der Sache nach zwar richtig, vermögen aber ihre Handhabung im vorliegenden Fall nicht zu rechtfertigen. So ist bereits fraglich, ob die Anlehnung an § 90 a HGB und die Hervorhebung eines differenzierten Schutzsystems die Annahme einer "angemessenen" Frist nicht eher versperrt als fördert, da auch § 90 a I 2 HGB von einer zweijährigen Höchstdauer des Wettbewerbsverbots ausgeht. Gleiches gilt auch für die in § 75 I HGB und § 90 a III HGB identische Einmonatsfrist, innerhalb der sich Handlungsgehilfen und Handelsvertreter von der Wettbewerbsabrede

---

[27] Vgl. *Canaris*, Urteilsanmerkung zu der Entscheidung des BAG vom 13. 9. 1969, in SAE 1971, 111 ff.; befürwortend *Konzen*, ZfA 1972, 131, 192.

[28] Zu diesem Problemkreis siehe die Ausführungen ab C. I.

im Fall einer von ihnen ausgesprochenen außerordentlichen Kündigung lossagen können. Aber auch bei den übrigen Fristen- und Prozentsatzregelungen, die in § 90 a HGB keine Entsprechung finden oder modifiziert übernommen wurden, steht deren Schutzfunktion einer gerade auch zuungunsten der Arbeitnehmer möglichen angemessenen Veränderung entgegen. Diese gesetzliche Fixierung sichert den Arbeitnehmern im Gegensatz zu den Handelsvertretern einen Minimalschutz, der die Einzelumstände und gerade die Arbeitgeberinteressen unterhalb dieser Grenzen nicht berücksichtigen will. Aufgrund dieser Wertung können aber die Anlehnung an § 90 a HGB und eine wertende Betrachtungsweise unterhalb der in den §§ 74 ff. HGB festgelegten Mindestgrenzen nicht zugelassen werden. Zum anderen dürfte im Rahmen des allgemeinen Wertungsproblems zwischen Einzelfallgerechtigkeit und Rechtssicherheit einer konkreten Regelungsübernahme der Vorrang einzuräumen sein.[29] Diese fügt sich denn auch in die Bemühungen ein, durch eine weitgehende Objektivierung in Form fester zeitlicher Maßstäbe dem Bedürfnis nach Rechtssicherheit Rechnung zu tragen.[30] Auch das Argument des Vertrauensschutzes vor einer sich plötzlich ändernden Rechtsprechung - die im übrigen angesichts der oben aufzeigten Entwicklung so plötzlich wiederum nicht war - hat sich heute infolge Zeitablaufs erledigt. Ob diese Methode hier der Sache nach eine Gleichbehandlung unzulässig mit Einzelfallgerechtigkeit kombiniert, soll als methodische Überlegung dahingestellt bleiben.

Entscheidende Bedeutung kommt der bislang nirgends angestellten Betrachtung dieser Methode unter dem Aspekt der durch sie ausgelösten Besonderheiten einer denkbaren Besser- als auch Schlechterstellung der Handlungsgehilfen zu. Eine Differenzierung müßte durch einen sachlichen Grund gerechtfertigt sein, damit das jeweils ermittelte "angemessene" Ergebnis nicht nur der Beseitigung einer als ungerecht empfundenen Fristen- oder Prozentsatzregelung, mithin eines rechtspolitischen Fehlers dient. Dann müßte wiederum der in der verschiedenen Berufsgruppenzugehörigkeit liegende Unterschied eine Differenzierung rechtfertigen. Dieser Nachweis mutet angesichts der bei der Lückenfeststellung bereits aufgezeigten Irrelevanz und der als maßgeblich erachteten Gleich-

---

[29] Erinnert sei an *Radbruch*, S. 23, Nr. 77, "Die Gerechtigkeit ist die zweite große Aufgabe des Rechts, die erste aber ist die Rechtssicherheit, der Friede." Im Hinblick auf die in § 90 a HGB vorgesehene angemessene Entschädigung für Arbeitnehmer ebenso *BAG* vom 13. 9. 1969, AP Nr. 24 zu § 611 BGB, Konkurrenzklausel, unter V 5 a; *Grüll*, S. 20; *Hofmann*, NJW 1969, 1985, 1992; *Monjau*, AR der Gegenwart, 1969, Bd. 7, S. 75, 88; *Reimann*, DB 1970, 929, 931.

[30] Vgl. z. Bsp. die Interpretation des Merkmals "unverzüglich" des § 121 BGB als angemessene Überlegungsfrist und die Konkretisierung durch die Höchstfrist von zwei Wochen des § 626 II BGB; dazu *RG* vom 22. 2. 1929, Bd. 124, 115, 118; *Palandt/Heinrichs*, § 121 Anm. 2 b.

wertigkeit des Schutzes aller Arbeitnehmer inkonsequent an.[31] Er kann im übrigen auch nicht erbracht werden, da weder die Handlungsgehilfeneigenschaft die in §§ 74 ff. HGB festgelegten Fristen bzw. Prozentsätze bewirkte noch umgekehrt die Merkmale anderer Arbeitnehmer eine angemessene Abweichung gebieten. Damit scheidet diese Möglichkeit der Lückenschließung aus.

2. *Partielle Analogie*

Eine partielle Analogie als entsprechende Anwendung nur der begünstigenden Vorschriften der §§ 74 ff. HGB war vor allem Vorreiter der heute praktizierten Analogie aller Bestimmungen[32] und ist aufgrund der Bedenken, ob der Gleichstellungsgedanke eine Rechtsfortbildung zu Lasten der Arbeitnehmer tragen kann, noch nicht überholt.[33]

Damit würden negative Besonderheiten für Handlungsgehilfen übrigbleiben, da nur für sie die Anwendung der belastenden Bestimmungen der §§ 74 ff. HGB in Betracht käme. Dies würde aber die insgesamt begünstigende Funktion der Normen ins Gegenteil verkehren. Die Bedenken, ob der Gleichstellungsgedanke eine Rechtsfortbildung zu Lasten der Arbeitnehmer rechtfertigen kann, sind überflüssig, da die Regelungslücke auch anhand der Gleichheit des Schutzbedürfnisses der Arbeitgeber festgestellt wurde und rühren wohl daher, daß weniger auf den Gleichstellungsgedanken als vielmehr auf den das Arbeitsrecht beherrschenden Arbeitnehmerschutzgedanken abgestellt wird.[34] Im übrigen stellt auch der Arbeitnehmerschutz keinen sachlichen Grund dar, das gleiche Schutzbedürfnis der Arbeitnehmer ungleich zu befriedigen.

3. *Modifizierte Analogie*

Die Befürworter einer analogen Anwendung der §§ 74 ff. HGB gehen teilweise über eine Gleichstellung hinaus und streben - allerdings ohne methodische Einordnung - einen die §§ 74 ff. HGB übersteigenden Schutz an. So wird etwa für Arbeiter eine über § 74 II HGB hinausgehende Mindestentschädigung vorgeschlagen, da die dort geregelte Mindesthöhe das Existenzminimum eines

---

[31] So auch *Canaris*, Urteilsanmerkung zu der Entscheidung des BAG vom 13. 9. 1969, SAE 1971, 111.

[32] Vgl. noch einmal *Fritz*, insb. S. 14; *Günther*, NJW 1960, 946, 948.

[33] Vgl. *Buchner*, Urteilsanmerkung zu BAG vom 26. 11. 1971, AP Nr. 26 zu § 74 HGB, unter I 2.

[34] So *Buchner*, Urteilsanmerkung zu BAG vom 26. 11. 1971, AP Nr. 26 zu § 74 HGB, unter I 2.

Arbeiters nicht decken könne.[35] Auch für technische Angestellte solle der Schutz noch weitergehender sein, so etwa hinsichtlich der Anrechnung anderweitigen Erwerbs gem. § 74 c I HGB analog.[36]

Folge dieser Ansicht ist die Schaffung neuer negativer Besonderheiten für Handlungsgehilfen. Abgesehen von methodischen Bedenken und der im Hinblick auf § 74 a II 1 HGB fraglichen Notwendigkeit einer Erhöhung der Mindestentschädigung, zeigt sich auch hier anhand der dargestellten Folgen die Unhaltbarkeit der These. So würden die durch den intensiveren Schutz kraft Gesetzes begründeten positiven Besonderheiten für Handlungsgehilfen mittels richterlicher Rechtsfortbildung infolge der Benachteiligung in negative Besonderheiten umgekehrt werden. Damit entfernt sich der Richter aber noch einen Schritt weiter von der Wertung des Gesetzgebers und geht mit dieser modifizierten Analogie zu einer freien Rechtsschöpfung über. Diese Vorgehensweise ist im Hinblick auf das Gewaltenteilungsprinzip nicht vertretbar und ist allein Sache des Gesetzgebers.[37] Zum anderen wird sich auch für diese Benachteiligung in Anbetracht der gleichen Schutzbedürftigkeit geringer verdienender Handlungsgehilfen kein sachlicher Grund finden lassen.[38]

4. *Unmodifizierte Analogie*

Wie bereits erwähnt, ist nach h.M. die Regelungslücke mittels einer analogen Anwendung des jeweils im konkreten Fall einschlägigen Gesetzes der §§ 74 ff. HGB zu schließen. Wäre diese Methode die richtige, würden infolge der erreichten Gleichstellung die Besonderheiten im Handlungsgehilfenverhältnis entfallen,[39] zumal die Nichtanwendbarkeit der Form- oder Minderjährigenvor-

---

[35] I.d.S. *Grüll*, S. 21 Fn. 5; *Schaub*, § 58 I 5, S. 296; vgl. auch *Gamillscheg*, RdA 1975, 13, 15, der für eine Neuregelung sogar die Möglichkeit einer Wettbewerbsklausel gegenüber Arbeitern in Frage stellt.

[36] So *Pleyer*, Urteilsanmerkung zu der Entscheidung des BAG vom 16. 5. 1969, SAE 1970, 184, 185. A.A. im Interesse der Gleichbehandlung *Hofmann*, Urteilsanmerkung zu derselben Entscheidung in AP Nr. 23 zu § 133 f GewO unter I 4.

[37] So auch *Monjau*, RdA 1968, 208, 213 ff.

[38] Vgl. auch *BAG* vom 16. 5. 1969, AP Nr. 23 zu § 133 f GewO unter I 3 b, das im Hinblick auf die Anrechnungspflicht gem. § 74 c HGB feststellt, daß es gerechtfertigt sei, daß die übrigen Arbeitnehmer gleichziehen, nicht aber, daß sie die Handlungsgehilfen überflügeln.

[39] Vgl. *BAG* vom 12. 11. 1971, AP Nr. 28 zu § 74 HGB unter II 2; anders *Schlegelberger/Schröder*, § 74 Rdnr. 1 a; auch *Birk*, Urteilsanmerkung zu der Entscheidung des BAG vom 24. 10. 1972, SAE 1974, 5, 8.

schriften der §§ 74 I, 74 a II 2 HGB zu Recht nicht mehr vertreten wird[40] und die generelle Ausdehnung der §§ 74 ff. HGB auf Konkurrenzklauseln aus der Zeit vor 1969 heute nicht mehr in Frage steht.[41]

Begründet wird die analoge Anwendung damit, daß kein vernünftiger Grund für eine Differenzierung ersichtlich sei. Die soziale Gerechtigkeit vertrage angesichts des heutigen ideellen und materiellen Wertes beruflicher Fähigkeiten keine Ungleichbehandlung mehr.[42] Es gehe nicht um das unterschiedliche Betätigungsfeld der Arbeitnehmer oder um die verschiedene Schutzrichtung der Wettbewerbsklauseln. Maßgebend sei die Gleichheit der Interessenlage, die angesichts der von jedem Arbeitnehmer gleich empfundenen Belastung zu bejahen sei.[43]

Dem ist in vollem Umfang zuzustimmen, wenn auch die Gleichheit der Interessenlage nicht von der Verschiedenheit der Arbeitnehmergruppen oder einer differenzierten Schutzfunktion einer Konkurrenzklausel losgelöst betrachtet werden kann. Kern der gleichen Interessenlage ist gerade die Untersuchung, ob die Zugehörigkeit zu den Handlungsgehilfen, technischen bzw. sonstigen Angestellten oder Arbeitern vernachlässigt werden kann, weil sie keine andere Bewertung der Klausel rechtfertigt.

Dies ist der Fall, da die echte Besonderheit der Leistung kaufmännischer Dienste bei einem Kaufmann weder unmittelbar in den §§ 74 ff. HGB widergespiegelt wird noch mittelbar über eine andere Berufsgruppenzugehörigkeit Bedeutung gewinnt.

So zeigt ein Vergleich zu § 90 a HGB, daß die §§ 74 ff. HGB keinen speziellen Bedürfnissen des Handlungsgehilfenverhältnisses Rechnung tragen, da § 90 a HGB auch von der zweijährigen Höchstdauer einer Wettbewerbsvereinbarung ausgeht und gleichlautende Bestimmungen hinsichtlich des Formerfor-

---

[40] So einst *Monjau*, RdA 1968, 208, 213, der aber in AR der Gegenwart, 1969, Bd. 7, S. 75, 86 ff. diese Auffassung ausdrücklich aufgibt.

[41] Darauf basierten die Bedenken insbesondere von *D. Neumann*, ZfA 1970, 339, 342-344.

[42] So im wesentlichen *BAG* vom 13. 9. 1969, AP Nr. 24 zu § 611 BGB, Konkurrenzklausel, unter V 5 a, b für §§ 74 II, 74 a I 3 HGB mit zustimmender Urteilsanmerkung von *Wiedemann/Steinberg* unter 2 d; *Küchenhoff*, Urteilsanmerkung zu BAG vom 26. 11. 1971, AP Nr. 26 zu § 611 BGB, Konkurrenzklausel; kritisch *Buchner*, Urteilsanmerkung zu BAG vom 2. 5. 1970, AP Nr. 26 zu § 74 HGB unter I 2; ders., Wettbewerbsverbot, S. 30 f., der weniger auf den Gleichstellungs- als auf den das Arbeitsrecht beherrschenden Arbeitnehmerschutzgedanken abstellt.

[43] Vgl. *Gumpert*, BB 1967, 1251; *Hofmann*, Urteilsanmerkung zu BAG vom 16. 5. 1969, AP Nr. 23 zu § 133 f GewO unter I 1, 2; *ders.*, Urteilsanmerkung zu BAG vom 5. 8. 1968, AP Nr. 27 zu § 74 HGB unter I. A.A. *Pleyer*, Urteilsanmerkung zu der Entscheidung vom 16. 5. 1969, SAE 1970, 184, 185 hinsichtlich § 74 c HGB analog.

dernisses oder des Lossagungsrechts enthält. Damit kann der Tätigkeit keine Bedeutung zukommen, da Handlungsgehilfen und Handelsvertreter zwar die Leistung gleicher Dienste erbringen können, aber nicht müssen. Dies bedeutet, daß auch die Merkmale einer anderen Arbeitnehmergruppe nicht in Ansatz gebracht werden können, weil die damit verbundenen eventuell andersgelagerten Verhältnisse als sachlicher Grund kraft Gesetzes ausgeschlossen sind und insbesondere die Zweijahresfrist als Entscheidung des Gesetzgebers unverändert zu akzeptieren ist.[44]

Die Zugehörigkeit zu einer Arbeitnehmergruppe vermag auch nicht das Schutzbedürfnis der Arbeitgeber unterschiedlich zu beeinflussen. So muß zwischenzeitlich das Wettbewerbsverbot nicht mehr zur Wahrung von Betriebs- und Geschäftsgeheimnissen eingesetzt werden,[45] da § 1 UWG, §§ 139 ff. PatG und § 242 BGB, der in gravierenden Fällen eine Geheimhaltungspflicht auch über das Ende des Arbeitsverhältnisses erstreckt,[46] ausreichenden Schutz bieten und damit insbesondere die Arbeitgeber technischer Angestellter nicht einen über die §§ 74 ff. HGB hinausgehenden Schutz benötigen. Fälle, in denen die Arbeitnehmer Einblick in betriebliche Angelegenheiten haben, die im Interesse des Arbeitgebers von einem über zwei Jahre hinausgehenden Wettbewerbsverbot erfaßt werden sollten, sind vor allem auch nicht spezifisch auf technische Angestellte beschränkt.

Ferner ist es nur scheinbar richtig, daß gegenüber einem technischen Angestellten ein länger währendes Wettbewerbsverbot in Betracht kommen muß, um den Interessen des Arbeitgebers angesichts eines langwierigen und teueren Entwicklungsverfahrens gerecht zu werden.[47] Bei genauerer Betrachtung zeigt sich, daß ein entsprechendes Interesse an einem länger als zwei Jahre dauernden Wettbewerbsverbot unabhängig von der Arbeitnehmergruppenzugehörigkeit ist. Das gleiche Interesse kann der Arbeitgeber auch gegenüber seinen kaufmännischen Angestellten oder Arbeitern haben, die nach Beendigung des Arbeitsverhältnisses einen Betrieb mit der Produktion der Ware eröffnen wollen. Gleiches wird auch auf Kaufleute zutreffen, die keine alltäglichen Geschäfte abwickeln, sondern auf langfristige Geschäftsbeziehungen angewiesen sind.

---

[44] A.A. wohl *BGH* vom 30. 4. 1974, NJW 1974, 1282, 1283 unter I 2.

[45] So aber noch *Pleyer*, Urteilsanmerkung zu der Entscheidung des BAG vom 16. 5. 1969, SAE 1970, 184, 185; vgl. zur geschichtlichen Entwicklung *Grombacher*, S. 9 ff., insb. S. 13.

[46] Str.; abl. *Reinfeld*, S. 22 ff; kritisch auch *Molkenburg*, BB 1990, 1196, 1198 ff.; *Schaefer*, S. 10 ff; *Schering*, S. 28 ff.; vgl. auch den Leitsatz des *BAG* vom 15. 12. 1987, AP Nr. 34 zu § 611 BGB, Konkurrenzklausel, der aber wohl doch zu weit gefaßt wurde.

[47] I.d.S. *Canaris*, Urteilsanmerkung zu der Entscheidung des BAG vom 13. 9. 1969, SAE 1971, 111, 112; ähnlich *Röhsler/Borrmann*, S. 145.

Die Zugehörigkeit zu einer Arbeitnehmerguppe begründet schließlich auch kein unterschiedliches Schutzbedürfnis der Arbeitnehmer untereinander. Während lange Zeit Streit darüber bestand, ob die kaufmännischen oder die technischen Angestellten schutzbedürftiger sind und aufgrund der verschiedenen Bildung, Ausbildung und beruflichen Weiterentwicklung zunächst die Handlungsgehilfen, später die technischen Angestellten bevorzugt wurden,[48] ist heute die berufliche Qualifikation eines jeden Arbeitnehmers entscheidend.[49] So kann ein geringer Verdienst nicht nur die Mindestentschädigung eines Arbeiters als zu niedrig erscheinen lassen oder ein größerer Umstellungsaufwand nicht nur eine günstigere Anrechnungspflicht für technische Angestellte rechtfertigen.[50] Das gleiche Schutzbedürfnis kommt letztlich auch in den §§ 59 I Nr. 3 b, 61 I Nr. 1 b KO,[51] § 128 a AFG zum Ausdruck, die im Zusammenhang mit der Wettbewerbsklausel stillschweigend davon ausgehen, daß nicht ein Arbeitnehmer aufgrund seiner Berufsgruppe schützenswerter ist.[52]

Als Ergebnis bleibt festzuhalten, daß nur die analoge Anwendung der §§ 74 - 75 f HGB auf das Arbeitsverhältnis der anderen Arbeitnehmer die einzig sachgerechte Schließungsmethode ist. Dabei handelt es sich jedoch nicht um eine Gesamtanalogie, sondern entsprechend des Wertungswiderspruches um eine analoge Anwendung der jeweils einschlägigen Bestimmung.

III. Zusammenfassung

Die gem. §§ 74 ff. HGB begründeten gesetzlichen Besonderheiten sind durch richterliche Rechtsfortbildung zu beseitigen. Im Streit um die Methodik vernachlässigen die meisten Kritiker die entscheidende Betrachtung der durch ihre Lückenschließung ausgelösten Folgen. Ist es aber angesichts des Gleichheitssatzes nicht gerechtfertigt, Besonderheiten aufrechtzuerhalten oder im Hinblick

---

[48] Vgl. einerseits *Heitmann*, S. 18; *W. Schmidt*, S. 52; *Welsch*, S. 77 f.; für ein gleiches Schutzbedürfnis schon im Jahre 1913 *Kettig*, S. 100; ebenso *Meffert*, S. 74 f.; auch *Ditges*, S. 58 ff., insb. S. 61; eine größere Belastung des technischen Angetellten stellt das Reichsarbeitsgericht fest; *RAG* vom 12. 6. 1940, ARS 39, 391 ff.; *Fritz*, S. 13 ff.; vgl. auch den Überblick bei *Grombacher*, S. 10.

[49] Vgl. noch einmal *BAG* vom 13. 9. 1969, AP Nr. 24 zu § 611 BGB, Konkurrenzklausel, unter V 3, 4.

[50] Vgl. noch einmal *Grüll*, S. 21 Fn. 5; *Schaub*, § 58 I 5, S. 296 als Befürworter einer modifizierten Analogie.

[51] So fügt sich denn auch die inzwischen erfolgte Aufhebung des nur für Handlungsgehilfen geltenden § 75 e I HGB ein, der die Geltung des § 61 Nr. 1 KO anordnete.

[52] Vgl. auch aus neuerer Zeit § 5 BBiG, der ohne Rücksicht auf das Berufsziel die gleiche Stellung als Auszubildender für entscheidend hält.

auf die Rechtssicherheit angemessene Besonderheiten hinzunehmen und ist es im Rahmen der Gewaltenteilung nicht erlaubt, neue Besonderheiten zu schaffen, bleibt die analoge Anwendung der §§ 74 ff. HGB als Gleichstellungsmethode übrig. Damit ist die Rechtsprechung zur Konkurrenzklausel beispielhaft für das in der Einleitung vorgestellte Bemühen, Unterschiede für Handlungsgehilfen zu korrigieren und eine Gleichbehandlung zu erreichen.

C. Besonderheiten kraft Vereinbarung, § 75 d HGB

Der mit der analogen Anwendung der §§ 74 ff. HGB erreichte Wegfall von Besonderheiten für Handlungsgehilfen ist indessen noch kein endgültiges Ergebnis.

So werden namentlich in Tarifverträgen Wettbewerbsregelungen vereinbart, die den gem. §§ 74 ff. HGB / §§ 74 ff. HGB analog getroffenen Interessenausgleich anders, insbesondere zum Nachteil anderer Arbeitnehmer entscheiden.[53] Zu nennen sind etwa tarifliche Regelungen, die für nichtkaufmännische und akademisch gebildete Angestellte in der chemischen Industrie vom Erfordernis der Urkundenaushändigung entgegen § 74 I HGB analog absehen[54] oder es gar erlauben, die Sperrfrist eines Wettbewerbsverbots entgegen der zweijährigen Höchstdauer des § 74 a I 3 HGB analog für technische Angestellte und Meister in der kunststoffverarbeitenden Industrie in besonderen Fällen auf drei Jahre auszudehnen.[55]

Besonderheiten für Handlungsgehilfen könnten damit neu entstehen, wenn für sie nachteilige Vereinbarungen bedeutungslos wären und alte Besonderheiten der §§ 74 ff. HGB damit wieder aufleben würden. Gem. § 75 d HGB kann sich der Prinzipal nämlich auf eine Vereinbarung, durch die von den Vorschriften der §§ 74 bis 75 c HGB zum Nachteil des Handlungsgehilfen abgewichen wird, nicht berufen. Gleiches gilt auch für Vereinbarungen, die bezwecken, die gesetzlichen Vorschriften über das Mindestmaß der Entschädigung durch Verrechnungen oder auf sonstige Weise zu umgehen.

[53] Vgl. die bei *Chung* vorgenommene Zusammenstellung der geltenden Tarifverträge mit Wettbewerbsregelungen, S. 8 ff. u. S. 208 ff.

[54] So § 6 Abschn. I MTV für die akademisch gebildeten Angestellten der chemischen Industrie vom 1. 4. 1982; abgedruckt bei *Chung*, S. 208.

[55] So § 12 Abschn. II Nr. 1 MTV für die Angestellten und Meister in der kunststoffverarbeitenden Industrie in Bayern vom 17. 10. 1983; abgedruckt bei *Chung*, S. 218 f.

I. Tarifvertragliche Wettbewerbsverbote

1. Tarifdisponibilität

Den Mittelpunkt der Erörterungen in Rechtsprechung und Literatur bildet das Problem der Tarifdisponibilität der §§ 74 ff. HGB und der §§ 74 ff. HGB analog, da in diesem Komplex das Problem liegen soll.[56] Zum Teil werden die §§ 74 ff. HGB und deren analoge Anwendung sogar zum Modellfall stilisiert, um anhand dieser Normen die gewonnenen Erkenntnisse hinsichtlich des Spannungsverhältnisses von Tarifautonomie und Richterrecht zu demonstrieren.[57]

Hinsichtlich der Abänderbarkeit der §§ 74 ff. HGB und der §§ 74 ff. HGB analog werden im wesentlichen drei Meinungen vertreten. Zum einen die zwingende Wirkung der § 74 ff. HGB und deren analogen Anwendung,[58] zweitens die Tarifdisponibilität sowohl der §§ 74 ff. HGB als auch der analogen Anwendung der Bestimmungen bis zu einer unabdingbaren Mindestgrenze[59] und letztlich die zwingende Wirkung nur der §§ 74 ff. HGB und die Tarifdisponibilität der analogen Anwendung bis zu einer gewissen Mindestgrenze.[60]

---

[56]So ausdrücklich *Buchner*, Urteilsanmerkung zu BAG vom 12. 11. 1971, Entscheidung Nr. 17, AR-Blattei, D, Tarifvertrag VI; ähnlich *Chung*, S. 43, 109 ff.; *Grüll*, S. 22; *Grunsky*, S. 132 ff.; *Schwerdtner*, S. 109, 111; *Stahlhacke/Bleistein*, § 133 f unter III; *Wiedemann/Stumpf*, Einl. vor § 1 Rdnr. 148; *BAG* vom 12. 11. 1971, AP Nr. 28 zu § 74 HGB unter II 2. A.A. *Coester*, S. 104, der bei vorkonstitutionellem Recht nicht das Verhältnis Richterrecht zur Tarifautonomie, sondern das zum Gesetzgeber tangiert sieht. Am Problem vorbei *Schaefer*, S. 66 ff.

[57]Vgl. *Canaris*, Dietz-Gedächtnisschrift, S. 199, 203 f., 221, 222; *Käppler*, S. 95 ff.; *Richardi*, Dietz-Gedächtnisschrift, S. 269, 281, 282; *Vossen*, S. 134 ff.

[58]So *Käppler*, S. 99; *Lieb*, RdA 1972, 129, 137; *Löwe*, S. 137 ff., insb. S. 152, 153; *Vossen*, S. 139.

[59]Vgl. *BAG* vom 12. 11. 1971, AP Nr. 28 zu § 74 HGB unter II 3, mit im Ergebnis zustimmender Urteilsanmerkung von *Canaris; ders.*, Dietz-Gedächtnisschrift, S. 199, 203 f., 221 f.; *ders.*, allerdings noch ohne Begrenzung der Tarifdisponibilität in der Urteilsanmerkung zu der Entscheidung des BAG vom 13. 9. 1969, SAE 1971, 111, 113; nur im Ergebnis so *Coester*, S. 104-106; unklar *Grüll*, S. 22; *Grunsky*, S. 133 in Anlehnung an BAG vom 12. 11. 1971, AP Nr. 28 zu § 74 HGB und BAG vom 21. 1. 1972, AP Nr. 30 zu § 74 HGB; *Stahlhacke/Bleistein*, § 133 f unter III, ohne klare Stellungnahme zur tariflich zwingenden Grenze *Wiedemann/Stumpf*, Einl. § 1 Rdnr. 148.

[60]Vgl. *Buchner*, AR-Blattei, Wettbewerbsverbot III, unter A II c; *ders.*, Wettbewerbsverbot, S. 40; *ders.*, Urteilsanmerkung a.a.O., unter 1 d bis 1 f; *Chung*, S. 129, 159, 160; anders nur hinsichtlich der abdingbaren Grenze *Röhsler/Borrmann*, S. 144 f; *Schaub*, § 58 I 6, S. 296 f; *Schaub*, RdA 1971, 268, 269.

a) Zwingende Wirkung der §§ 74 ff. HGB / analog

Ausgangspunkt ist das Vorverständnis, das zwischen Tarifautonomie und Richterrecht bestehende Rangverhältnis gleich dem zwischen Tarifautonomie und unmittelbarem Gesetzesrecht zu entscheiden, da jedenfalls bei einer konkreten Regelungsübernahme wie der analogen Anwendung der §§ 74 ff. HGB die Abänderbarkeit des Richterrechts an die der unmittelbaren Gesetzesnorm gekoppelt sei.[61]

Für den zwingenden Charakter der §§ 74 ff. HGB wird angeführt, daß in § 75 d HGB ein Tarifvorbehalt weder ersichtlich sei noch durch Auslegung ermittelt werden könne. Sinn und Zweck der §§ 74 ff. HGB würden eine Tarifdisponibilität der Normen nicht erfordern, da mit ihnen ein ausgewogener Interessenausgleich getroffen worden sei, der letztlich auch im Hinblick auf die Tarifautonomie zwingend ausgestaltet werden könne.[62] Einen Tarifvorbehalt im Wege richterlicher Rechtsfortbildung zu schaffen, sei im Hinblick auf die große Rechtsunsicherheit bezüglich der zu ziehenden tarifzwingenden Mindestgrenze der §§ 74 ff. HGB als unzulässig abzulehnen, da sie aufgrund des Gewaltenteilungsprinzips auch nicht durch eine Angabe der Grenzwerte seitens der Rechtsprechung beseitigt werden könne.[63]

Bei einer beiderseits zwingenden Wirkung der §§ 74 ff. HGB und der §§ 74 ff. HGB analog wären von vorn herein keine Besonderheiten denkbar, da eine Abweichung zu Lasten der Arbeitnehmer nicht möglich wäre. Obige tarifvertragliche Wettbewerbsregelungen wären wegen Verstoßes gegen höherrangiges Gesetzesrecht nichtig, wobei die nur analoge Anwendung der Normen für das Rangverhältnis keine Rolle spielen würde.

b) Tarifdispositive Wirkung der §§ 74 ff. HGB / analog

Ausgangspunkt ist auch hier die Überlegung, daß die Abänderbarkeit der analogen Anwendung an die der unmittelbaren Gesetzesnorm gekoppelt sein müsse.

---

[61] I.d.S. *Canaris*, Urteilsanmerkung zu BAG vom 13. 9. 1969, SAE 1971, 111, 113; *ders.*, Dietz-Gedächtnisschrift, S. 199 f., insb. S. 203, 204; *ders.*, Urteilsanmerkung zu BAG vom 12. 11. 1971, AP Nr. 28 zu § 74 HGB unter II 1; *Käppler*, S. 95 f.; *Lieb*, RdA 1972, 129, 137; *Richardi*, Dietz-Gedächtnisschrift, S. 269 ff., insb. S. 282; *Schwerdtner*, S. 127; *Vossen*, S. 139.

[62] So im wesentlichen *Käppler*, S. 97, 98.

[63] I.d.S. *Vossen*, S. 138, 139; zustimmend *Käppler*, S. 99. Vgl. auch die ältere Literatur vor der Diskussion über die Abänderbarkeit der §§ 74 ff. HGB analog, die den zwingenden Charakter der §§ 74 ff. HGB als selbstverständlich voraussetzte; so *Hueck/Nipperdey*, II, S. 385; *Nikisch*, II, S. 228 Fn. 96.

Für eine Tarifdisposivität der §§ 74 ff. HGB werden im wesentlichen vier Argumente angeführt. So könne der Richter bei vorkonstitutionellem Recht eine solche Dispositionsbefugnis konstitutiv einräumen.[64] Der Sache nach einen Analogieschluß vollzieht das Bundesarbeitsgericht, wenn es hauptsächlich in Anlehnung an andere Gesetze mit einer Tariföffnungsklausel, insbesondere § 13 BUrlG, eine Abänderbarkeit bejaht.[65] Eine teleologische Reduktion der §§ 74 ff. HGB ist wiederum nach anderer Ansicht trotz einer "methodologischen Kühnheit"[66] angebracht, da der Rechtsgrund dieser Bestimmungen bei tarifvertraglichen Wettbewerbsverboten nicht zum Zuge komme. Rechtsgrund der §§ 74 ff. HGB sei nicht wie bei anderen Schutzgesetzen eine allgemeine Schutzwürdigkeit der Arbeitnehmer, sondern die besondere Beeinträchtigung der Entscheidungsfreiheit des Arbeitnehmers, die dieser aufgrund der kollidierenden Interessen an der unmittelbaren Berufsausübung und den nur zukünftigen Gefahren einer Wettbewerbsklausel erleide. Dieser Gesichtspunkt treffe aber bei tarifvertraglichen Wettbewerbsregelungen nicht zu, da ihre Inhalte mit gleicher Mächtigkeit der Partner getroffen würden und daher frei von dieser besonderen Beeinträchtigung seien.[67] Schließlich wird auch dem Wesen der Tarifautonomie entscheidende Bedeutung für eine Tarifdisponibilitätder §§ 74 ff. HGB zugesprochen.[68]

Bei dieser jeweils tarifdispositiven Wirkung wären "freiwillige" Besonderheiten zu verzeichnen, da es hier Sache der Tarifpartner zu sein scheint, tarifliche Wettbewerbsregelungen etwa nur für nichtkaufmännische Arbeitnehmer oder nur für Handlungsgehilfen zu erlassen.

c) Zwingende Wirkung der §§ 74 ff. HGB / tarifdispositive Wirkung der §§ 74 ff. HGB analog

Diese dritte Lösung wird vor einem anderen Hintergrund getroffen. Die Tarifdisposivität des Richterrechts sei von der des Gesetzesrechts unter anderem deswegen losgelöst zu sehen, weil bei einer richterrechtlichen Übernahme der Richter aufgrund eigener Machtvollkommenheit über den tarifdispositiven

---

[64] So *Coester*, S. 104-106, der aber eine Mindestgrenze offen läßt.

[65] Vgl. *BAG* vom 12. 11. 1971, AP Nr. 28 zu § 74 HGB unter II 3; vgl. auch *Schaub*, RdA 1971, 268, 269.

[66] So *Canaris*, Urteilsanmerkung zu der Entscheidung des BAG vom 13. 9. 1969, SAE 1971, 111, 113.

[67] So *Canaris*, in Anlehnung an Wolf, Urteilsanmerkung zu BAG vom 13. 9. 1969, SAE 1971, 111, 113 in seiner Vorreiterrolle bezüglich der Tarifdisponibilität der §§ 74 ff. HGB; ihm folgend *Wiedemann/Stumpf*, Einl. vor § 1 Rdnr. 148. Zweifelnd aber *Lieb*, RdA 1972, 129, 137 Fn. 82.

[68] Vgl. *Stahlhacke/Bleistein*, § 133 f unter III.

Charakter seiner Rechtsfortbildung enscheiden könne[69] bzw. von seiten der Tarifpartner aus gesehen infolge fehlender Rechtsnormqualität des Richterrechts keine automatische Bindung bestehe[70] und aufgrund der Vermutung einer Richtigkeitsgewähr tariflicher Regelungen eine Abänderung möglich sei.[71] Die zwingende Wirkung der §§ 74 ff. HGB wird dabei im Hinblick auf § 75 d HGB[72] und dem fehlenden Bedürfnis nach einer Tarifdisponibilität bejaht,[73] die Abänderbarkeit der §§ 74 ff. HGB analog im Einklang mit der vermuteten Richtigkeitsgewähr tarifvertraglicher Regelungen vertreten.[74]

Besonderheiten "zwingender Natur" wären das Ergebnis einer nur zu Lasten anderer Arbeitnehmer möglichen Abänderung der §§ 74 ff. HGB analog. "Alte" Besonderheiten kraft Gesetzes würden wieder aufleben; sogar eine für alle Arbeitnehmer gleichermaßen von den §§ 74 ff. HGB / analog nachteilig abweichende Regelung hätte eine ungleiche Behandlung zur Folge.

2. Besonderheiten für Handlungsgehilfen und Art. 3 I GG

Die Frage nach Besonderheiten im Handlungsgehilfenverhältnis scheint entsprechend dieser drei angebotenen Lösungen auf dreierlei Weise beantwortbar zu sein, die richtige Antwort von der Entscheidung für eine dieser Lösungen abzuhängen.

Bei genauerer Betrachtung muß jedoch nicht die in Rechtsprechung und Literatur problematisierte Tarifdisponibilität von Gesetzes- bzw. Richterrecht vertieft behandelt werden. Entscheidende Bedeutung kommt vielmehr den durch sie ausgelösten Besonderheiten für Handlungsgehilfen im Hinblick auf Art. 3 I GG zu. Erstaunlicherweise wird dieser Schritt nirgends vollzogen. Nur selten

---

[69] I.d.S. *Buchner*, AR-Blattei, D, Wettbewerbsverbot III, unter A II c. Vgl. allgemein die ablehnende Kritik richterrechtlicher Begründungsversuche bei *Canaris*, Dietz-Gedächtnisschrift, S. 201 ff.

[70] *Chung*, insb. S. 159, 160.

[71] Vgl. *Buchner*, Urteilsanmerkung zu BAG vom 12. 11. 1971, Entscheidung Nr. 17, AR-Blattei, D, Tarifvertrag VI, unter 1 c, 1 d; *ders.*, Wettbewerbsverbot, S. 37 f.; insoweit zustimmend *Wiedemann/Stumpf*, Einl. vor § 1 Rdnr. 148.

[72] *Buchner*, Wettbewerbsverbot, S. 35-37.

[73] So *Chung*, insb. S. 128.

[74] Vgl. *Buchner*, Wettbewerbsverbot, S. 37 f.; zustimmend *Chung*, S. 160; *Grüll*, S. 22; *Schaub*, § 58 I 6, S. 296 f. mit allerdings unrichtiger Berufung auf BAG vom 12. 11. 1971, AP Nr. 28 zu § 74 HGB, da das Bundesarbeitsgericht in dieser Entscheidung gerade nicht mit der Richtigkeitsgewähr tariflicher Regelungen argumentierte.

findet der Gleichheitsgrundsatz Erwähnung,[75] obgleich das Gebot der Gerechtigkeit, Gleiches rechtlich gleich zu behandeln aufgrund des gleichmäßigen Schutzbedürfnisses aller Arbeitnehmer gerade zum Auslöser für die Analogie wurde[76] und tarifliche Wettbewerbsregelungen bislang eine praktische Relevanz nur für Arbeitnehmer haben, die keine Handlungsgehilfen sind.

Gebietet das Gerechtigkeitsgebot eine Gleichstellung aller Arbeitnehmer mittels einer analogen Anwendung der §§ 74 ff. HGB, verbietet es umgekehrt Besonderheiten für eine Arbeitnehmergruppe. Dies bedeutet aber, daß eine nachteilige Abweichung von der erreichten Gleichstellung allenfalls zu Lasten aller Arbeitnehmer durchgeführt werden kann. Etwas anderes würde nur gelten, wenn Tarifverträge nicht uneingeschränkt an Grundrechtsnormen zu messen sind oder wenn Art. 3 I GG einen größeren Bewertungsspielraum läßt als die zu einer Analogie führenden Überlegungen.

a) Tarifliche Regelungen und Art. 3 I GG

Die unmittelbare Wirkung der Grundrechte und gerade auch des Art. 3 I GG auf tarifvertragliche Regelungen wird zu Recht fast einhellig befürwortet, da Tarifverträge gem. § 1 I TVG Rechtsnormen enthalten und die Tarifpartner damit gem. Art. 1 III GG an die Grundrechte gebunden sind.[77]

Aber selbst wer aufgrund der Unterschiede der Tarifparteien zum staatlichen Gesetzgeber die tariflichen Normen dem Bereich der Privatautonomie zuordnet und damit nur eine mittelbare Geltung der Grundrechte annehmen kann,[78] gelangt hier zu keinem anderen Ergebnis. Zwar kann nicht jede willkürliche Ungleichbehandlung über die Generalklauseln des Privatrechts Berücksichtigung finden. Entscheidend ist aber, daß Tarifverträge nur zum einen die Rechtsbeziehungen der beteiligten Tarifpartner regeln, im übrigen aber Regelungsinhalte für Rechtsverhältnisse der Organisierten schaffen. Letztere Befugnis wird aber

---

[75] Soweit ersichtlich nur bei *Röhsler/Borrmann*, S. 144 f. Wenigstens beiläufige Erwähnung findet die einheitliche Beurteilung als Abrundung des Ergebnisses einer zwingenden Wirkung der §§ 74 ff. HGB / analog bei *Käppler*, S. 99; *Vossen*, S. 139.

[76] Vgl. noch einmal *BAG* vom 13. 9. 1969, AP Nr. 24 zu § 611 BGB, Konkurrenzklausel, unter V 2 ff.

[77] Vgl. zu diesem Problemkreis *BAG* vom 15. 1. 1955, AP Nr. 4 zu Art. 3 GG und *Biedenkopf*, S. 82 ff.; siehe auch die Zusammenstellung der verschiedenen Begründungen bei *Chung*, S. 70 ff.; *Schaub*, § 198 III 1, S. 1305.

[78] I.d.S. *Dürig* in Maunz/Dürig, Art. 1 III Rdnr. 116; ders., Art. 3 I Rdnr. 505 ff.; *v. Mangoldt/Klein/Starck*, Art. 1 Rdnr. 161; *Richardi*, Kollektivgewalt, S. 46 ff., 165; *Scholz* in Maunz/Dürig, Art. 9 Rdnr. 357; *Zöllner*, S. 74. Vgl. auch den Lösungsvorschlag bei *Canaris*, AcP 184 (1984), 201 f.

gerade nicht von der Privatautonomie umfaßt, so daß in diesem Bereich trotz einer nur mittelbaren Grundrechtsgeltung keine zusätzlichen Wertungen miteinfließen können, die der Privatautonomie Rechnung tragen. Läßt aber das Privatrecht nicht mehr Freiheit als die Grundrechte, kommt eine unsachliche Ungleichbehandlung genauso zum Tragen wie bei einer umittelbaren Grundrechtsgeltung.

Etwas anderes könnte sich aber ergeben, wenn die vorgenommene Differenzierung aufgrund einer zwingenden Wirkung der §§ 74 ff. HGB, aber Tarifdisponibilität der analogen Anwendung erfolgt.[79] Da bei dieser Lösung die Handlungsgehilfen aus der Regelungsbefugnis ausgenommen und die Tarifpartner auf Regelungen für andere Arbeitnehmer beschränkt sind, könnte hier der Grundsatz sinngemäß zur Anwendung kommen, daß sich die Gleichbehandlungspflicht auf den Zuständigkeitsbereich des handelnden Hoheitsträgers beschränkt.[80] Dies würde bedeuten, daß Art. 3 I GG ausnahmsweise insoweit nicht anwendbar ist, als es um eine ungleiche Wettbewerbsregelung im Vergleich zu Handlungsgehilfen geht, da diese mangels Regelungsbefugnis der Tarifvertragsparteien überhaupt nicht Vergleichspartner sein können. Dann wären die oben vorgestellten tariflichen Regelungen jedenfalls nicht wegen eines Verstoßes gegen Art. 3 I GG nichtig.[81]

An dieser Stelle zeigt sich, daß die Lösung einer tarifdispositiven Wirkung nur der §§ 74 ff. HGB analog nicht vertretbar ist. Im Unterschied zu dem Grundsatz, daß der Gesetzgeber nur in seinem Herrschaftsbereich den Gleichheitssatz zu wahren hat, deckt sich hier der bestehende Zuständigkeitsbereich der Tarifpartner nicht mit der Regelungsbefugnis. Der an sich auch für tarifgebundene Handlungsgehilfen gegebene Herrschaftsbereich wird vielmehr durch eine Einschränkung der Regelungsbefugnis verkleinert, so daß damit Art. 3 I GG ausgeschaltet wird. Dies bedeutet aber, daß eine Vereinbarkeit tariflicher Wettbewerbsregeln mit Art. 3 I GG auch nicht ausnahmsweise mit der Lösung umgangen werden kann, die durch eine Tarifdisposivität nur der §§ 74 ff. HGB analog zwangsläufig zu einer Ungleichbehandlung führt. Da die Tarifdisponibilität des Richterrechts nun nicht analog auf die zwingenden §§ 74 ff. HGB angewendet werden kann,[82] bleibt keine Möglichkeit, die Ungleichbehandlung zu beseitigen, so daß die Lösung drei schon aufgrund ihrer vorprogrammierten Ungleichbehandlung abzulehnen ist.

---

[79]So die Lösung drei.

[80]Vgl. statt vielen *BVerfG* vom 25. 2. 1960, Bd. 10, 354, 371.

[81]Zur Unwirksamkeit wegen eines Verstoßes gegen Art. 12 GG vgl. *Wiedemann/Stumpf,* § 1 Rdnr. 180.

[82]*Buchner,* Wettbewerbsverbot, S. 40; *Canaris,* Dietz-Gedächtnisschrift, S. 199, 204.

b) Die Analogie und Art. 3 I GG

Das Ergebnis einer allenfalls gleichmäßig möglichen Abweichung könnte nur dann modifiziert werden, wenn die zu der analogen Anwendung der §§ 74 ff. HGB führenden Überlegungen strenger sind und weniger Handlungsspielraum lassen als der Gleichheitssatz, weil der Richter aufgrund des Gewaltenteilungsprinzips im Vergleich zum Gesetzgeber sowie der delegierten Gesetzgebungsbefugnis der Tarifpartner weniger Gestaltungsfreiheit hat. Indessen stehen das Gebot der Gerechtigkeit, der allgemeine Gleichheitsgrundsatz und die Analogie in einer Linie, da letztere gerade auf dem Postulat der Gerechtigkeit beruht, Gleichartiges rechtlich gleich zu behandeln. Damit sind aber auch die Überlegungen und die Wertungen gleich, die im Falle einer Gesetzeslücke zur Analogie, ansonsten zur Verfassungswidrigkeit der ungleichen Regelungen führen. Es kann daher in vollem Umfang auf die bei der Analogie gemachten Ausführungen verwiesen werden, mit der Folge, daß es bei der Nichtigkeit ungleicher tariflicher Regelungen im Bereich des nachvertraglichen Wettbewerbsverbotes bleibt.

3. Lösung

Da es also keine Besonderheiten für Handlungsgehilfen geben darf, kommt als Lösung entweder das Fehlen jeglicher Abänderungsmöglichkeit oder eine für alle tarifgebundenen Arbeitnehmer geltende tarifliche Regelung in Betracht. Unter dem Aspekt der Besonderheiten für Handlungsgehilfen könnte damit die Frage nach der richtigen Lösung offenbleiben. Sie soll im folgenden aber in Anbetracht der in Rechtsprechung und Literatur bislang angestrengten Diskussion um die Tarifdisponibilität der §§ 74 ff. HGB / analog[83] beantwortet werden.

Daß § 75 d HGB keinen Anhaltspunkt für eine Tarifdisponibiliät enthalten soll,[84] ist allerdings kein zwingendes Argument gegen eine Tarifdisposivität, wenn man im Rahmen der historischen Auslegung davon ausgeht, daß der Gesetzgeber von 1914 die Bedeutung der Tarifverträge noch nicht kannte und deswegen auch nicht bereits durch eine in § 75 d HGB fehlende Tariföffnungsklausel negativ geregelt wissen wollte.[85]

---

[83] Vgl. den zusammenfassenden Überblick bei *Thiele*, Urteilsanmerkung zu BAG vom 21. 1. 1972, AP Nr. 30 zu § 74 HGB unter 1.

[84] I.d.S. *Buchner*, AR-Blattei, D, Wettbewerbsverbot III, unter A II c; *Stahlhacke/Bleistein*, § 133 f unter III.

[85] So *Canaris*, Urteilsanmerkung zu BAG vom 12. 11. 1971, AP Nr. 28 zu § 74 HGB unter II 2.

Die in § 75 d HGB getroffene Wertung des Gesetzgebers spricht aber für eine zwingende Wirkung der §§ 74 ff. HGB und gegen eine mittels Rechtsfortbildung extra legem zu schaffende Tariföffnung.

Nur der Prinzipal soll sich nicht auf eine für den Handlungsgehilfen nachteilige Abweichung berufen können, der Handlungsgehilfe hingegen schon. Diese Rechtsposition, die dem Handlungsgehilfen sozusagen "das letzte Wort" einräumt, würde ihm mit einer Tariföffnung aufgrund der normativen Wirkung tariflicher Regelungen genommen. Zwar ist diese vergleichbar einseitig schwebende Unwirksamkeit einer Norm völlig fremd;[86] dies bedeutet jedoch nicht, daß Tarifverträge von dieser Wertung ausgenommen sind. Da tarifliche Regelungen vor 1918 als Inhalt des Arbeitsvertrages betrachtet wurden,[87] fügen sich tarifliche Vereinbarungen in die von § 75 d HGB getroffene Wertung ein. Der Verlust der gem. § 75 d HGB eingeräumten Position könnte allenfalls dann unschädlich sein, wenn die Gewerkschaften als Vertreter der tarifgebundenen Arbeitnehmer handeln würden, so daß ein eventuell im Abschluß eines ungünstigeren Tarifvertrages liegender konkludenter Verzicht auf diese Rechtsposition dem Handlungsgehilfen gem. § 164 I BGB zuzurechnen wäre. Diese "Vertretungstheorie" ist jedoch in Anbetracht des § 1 I TVG nicht haltbar.

Damit bleibt festzuhalten, daß die §§ 74 ff. HGB zwingend sind und keine tarifvertraglichen Abänderungen zum Nachteil der Handlungsgehilfen zulassen. Daraus resultiert wegen Art. 3 I GG auch das Verbot, Abweichungen gegenüber anderen Arbeitnehmern zu treffen.

II. Sonstige Wettbewerbsverbote

Besonderheiten sind auch nicht aufgrund sonstiger Wettbewerbsverbote denkbar. Für Betriebsvereinbarungen, die von der erreichten Gleichstellung zum Nachteil abweichen,[88] folgt dies bereits aufgrund der fehlenden Mächtigkeit der Parteien, von den §§ 74 ff. HGB / analog abzuweichen[89] bzw. aus der für

---

[86] Zur Bedeutung der "Unverbindlichkeit" im Gegensatz zur Nichtigkeit vgl. *BAG* vom 2. 8. 1971, BB 1971, 1412 unter III; *BAG* vom 22. 5. 1990, BB 1991, 625 f. unter I 2 a; *Baumbach/Duden/Hopt*, § 75 d Anm. 1; *Schlegelberger/Schröder*, § 75 d Rdnr. 1.

[87] Dazu *Gamillscheg*, II, Fallnr. 174, S. 77 f.

[88] Zu der in diesem Zusammenhang geringen praktischen Bedeutung von Betriebsvereinbarungsklauseln vgl. *Grunsky*, S. 134.

[89] Vgl. *Gruell*, S. 22 f.; *Grunsky*, S. 134. A.A. *Buchner*, Wettbewerbsverbot, S. 41, 42 aufgrund der Mittelstellung zwischen Tarifvertrag und Arbeitsvertrag.

sie ebenfalls einschlägigen Geltung des Art. 3 I GG. Hinsichtlich allgemeiner Arbeitsbedingungen in Formulararbeitsverträgen oder einzelvertraglicher Absprachen folgt dies bereits aus § 75 d HGB und dessen analogen Anwendung.

Gleiches gilt für Vereinbarungen zugunsten der Arbeitnehmer. Die Problematik der Abweichung von Gesetzes- und Richterrecht kann mit dem Günstigkeitsprinzip beantwortet werden. Wegen Art. 3 I GG müßte auf kollektivrechtlicher Ebene eine vorteilhaftere Regelung aber ebenfalls für alle Arbeitnehmer getroffen werden.

III. Zusammenfassung

Besonderheiten für Handlungsgehilfen kraft Vereinbarung sind nicht möglich. Für Vereinbarungen, die von den §§ 74 ff. HGB zum Nachteil der Handlungsgehilfen abweichen, ergibt sich dies bereits aus dem zwingenden Charakter der Normen. Umgekehrt vermag diese zwingende Wirkung der §§ 74 ff. HGB auch keine Besonderheiten über Vereinbarungen zu begründen, die darauf gerichtet sind, die analoge Anwendung für einzelne Arbeitnehmergruppen abzuändern. Solche Vereinbarungen sind entweder bereits aufgrund der hier zwingenden Wirkung des Richterrechts nicht denkbar bzw. bei einer zugestandenen Tarifdisponibilität in Anbetracht des Gleichheitssatzes des Art. 3 I GG nichtig. Vereinbarungen zugunsten der Arbeitnehmer sind nach dem Günstigkeitsprinzip unbedenklich möglich, dürfen aber auf kollektivrechtlicher Ebene wegen Art. 3 I GG nur alle Arbeitnehmer gleichermaßen begünstigen.

D. Ergebnis

Besonderheiten für Handlungsgehilfen sind im Bereich des nachvertraglichen Wettbewerbsverbots nicht mehr denkbar, da sich eine unterschiedliche Behandlung sachlich nicht mehr rechtfertigen läßt. Dies basiert auf dem Wandel der Verhältnisse. Entscheidend für die Schutzbedürftigkeit des Arbeitnehmers ist nicht mehr die Handlungsgehilfeneigenschaft, sondern die fachliche Qualifikation sowie der jeder Arbeit innenwohnende Vermögenswert. Damit gebietet aber das Gebot der Gerechtigkeit, Gleiches gleich zu behandeln und verbietet Besonderheiten für Handlungsgehilfen.

Dies bedeutet zum einen, daß die kraft Gesetzes begründeten Unterschiede gem. §§ 74 ff. HGB beseitigt werden müssen, um ein verfassungskonformes Ergebnis zu erreichen. Verwirklichen läßt sich dies nur mit einer analogen Anwendung der im Einzelfall einschlägigen Bestimmung der §§ 74 ff. HGB auf das Arbeitsverhältnis anderer Arbeitnehmer. Zum anderen dürfen aber auch keine neuen Besonderheiten über eine Abänderung der erreichten Gleichstellung mittels Vereinbarungen geschaffen werden.

Sechstes Kapitel

Die Fürsorgepflicht, § 62 HGB / §§ 618, 619 BGB

Die Fürsorgepflicht des Arbeitgebers hat eine Ausprägung sowohl in der speziellen Regelung des § 62 HGB als auch in den allgemeinen Gesetzen gem. §§ 618, 619 BGB gefunden. Ob deswegen aber Besonderheiten für Handlungsgehilfen bestehen, ist unklar, da Unterschiede auch von der Literatur regelmäßig nicht herausgearbeitet werden.[1]

In Aufbau und Struktur sind die Bestimmungen gleich. So wird im jeweiligen Absatz eins und zwei zunächst der Inhalt der Verpflichtung wiedergegeben, in Absatz drei folgt sodann eine Verweisung auf bestimmte deliktsrechtliche Normen im Falle der Pflichtverletzung und in § 62 IV HGB, § 619 BGB eine Regelung über den zwingenden Charakter der Bestimmungen.

Vor dem Hintergrund der allgemeinen arbeitsvertraglichen Fürsorgepflicht gem. § 242 BGB werden zwei Fragen zu unterscheiden sein. Zum einen, ob § 62 HGB im Vergleich zu §§ 618, 619 BGB Unterschiede aufweist und zum anderen, ob eventuelle Abweichungen Besonderheiten für Handlungsgehilfen zur Folge haben oder aber über ohnehin geltende Grundsätze gem. § 242 BGB ausgeglichen werden. Daneben wird noch eine Nivellierung durch den zwischenzeitlichen Ausbau der Arbeitsschutzvorschriften in Erwägung zu ziehen sein.

A. § 62 I HGB / § 618 I BGB

Auffallend ist bei einer ersten Gegenüberstellung der Tatbestände der unterschiedliche Wortlaut nur der jeweiligen Absätze eins, während die übrigen Bestimmungen nahezu identisch formuliert sind.

---

[1] Auf eine bloße Kommentierung bzw. Wiedergabe allgemeiner Grundsätze beschränken sich wie üblich auch die Bearbeiter, die sich ausdrücklich mit der arbeitsrechtlichen Stellung gerade der Handlungsgehilfen befassen; vgl. u.a. *Ackemann*, S. 68 ff.; *Feiler*, S. 65 ff.; *Frantzen*, S. 14 ff.; *Langrehr*, S. 15 ff.; *Notthoff*, S. 39 ff.

Gem. § 62 I HGB ist der Prinzipal verpflichtet, die Geschäftsräume und die für den Geschäftsbetrieb bestimmten Vorrichtungen und Gerätschaften so einzurichten und zu unterhalten, auch den Geschäftsbetrieb und die Arbeitszeit so zu regeln, daß der Handlungsgehilfe gegen eine Gefährdung seiner Gesundheit, soweit die Natur des Betriebs es gestattet, geschützt und die Aufrechterhaltung der guten Sitten und des Anstandes gesichert ist. Ganz ähnlich hat der Dienstberechtigte gem. § 618 I BGB Räume, Vorrichtungen oder Gerätschaften, die er zur Verrichtung der Dienste zu beschaffen hat, so einzurichten und zu unterhalten und Dienstleistungen, die unter seiner Anordnung oder seiner Leitung vorzunehmen sind, so zu regeln, daß der Verpflichtete gegen Gefahr für Leben und Gesundheit soweit geschützt ist, als die Natur der Dienstleistung es gestattet.

Bedenkt man die in der Denkschrift zum Entwurf eines Handelsgesetzbuchs vorzufindende Bemerkung, daß sich die Bestimmungen des Entwurfs (des heutigen § 62 HGB) mit den durch die Verhältnisse gebotenen Änderungen an die §§ 120 a, b GewO, § 618 BGB anschließen,[2] liegt es nahe, Abweichungen gerade gem. § 62 I HGB zu vermuten.[3]

I. Die Rechtsgüter

1. Die Gesundheit

Während in § 62 I HGB als zu schützendes Rechtsgut nur die Gesundheit des Handlungsgehilfen genannt ist, wird in § 618 I BGB daneben noch das Leben des Dienstverpflichteten erwähnt.

Gleichwohl begründet § 62 I HGB trotz des engeren Wortlauts bereits keine Abweichung, da der Wortsinn auch das Rechtsgut Leben als intensivere und untrennbare Ausgestaltung umfaßt. Im übrigen nimmt auch § 62 III HGB selbst ausdrücklich auf die Verpflichtungen des Prinzipals "in Ansehung des Lebens und der Gesundheit des Handlungsgehilfen" Bezug. Damit werden von beiden Normen das Leben und die Gesundheit vor einer Gefahr bzw. in § 62 I HGB einer dieser Gefahr gleichbedeutenden Gefährdung geschützt.

---

[2]Vgl. die Denkschrift, S. 236, abgedruckt bei *Schubert/Schmiedel/Krampe*, S. 996; auch *G. Schmidt*, S. 51.

[3]Beachte auch die Übernahme nur des Absatzes eins von § 62 HGB in den fünf neuen Bundesländern aufgrund des Einigungsvertrages vom 31. 8. 1990, Anl. I, Kap. VIII, Abschn. III, Nr. 2.

2. *Die guten Sitten und der Anstand*

§ 62 I HGB bestimmt ausdrücklich, daß die Aufrechterhaltung der guten Sitten und des Anstandes gesichert sein muß. Demgegenüber nimmt § 618 I BGB die guten Sitten und den Anstand aus seinem Anwendungsbereich aus, indem diese keine Erwähnung finden und in § 618 II BGB der Schutz der Sittlichkeit gerade auf den in die häusliche Gemeinschaft aufgenommenen Arbeitnehmer beschränkt wird. Trotz dieser gem. § 62 I HGB begründeten positiven Abweichung für nicht in die häusliche Gemeinschaft aufgenommene Handlungsgehilfen liegt im übrigen keine echte Besonderheit vor, da sich in § 120 b GewO eine entsprechende Vorschrift für gewerbliche Arbeitnehmer findet.

Die Besonderheit entfällt schließlich ganz, wenn die unterschiedliche Reichweite der §§ 62 I HGB, 618 I BGB im Wege richterlicher Rechtsfortbildung ausgeglichen werden kann.

Problematisch ist jedoch das Vorliegen der für eine Rechtsfortbildung erforderlichen Gesetzeslücke, da die Entstehungsgeschichte zu § 618 I BGB aufzeigt, daß ein Antrag, die Sittlichkeit als zu schützendes Rechtsgut aufzunehmen, vorlag und diskutiert wurde, im Ergebnis aber ausdrückliche Ablehnung fand.[4] Damit versteht es sich aber keinesfalls von selbst, die Sittlichkeit als geschütztes Rechtsgut wenigstens der Fürsorgepflicht gem. § 242 BGB zu betrachten. Die Verneinung einer Gesetzlücke würde indessen nicht dem Motiv gerecht, das damals den Gesetzgeber zu der Ablehnung des Antrags veranlaßte. Maßgebend dafür war die rechtliche Wertung, daß den Gefahren für die Sittlichkeit auf dem Gebiet des öffentlichen Rechts, nicht aber durch Gewährung zivilrechtlicher Ansprüche zu begegnen sei.[5] Diese Betrachtungsweise hat sich indessen gewandelt und geht nun von einer Konkretisierung der Vertragspflicht durch den technischen Arbeitsschutz aus.[6] Unter Zugrundelegen dieses Verständnisses hätte der Gesetzgeber den Schutzbereich des § 618 I BGB entsprechend erweitert und sich nicht nur und erst in der Reichstagskommission für die Ausdehnung wenigstens des § 618 II BGB entschieden.[7]

---

[4]Vgl. die Nachweise bei *Jacobs/Schubert*, S. 784; ausführlich *Mugdan*, S. 905 f.

[5]Vgl. *Mugdan*, S. 905, 906; *Richardi*, in Tomandl, S. 41, 42.

[6]Grundlegend *Nipperdey*, Privatrechtliche Bedeutung des Arbeiterschutzrechts, S. 203 ff. Vgl. auch *Galperin*, BB 1963, 739, insb. 741; *Gamillscheg*, I, Fallnr. 130, S. 279, MünchKomm-*Lorenz*, § 618 Rdnr. 4, 6.

[7]Vgl. *Mugdan*, S. 907, 1288; Staudinger/Nipperdey/Mohnen/Neumann, § 618 Rdnr. 4.

Da im übrigen keine Umstände ersichtlich sind, die gegen eine gleiche Interessenlage der auf § 618 I BGB angewiesenen Arbeitnehmer sprechen,[8] ist eine Angleichung der Rechtslage über § 242 BGB zu schaffen.[9]

II. Die Maßnahmen

1. Sicherung der Geschäftsräume etc.

Während § 62 I 1. Alt. HGB die zu ergreifenden Schutzmaßnahmen auf die Geschäftsräume und die für den Geschäftsbetrieb bestimmten Vorrichtungen und Gerätschaften bezieht, beschränkt § 618 I 1. Alt. BGB die Verpflichtung auf Räume, Vorrichtungen oder Gerätschaften, die der Arbeitgeber zu beschaffen hat.

Da letztere Beschreibung nicht nur eine andere Formulierung für die zum Geschäftsbetrieb bestimmten Räume etc. darstellt,[10] begründet § 62 I 1. Alt. HGB für Handlungsgehilfen eine positive Abweichung, die freilich im Hinblick auf § 120 a I GewO wiederum keine echte Besonderheit ist.

Dieser einst als "Fortschritt des § 62"[11] gepriesene Unterschied hat jedoch praktisch keine Auswirkungen.[12] Dies liegt zum einen daran, daß grundsätzlich der Arbeitgeber die Betriebsmittel bereitzustellen hat[13] und eine andere Risikoverteilung kraft Vereinbarung wegen einer Umgehung des § 619 BGB nicht möglich ist. Zum anderen sind für Handlungsgehilfen besondere Gefahren, die aus der Verwendung eigenen Arbeitsmaterials resultieren könnten, aufgrund der Natur ihrer zu erbringenden Tätigkeit wohl kaum denkbar.

Jede Besonderheit entfällt jedoch auch im rechtlichen Sinn, wenn zu einer sachgerechten Regelung der Dienstleistungen i.S.d. § 618 I 2. Alt. BGB auch

---

[8]Vgl. dazu die instruktive Beschreibung der Gefahren für gerade künstlerische Angestellte bei *Oertmann*, Verhandlungen des XXX. Deutschen Juristentages, S. 112, 128.

[9]Unklar bleibt die teilweise in der Literatur vorgenommene dogmatische Einordnung über eine Analogie des § 618 I BGB i.V.m. § 242 BGB, vgl. *Erman/Küchenhoff*, § 618 Rdnr. 22; MünchKomm-*Lorenz*, § 618 Rdnr. 2, 36; für eine Analogie des § 618 II BGB, *G. Neumann*, S. 8; *G. Schmidt*, S. 47.

[10]I.d.S. wohl *G. Neumann*, S. 5 f., 10.

[11]So *Oertmann*, Verhandlungen des XXX. Deutschen Juristentages, S. 112, 128.

[12]So auch MünchKomm-*Lorenz*, § 618 Rdnr. 45; i. E. ebenso *Oehmann/Bürger/Matthes*, Fürsorgepflicht unter 2; *Schaub*, § 108 III 2, S. 713.

[13]Vgl. *Erman/Küchenhoff*, § 618 Rdnr. 4; MünchKomm-*Lorenz*, § 618 Rdnr. 45.

die Pflicht gehört, den Arbeitnehmer nur mit dessen geeigneten Geräten arbeiten zu lassen.[14] Betrachtet man die umfassendere Regelung des § 62 I 1. Alt. HGB zudem nur als eine aus dem Arbeitsvertrag nach Treu und Glauben ohnehin folgende Verpflichtung,[15] ist es auch vertretbar, die Besonderheit mit der ergänzenden Funktion des § 242 BGB aufzuheben.

2. *Regelung des Geschäftsbetriebs und der Arbeitszeit*

§ 62 I 2. Alt. HGB bestimmt desweiteren, daß der Prinzipal auch verpflichtet ist, den Geschäftsbetrieb und die Arbeitszeit so zu regeln, daß der Handlungsgehilfe gegen eine Gesundheitsgefährdung, soweit die Natur des Betriebs es gestattet, geschützt ist. Demgegenüber bezieht sich § 618 I 2. Alt. BGB auf eine entsprechende Regelung der Dienstleistungen, die unter der Anordnung oder Leitung des Arbeitgebers vorzunehmen sind.

Obgleich § 618 I 2. Alt. BGB damit die Organisation des Arbeitsablaufs sowie die Dauer und Lage der Arbeitszeit nicht ausdrücklich nennt, hat dies keineswegs den Wegfall einer entsprechenden Vertragspflicht zur Folge. Hat der Arbeitgeber gem. § 618 I 2. Alt. BGB die Dienstleistungen so zu regeln, daß der Verpflichtete gegen eine Gefahr für Leben und Gesundheit geschützt wird, ist auch der allgemeinen Bestimmung über die Arbeitsregelung eine solche der Organisation und Arbeitszeit immanent.[16]

Zugleich läßt auch der Ausbau des Arbeitnehmerschutzes den unterschiedlichen Wortlaut der Normen in den Hintergrund treten. Zu nennen sind in diesem Zusammenhang vor allem das ArbSichG und die Unfallverhütungsvorschriften, die AZO, tarifvertragliche Regelungen über die Arbeitszeit und §§ 87 I Nr. 2, 3 BetrVG.

---

[14] I.d.S. *RG* vom 29. 6. 1917, JW 1917, 969 mit zustimmender Urteilsanmerkung von *Opet; Hueck/Nipperdey*, I, S. 894 Fn. 10; *Nikisch*, I, S. 475; RGRK-*Denecke*, § 618 Anm. 5; *Soergel/Kraft*, § 618 Rdnr. 19; *Staudinger/Nipperdey/Mohnen/Neumann*, § 618 Rdnr. 21.

[15] I.d.S. *Düringer/Hachenburg/Hoeniger*, § 62 Anm. 1.

[16] So auch *Erman/Küchenhoff*, § 618 Rdnr. 23 hinsichtlich der Arbeitszeit; *Soergel/Kraft*, § 618 Rdnr. 18, 19; *Staudinger/Nipperdey/Mohnen/Neumann*, § 618 Rdnr. 25, 26. A.A. *Oertmann*, Verhandlungen des XXX. Deutschen Juristentages, S. 112, 126.

III. Die Beschränkung

Die Fürsorgepflicht gegenüber der Gesundheit des Arbeitnehmers besteht nur, soweit gem. § 62 I HGB die Natur des Betriebs bzw. gem. § 618 I BGB die Natur der Dienstleistung es gestattet.

Obgleich die Natur des Betriebs neben Faktoren auf Seiten des Arbeitgebers nur unter anderem die Natur der Dienstleistung umfaßt, sollen die verschiedenen Tatbestandsmerkmale keinen Unterschied begründen. Die Grenze des Schutzes wird in beiden Vorschriften durch die Natur der Sache bestimmt, die dem Umstand Rechnung trägt, daß Unmögliches oder Unzumutbares nicht geleistet werden kann.[17]

IV. Zusammenfassung

§ 62 I HGB begründet keine Besonderheiten für Handlungsgehilfen. Der dort genannte Schutz auch der guten Sitten und des Anstandes wird von § 242 BGB übernommen, der insoweit die allgemeine Regelung des § 618 I BGB ergänzt. Der weitergehende Schutz auch vor selbst mitgebrachten Arbeitsgeräten ist für den Handlungsgehilfen ohne praktische Bedeutung; die ausdrücklich genannte Regelung auch des Geschäftsbetriebs und der Arbeitszeit ist in § 618 I BGB als Teil der Arbeitsregelung enthalten. Die Grenze der Schutzmaßnahmen richtet sich bei beiden Vorschriften nach der Natur der Sache.

B. § 62 II - IV HGB / §§ 618 II, III, 619 BGB

Die gesteigerte Fürsorgepflicht des Arbeitgebers bei Aufnahme des Arbeitnehmers in die häusliche Gemeinschaft, die Rechtsfolgen einer Pflichtverletzung sowie der zwingende Charakter der Pflicht zu Schutzmaßnahmen haben zwar in § 62 II - IV HGB eine spezielle Normierung erfahren. Diese beschränkt sich jedoch - abgesehen von der Konkretisierung der Begriffe Verpflichteter und Dienstberechtigter - auf eine Wiederholung der gem. §§ 618 II, III, 619 BGB getroffenen allgemeinen Regelungen und stimmt damit inhaltlich mit ihnen überein.

---

[17] Vgl. *Erman/Küchenhoff*, § 618 Rdnr. 1; *Hueck/Nipperdey*, I, S. 396; MünchKomm-*Lorenz*; § 618 Rdnr. 46; ähnlich *Staudinger/Nipperdey/Mohnen/Neumann*, § 618 Rdnr. 32.

C. §§ 139 g - i GewO

Besonderheiten könnten jedoch gem. §§ 139 g ff. GewO bestehen. Diese Normen sollen den gem. § 62 I HGB begründeten Schutz öffentlichrechtlich verstärken.[18] So enthält § 139 g GewO die Ermächtigungsgrundlage für die Gewerbeaufsichtsbehörden, die dem Arbeitgeber gem. § 62 I HGB auferlegte Pflichten mittels Verwaltungsakt durchzusetzen. § 139 h GewO ermächtigt zum Erlaß von Rechtsverordnungen zwecks Konkretisierung der in § 62 I HGB enthaltenen Grundsätze, wobei § 139 i GewO für die Durchführung der Rechtsverordnungen sorgt.

Vorauszuschicken ist die Überlegung, ob diese Normen überhaupt alle Handlungsgehilfen schützt. Dafür spricht zwar die inzwischen entfallene Beschränkung des Abschnitts VI auf offene Verkaufsstellen[19] und die auf § 62 I HGB zugeschnittene Formulierung. Wesentlich ist jedoch zum einen, daß § 6 GewO bestimmte Erwerbsarten ausnimmt, deren Betreiber aber nach dem Handelsgesetzbuch Kaufleute sind und damit Handlungsgehilfen beschäftigen können. Zu erwähnen sind etwa die Steuerberatungs-[20] bzw. Wirtschaftsprüfungsgesellschaften gem. § 6 II HGB. Aus der ausdrücklichen Erstreckung des § 139 g GewO nur auf die von § 6 S. 2 GewO ausgeklammerten Versicherungsunternehmen folgt daher, daß die Handlungsgehilfen der von § 6 GewO ausgenommenen Betreiber nicht geschützt werden. Gleiches gilt gem. § 154 I Nr. 1 GewO für Gehilfen in Apotheken, die bei Leistung kaufmännischer Dienste Handlungsgehilfen sind.[21] Damit bleibt aber festzuhalten, daß Besonderheiten über den speziellen Schutz gem. §§ 139 g - i GewO für alle Handlungsgehilfen von Anfang an ausscheiden.

Vor diesem Hintergrund ist der Vergleich zu den allgemeinen Regeln vorzunehmen. Dabei scheidet § 1 PolG i.V.m. § 618 I BGB nicht wegen der gem. § 2 II PolG nur subsidiären Zuständigkeit der Polizei beim Schutz privater Rechte aus, da hier der privatrechtliche Anspruch zugleich durch das öffentliche Recht gem. §§ 222, 230 StGB geschützt wird.[22]

---

[18]Vgl. *Etzel* in GK-HGB, § 62 Rdnr. 2; *Düringer/Hachenburg/Hoeniger*, § 62 Anm. 2; *Sieg/Leifermann/Tettinger*, § 139 g Rdnr. 4; *Söllner*, AR, S. 177 Fn. 8.

[19]Vgl. dazu *Stahlhacke/Bleistein*, Vorbem. §§ 139 c-m; *Landmann/Rohmer/Meyer*, Vorbem. vor § 139 c.

[20]Vgl. noch einmal *BAG* vom 28. 1. 1966, Bd. 18, 104.

[21]Zu ihrer Handlungsgehilfeneigenschaft vgl. *RAG* vom 5. 12. 1934, ARS 23, 13 ff. mit Urteilsanmerkung von *Hueck; Baumbach/Duden/Hopt*, § 59 Anm. C; *Walther*, MDR 1949, 79, 80.

Besonderheiten entfallen aber auch, wenn aufgrund anderer spezieller Gesetze derselbe Schutzbereich zugunsten anderer Arbeitnehmer abgedeckt ist. Als Pendant zu § 139 g GewO kommt insbesondere § 120 d GewO für gewerbliche Arbeitnehmer in Betracht. So entspricht denn auch die in § 120 d GewO getroffene Regelung der des § 139 g GewO. Die durchzuführenden Grundsätze des § 120 d GewO sind inhaltsgleich mit den in § 139 g GewO genannten Pflichten. Die in letzterer Bestimmung fehlende Beschränkung auf die mögliche Ausführbarkeit ist bereits in § 62 I HGB enthalten. Schließlich stellt auch die zusätzliche Regelung in § 120 d I 2 GewO nur eine Konkretisierung dar. Zu nennen sind desweiteren die gem. § 139 m GewO erstreckte Geltung des § 139 g GewO auch auf Konsum- und andere Vereine sowie die §§ 2 V, 2 I MuSchG, § 28 III JArbSchG, §§ 16 a, 12 HAG, die an spezifische Gefahren anknüpfen. Damit kann festgehalten werden, daß Besonderheiten für Handlungsgehilfen bereits aufgrund der zahlreichen mit § 139 g GewO vergleichbaren Normen nicht zu verzeichnen sind.

Gleiches gilt auch für die in den §§ 139 h, i GewO enthaltenen Ermächtigungen zum Erlaß konkretisierender Rechtsverordnungen und deren Durchsetzung. Ein Privileg der Handlungsgehilfen entfällt aufgrund der vergleichbaren Spezialgesetze für gewerbliche Arbeitnehmer gemäß §§ 120 e, f GewO und anderen, an spezifische Gefahren etwa für Mütter oder Jugendliche anknüpfende Normen sowie infolge der allgemeinen Ermächtigung gem. § 10 PolG. Die bestehenden formellen Abweichungen hinsichtlich der zuständigen Stellen oder Verfahrensfragen können in Anbetracht des im Ergebnis gleichen materiellen Schutzes vernachlässigt werden.

D. Ergebnis

Auch im Bereich der Fürsorgepflicht ist die Handlungsgehilfeneigenschaft irrelevant. § 62 HGB begründet keine materiellen Besonderheiten, da zum einen die in § 62 II - IV HGB enthaltenen Tatbestände bereits im Wortlaut mit denen der §§ 618 II, III, 619 BGB übereinstimmen. Aber auch die bei § 62 I HGB zu verzeichnenden Abweichungen sind bedeutungslos. So schützt § 62 I HGB trotz des anderen Wortlauts nach dem Wortsinn auch das Leben des Handlungsgehilfen bzw. betont nur die zu ergreifenden Maßnahmen auch hinsichtlich des Geschäftsbetriebs und der Arbeitszeit. Andere Abweichungen, wie die hinsichtlich des Schutzes vor selbst mitgebrachtem Arbeitsmaterial, begründen nur rein theoretische Vorteile bzw. werden wie der ausdrücklich nur in § 62 I HGB

---

[22] Str.; vgl. grundlegend *Baur*, JZ 1962, 73 ff; wie hier *Götz*, S. 42 f.; *Scholler/Bross*, S. 115; *Wagner*, S. 59.

genannte Schutz der guten Sitten und des Anstandes durch die Anwendung des § 242 BGB ausgeglichen. Abweichungen im Rahmen der zu ergreifenden Schutzmaßnahmen werden durch den zwischenzeitlich erfolgten Ausbau des an spezifischen Gefahrenbereichen orientierten Arbeitnehmerschutzes ebenso nivelliert wie der von §§ 139 g ff. GewO für bestimmte Handlungsgehilfen geschaffene öffentlichrechtliche Schutz.

Siebtes Kapitel

Das Zeugnis, § 73 HGB / § 630 BGB

Auch der Anspruch auf ein Zeugnis ist für kaufmännische Angestellte eigens geregelt. Gem § 73 S. 1 HGB kann der Handlungsgehilfe bei der Beendigung des Dienstverhältnisses ein schriftliches Zeugnis über die Art und Dauer der Beschäftigung fordern, wobei gem. § 73 S. 2 HGB das Zeugnis auf Verlangen des Handlungsgehilfen auch auf die Führung und die Leistungen auszudehnen ist. Die im Bürgerlichen Gesetzbuch getroffene allgemeine Regelung bestimmt in § 630 S. 1 BGB, daß bei der Beendigung eines dauernden Dienstverhältnisses der Verpflichtete von dem anderen Teile ein schriftliches Zeugnis über das Dienstverhältnis und dessen Dauer fordern kann und in § 630 S. 2 HGB, daß das Zeugnis auf Verlangen auf die Leistungen und die Führung im Dienste zu erstrecken ist.

Neben dieser durch die verschiedenen Anspruchsgrundlagen begründeten formellen Besonderheit kommen aufgrund der Unterschiede im Wortlaut der Normen fünf materielle Besonderheiten in Betracht. Die Vermutung, daß Besonderheiten bestehen, wird bestärkt durch die Themenwahl in der älteren Literatur, die wie "Das Dienstzeugnis des Handlungsgehilfen"[1] oder "Kann der Handlungsgehilfe schon nach der Kündigung ein Zeugnis verlangen?"[2] die rechtliche Bedeutung gerade der Handlungsgehilfeneigenschaft des Arbeitnehmers für den Zeugnisanspruch betont.

Ob § 73 HGB nun eine abweichende Sonderstellung für das Recht des Handlungsgehilfen darstellt[3] oder auf den Handlungsgehilfen § 630 BGB anwendet,[4] wird im folgenden untersucht.

---

[1]So und ähnlich lautet die Thematik der Dissertationen von *Leonhardt; Settekorn; Staegemann* bzw. der Aufsätze von *A. Neumann*, Jahrb. d. KfmG Berlin 1908, Bd. 1, S. 115; *Wittner*, HoldhZ 12, 176.

[2]Siehe *Freund*, GewuKfmG 19, Sp. 405 f.; *Goldmann*, Das Recht, 1921, 453 ff.; *Schmincke*, GewuKfmG 19, Sp. 331 ff.

[3]Vgl. statt vielen *Schlegelberger/Schröder*, § 73 Rdnr. 1.

[4]I.d.S. etwa *Baumbach/Duden/Hopt*, § 73 Anm. 1 A; *van Venrooy*, S. 112.

A. Besonderheiten gem. § 73 HGB

I. Der Anspruchsgegenstand

Anspruchsgegenstand ist nach beiden Vorschriften ein Zeugnis in Schriftform, das als sogenanntes einfaches Zeugnis gem. § 73 S. 1 HGB, § 630 S. 1 BGB bzw. als qualifiziertes gem. § 73 S. 2 HGB, § 630 S. 2 BGB denkbar ist.

1. Art und Dauer

Da Inhalt des einfachen Zeugnisses für Handlungsgehilfen "die Art und Dauer der Beschäftigung" ist, die allgemeine Norm hingegen "das Dienstverhältnis und dessen Dauer" zum Thema bestimmt, könnte § 73 S. 1 HGB als der engere Tatbestand eine dreifache Besonderheit begründen. So ist die Beschreibung des Handlungsgehilfenverhältnisses auf die Darstellung der Art der Beschäftigung begrenzt, so daß sowohl Angaben über den Umfang der Dienste[5] als auch eine Beschreibung der übrigen durch den Vertrag begründeten Rechtsbeziehungen ausgenommen sind. Eine Beschreibung des Dienstverhältnisses könnte aber diesbezügliche Angaben zulassen. Andererseits wäre auch denkbar, daß nach dem BGB eine weniger genaue Bezeichnung genügen kann.[6] Desweiteren könnte im Gegensatz zur Dauer des Dienstverhältnisses die Dauer der Beschäftigung unter Betonung der tatsächlich geleisteten Dienste auch eine Aufnahme der Arbeitsversäumnis umfassen.[7]

Obgleich der unterschiedliche Wortlaut der Bestimmungen zumindest Anlaß gibt, über mögliche Abweichungen nachzudenken, wird heute das einfache Zeugnis ohne Ansehen des Wortlauts der §§ 73 S. 1 HGB, 630 S. 1 BGB als Synonym für die Angabe der Art und der rechtlichen Dauer der Beschäftigung gebraucht.[8]

Die Auslegung des § 630 S. 1 BGB bestätigt denn auch die inhaltliche Übereinstimmung mit § 73 S. 1 HGB. So ergibt zum einen die systematische Auslegung zu § 630 S. 2 BGB, daß die Beschreibung des Dienstverhältnisses

---

[5]Vgl. die ausdrückliche Nennung in § 59 S. 1 HGB.

[6]Vgl. dazu *RAG* vom 22. 2. 1933, ARS 17, 382, 385 f.

[7]Dies vertrat früher mit *Leonhardt*, S. 31 f. eine Mindermeinung in der Literatur; vgl. die Nachweise bei *Beintker*, S. 34 f. und *Möllmann*, S. 48 f., die selbst aber anderer Meinung waren.

[8]Vgl. *Bernold*, S. 32; *v. Hoyningen-Huene*, Kündigungsvorschriften, § 630 Anm. 1; *Krummel*, S. 120 ff.; MünchKomm-*Schwerdtner*, § 630 Rdnr. 6; *Schaub*, § 146 III 1, S. 990; *Soergel/Kraft*, § 630 Rdnr. 6; *Staudinger/Nipperdey/Mohnen/Neumann*, § 630 Rdnr. 14.

ebenfalls nur die Art der Beschäftigung meint, da der Umfang als wesentlicher Faktor der Leistung nicht bereits von § 630 S. 1 BGB abgedeckt sein kann.[9] Entscheidende Bedeutung kommt jedoch vor allem der historischen Auslegungsmethode zu. Vorbild des § 630 BGB waren die bereits in § 113 GewO sowie in zahlreichen Gesindeordnungen getroffenen Bestimmungen zum Zeugnis, die nur auf die Art der Beschäftigung und deren rechtliche Dauer abstellten.[10] Sollte § 630 BGB aber diese Regelungen nur imitieren, ist der Tatbestand auf dieselbe Thematik beschränkt. Letztlich ergibt auch der Sinn und Zweck eines einfachen Zeugnisses die Beschränkung auf eine wertfreie Angabe der Art und rechtlichen Dauer der Tätigkeit, da es als bloße Arbeitsbestätigung nur den lückenlosen Nachweis des Beschäftigungsverhältnisses ermöglichen soll. Besonderheiten sind damit nicht ausmachbar.[11]

2. Führung und Leistung

Während das qualifizierte Zeugnis gem. § 73 S. 2 HGB auf die Führung und Leistungen ausgedehnt wird, enthält § 630 S. 2 BGB eine Begrenzung auf Leistungen und die Führung im Dienste.

Verfehlt wäre es indessen, gem. § 73 HGB i.V.m. einem Umkehrschluß aus § 630 BGB annehmen zu wollen, daß auch ein Verhalten des Handlungsgehilfen außerhalb des Dienstes, womöglich noch in zeitlicher und sachlicher Hinsicht unbeschränkt, Thema des qualifizierten Zeugnisses sein kann.[12] Für eine auch im Rahmen des § 73 S. 2 HGB vorzunehmende Beschränkung auf innerdienstliches Verhalten des Handlungsgehilfen braucht jedoch nicht eine ergänzende Funktion des § 630 S. 2 BGB,[13] die fehlende hinreichende Kontrollmöglichkeit[14] oder die Billigkeit in Verbindung mit einer gleichen rechtlichen Behand-

---

[9] I.E. ebenso *BAG* vom 12. 8. 1976, DB 1976, 2211, 2212, wo sinngemäß ausgeführt wird, daß der Umfang nur insofern maßgeblich ist, als er ab einem ausreichenden Maße ausdrückt, daß eine bestimmte Tätigkeit geleistet wurde und insofern zu einer Beschreibung der Art der Arbeit führt.

[10] Vgl. *Staudinger/Nipperdey/Mohnen/Neumann*, § 630 Rdnr. 2.

[11] I. E. ebenso ausdrücklich *RAG* vom 22. 2. 1933, ARS 17, 382, 385 f.; *Beintker*, S. 31 ff.; *Kästner*, S. 27; *Möllmann*, S. 47 ff.

[12] Von der Beschränkung auf arbeitsplatzbezogenes Verhalten wird allgemein ohne weiteres ausgegangen; vgl. *Etzel* in GK-HGB, § 73 Rdnr. 16; *Heymann/Kötter*, § 73 Anm. 2; *Krummel*, S. 126; *Schlegelberger/Schröder*, § 73 Rdnr. 9 a; ausführlich aber *Schlessmann*, S. 63 f.; *Titze*, S. 865; *Würdinger* in RGRK-HGB, § 630 Anm. 4. Unklar im Hinblick auf Besonderheiten *Monjau*, DB 1966, 264, 265.

[13] So wohl *Baumbach/Duden/Hopt*, § 73 Anm. 2 B.

[14] I.d.S. *Boehm*, S. 32; *Will*, S. 81.

lung bemüht zu werden,[15] da eine diesbezügliche Reduktion bereits aufgrund der immanenten Teleologie, über den Teilbereich Arbeitsverhalten zu informieren, geboten ist. Diese sich stillschweigend aus der Natur der Sache ergebende Begrenzung wird zusätzlich noch von außen von dem rechtsethischen Prinzip untermauert, das Persönlichkeitsrecht und als dessen Teilbereich die Privatsphäre des Arbeitnehmers zu schützen.

3. Auf Verlangen des Handlungsgehilfen

Desweiteren ist auffallend, daß nur § 73 S. 2 HGB das Verlangen nach einem um die Bewertung der Leistungen und Führung erweiterten Zeugnis auf ein Verlangen des Handlungsgehilfen konkretisiert, während § 630 S. 2 BGB diesbezüglich schweigt.

Gerade die von der überwiegenden Meinung vertretene Doppelfunktion des Zeugnisses, nach der neben der "Werbungsfunktion" für den Arbeitnehmer auch eine "Warnfunktion" für den potentiellen Arbeitgeber Aufgabe des Zeugnisses sein soll,[16] könnte die Aufnahme insbesondere ungünstiger Angaben über Leistung und Führung auf Verlangen des Arbeitgebers rechtfertigen. Diese These würde auch im Einklang mit der weitgehend anerkannten Auskunftsberechtigung des Arbeitgebers gegen den Willen des Arbeitnehmers stehen.[17] Zudem würde dem Arbeitnehmer dadurch eine unmittelbare Kontrollmöglichkeit verschafft werden, die er gegenüber dem "heimlichen Zeugnis"[18] als lediglich interne Absprache nicht hat.

Für ein qualifiziertes Zeugnis nur auf Verlangen des Arbeitnehmers spricht hingegen die Auslegung des § 630 BGB. So formuliert diese Norm die Anspruchsgrundlage für ein Zeugnis aus der Sicht des Arbeitnehmers, ohne dem Arbeitgeber ein Recht im Rahmen des § 630 S. 2 BGB einräumen zu wollen. Richtungsweisend wird auch hier die historische Auslegung, wonach einzig ein Verlangen nur des Arbeitnehmers der Anlehnung an § 113 GewO und den hergebrachten Zeugnisgrundsätzen gerecht wird.[19] Ein Recht auch des Arbeitgebers

---

[15]So *Beintker*, S. 40 für die Angestellten.

[16]Ausdruck von *Bobrowski/Gaul*, S. 222; der Sache nach ebenso *BAG* vom 23. 6. 1960, AP Nr. 1 zu § 73 HGB; *LAG Düsseldorf* vom 2. 7. 1976, DB 1976, 2310; *BGH* vom 15. 5. 1979, NJW 1979, 1882; *LAG Düsseldorf* vom 22. 1. 1988, BB 1988, 1463; *Erman/Küchenhoff*, § 630 Rdnr. 1; *Hohn*, BB 1961, 1273; *Tenckhoff*, S. 1, 46. A.A. *Staudinger/Nipperdey/Mohnen/Neumann*, § 630 Rdnr. 1; zweifelnd MünchKomm-*Schwerdtner*, § 630 Rdnr. 1.

[17]Vgl. die Nachweise bei *Krummel*, S. 233 ff.; *Kreutz*, ZfA 1977, 447, 501.

[18]Formulierung bei *Däubler*, S. 325.

[19]Vgl. *Jacobs/Schubert*, S. 829 f.; auch *Settekorn*, S. 26.

annehmen zu wollen, hieße gleichsam, hinsichtlich eines einfachen Zeugnisses ein Recht zur Gegendarstellung zu begründen, obgleich dafür das als bloße Arbeitsbestätigung einzustufende einfache Zeugnis keinen Anlaß gibt. Zum anderen müßte darüber hinaus im Interesse der Rechtssicherheit wohl auch eine entsprechende Pflicht des Arbeitgebers angenommen werden, wenn mit der Ausfertigung eines lediglich einfachen Zeugnisses nicht gleichzeitig ausgedrückt werden soll, daß es über Leistung und Führung nichts Negatives zu berichten gibt. Dies würde wiederum dem Begriff "Verlangen" als Ausdruck des Wunsches und als Komponente der Freiwilligkeit zuwiderlaufen und auch die Risikoverteilung verschieben, nach der ein Auskunftsanspruch des Dritten gegen den alten Arbeitgeber mangels Anspruchsgrundlage nicht besteht.

Damit kann zusammenfassend festgestellt werden, daß trotz der Unterschiede im Wortlaut der §§ 73 HGB, 630 BGB Abweichungen hinsichtlich des Anspruchsgegenstandes nicht bestehen.

II. Der Anspruchsgegner

Die Person, gegen die der Zeugnisanspruch zu richten ist, wird nur von § 630 S. 1 BGB angegeben, der mit dem als Anspruchsgegner benannten "anderen Teile" wie in § 611 I HS. 2 BGB den Dienstberechtigten, also den Arbeitgeber kennzeichnet. Gleiches gilt aber auch im Arbeitsverhältnis der Handlungsgehilfen, da sich der Arbeitgeber als Anspruchsgegner aus der Natur des vertraglichen Anspruchs ergibt und daher ungeschriebenes Tatbestandsmerkmal ist.[20]

III. Der Anspruchsgrund

1. Das dauernde Dienstverhältnis, § 630 BGB

Während der Handlungsgehilfe gem. § 73 HGB das Zeugnis bei der Beendigung des Dienstverhältnisses verlangen kann, ist der Verpflichtete nach der allgemeinen Regelung des § 630 BGB dazu nur bei Beendigung eines dauernden Dienstverhältnisses berechtigt.[21]

---

[20] Ähnlich *Brambach*, S. 15; *Kästner*, S. 14; *Schlegelberger/Schröder*, § 73 Rdnr. 5; *Will*, S. 54; ohne Begründung die restliche Literatur.

[21] Zum überholten Auslegungsstreit um die Merkmale "bei Beendigung", in dem § 73 HGB aufgrund seiner Entstehungsgeschichte einen Zeugnisanspruch entgegen § 630 BGB vom Kündigungszeitpunkt an gewährte, vgl. *Brambach*, S. 21 f.; *Möllmann*, S. 25 f.; *Settekorn*, S. 11 ff.; *Will*, S. 63 f.; *Wirtz*, S. 9, Fn. 7.

Durch dieses zusätzliche Tatbestandsmerkmal erfährt das einheitliche Zeugnisrecht der Arbeitnehmer nach nahezu einhelliger Meinung eine Ausnahme.[22] Betont wird die Besserstellung der Handlungsgehilfen, da diese jedenfalls auch bei einer nur kurzfristigen Aushilfstätigkeit oder probeweisen Beschäftigung ein Zeugnis verlangen könnten.[23]

Da die Beantwortung der Frage, ob und in welchem Maße der Handlungsgehilfe gem. § 73 HGB anders behandelt wird, von der Bedeutung des dauernden Dienstverhältnisses in § 630 BGB abhängt, rückt noch einmal eine genaue Untersuchung des Begriffes und damit "eine der unerquicklichsten Fragen im ganzen Zeugnisrecht"[24] in den Mittelpunkt.

a) Dauer

Überwiegend wird das dauernde Dienstverhältnis im Gegensatz zum nur vorübergehenden gesehen.[25] Teilweise wird verlangt, daß das Dienstverhältnis tatsächlich lange gedauert haben müsse.[26] Einige Autoren beschränken dieses Erfordernis nur auf das qualifizierte Zeugnis, da ein einfaches Zeugnis zwecks bloßer Dokumentation der Beschäftigungszeiten auch bei nur kurzfristigen Dienstverhältnissen erteilt werden müsse.[27] Nach herrschender Meinung soll nicht die tatsächliche Dauer entscheidend sein, wenn das Dienstverhältnis wenigstens auf Dauer, mithin auf unbestimmte Zeit,[28] angelegt wurde.[29] Wann

---

[22] Vgl. *LAG Düsseldorf* vom 14. 5. 1963, DB 1963, 1260; *Mantel*, S. 117; MünchKomm-*Schwerdtner*, § 630 Rdnr. 2; *D. Neumann*, ZfA 1970, 339, 345; *Schaub*, § 146 I 1, 3, S. 988 f.; *Soergel/Kraft*, § 630 Rdnr. 1; *Staudinger/Nipperdey/Mohnen/Neumann*, § 630 Rdnr. 3.

[23] Vgl. *Bail*, S. 234; *Beintker*, S. 15; *Heymann/Kötter*, § 73 Anm. 1; *Heymann/Honsell*, § 73 Rdnr. 1; *Mantel*, S. 117; *Schlegelberger/Schröder*, § 73 Rdnr. 1; *Schlessmann*, S. 35; *Settekorn*, S. 9; *Titze*, S. 861; *Würdinger* in RGRK-HGB, § 73 Anm. 3.

[24] So *Pauer*, S. 41.

[25] Vgl. die instruktiven Ausführungen bei *Grünberg*, S. 143 f.; *Lenhoff*, Recht des dauernd Angestellten, insb. S. 20 ff.

[26] Vgl. *Krummel*, S. 10, einschränkend aber S. 11; MünchKomm-*Schwerdtner*, § 630 Rdnr. 4; *Schaub*, § 146 I 3, S. 989. Unklar *Erman/Küchenhoff*, § 630 Rdnr. 4. Vgl. auch § 32 I SG sowie § 46 II ZDG, die eindeutig auf eine tatsächlich verstrichene Dauer abstellen.

[27] Vgl. *Grimm*, AR-Blattei, Zeugnis I, B 2; *Hoffmann*, S. 16; MünchKomm-*Schwerdtner*, § 630 Rdnr. 4; zustimmend insoweit *Krummel*, S. 10. Erwähnt sei der Gedanke von *Lotmar*, S. 547 Fn. 1, der die Besonderheit beim einfachen Zeugnis durch die Pflicht zur Gewährung einer Quittung gem. § 368 BGB in Wegfall bringt.

[28] Vgl. § 8 II VVG, der ein Versicherungsverhältnis auf unbestimmte Zeit als dauernde Versicherung definiert.

hingegen eine Endbestimmung das Dienstverhältnis als ein dauerndes erscheinen läßt, bleibt unklar.[30]

Der systematische Zusammenhang zu den §§ 620, 624, 625 BGB spricht für die Maßgeblichkeit der vereinbarten und damit geplanten Laufzeit, so daß danach eine Besserstellung der Handlungsgehilfen in den oben genannten Fällen anzunehmen ist. Andererseits ist aber nicht zu verkennen, daß der Gesetzgeber für länger dauernde Vertragsverhältnisse die Merkmale "von längerer Dauer"[31] oder den Begriff "ständig"[32] wählte.

Besonderheiten würden allerdings nicht bestehen, wenn § 73 HGB diese Einschränkung als ungeschriebenes Tatbestandsmerkmal enthält. Dies zu erwägen liegt nahe, da die Handlungsgehilfen in der Regel auf Dauer angestellt wurden.[33] Wesentliche Bedeutung kommt jedoch dem Umstand zu, daß der Gesetzgeber auch den nur zur vorübergehenden Aushilfe beschäftigten Handlungsgehilfen kannte[34] und § 73 HGB gleichwohl uneingeschränkt erließ. Deswegen scheidet auch eine entsprechende Beschränkung des Anspruchs über eine unzulässige Rechtsausübung gem. § 242 BGB aus.

Besonderheiten könnten jedoch auf Ausnahmefälle beschränkt werden, wenn unter dem Aspekt der Fürsorgepflicht vertreten wird, daß ein Zeugnisanspruch

---

[29]Grundlegend *Lotmar*, S. 546, 547; vgl. *LAG Düsseldorf* vom 14. 5. 1963, DB 1963, 1260; AK-*Derleder*, § 630 Rdnr. 1; *Beintker*, S. 14 f.; *Palandt/Putzo*, § 630 Anm. 1, § 617 Anm. 1; *Hönsch/Natzel*, Rdnr. 281; *Palme*, BlStSozArbR 1971, 378; *Schmaltz*, S. 10 f.; *Soergel/Kraft*, § 630 Rdnr. 1; *Soergel/Wlotzke/Volze*, § 630 Rdnr. 1; *Staudinger/Nipperdey/Mohnen/Neumann*, § 617 Rdnr. 8, § 630 Rdnr. 6. Einschränkend dahingehend, daß die verstrichene Dauer eine Beurteilung ermöglichen muß, *v. Karger*, S. 15; *Küchle/Hessel/Bopp*, S. 167 f.; *Soergel/Kraft*, § 630 Rdnr. 1; Schaub, § 146 I 3, S. 989; *Schulz*, S. 7. Vgl. auch die Kommentarliteratur zu §§ 940 ZPO, 123 VwGO.

[30]Für eine Dauer von mehr als sechs Wochen, *Jadesohn*, S. 112; vgl. auch bei *Mugdan*, S. 902 den in den Gesetzesmaterialien zu § 616 BGB erwogenen sechsmonatigen Zeitraum eines dauernden Dienstverhältnisses; für eine Dauer von wenigstens einem Jahr ist der BGH bei der Auslegung des dauernden Dienstverhältnisses gem. § 627 BGB in den Fällen des Direktschulvertrags; vgl. *BGH* vom 31. 3. 1967, Bd. 47, 303 ff.; *BGH* vom 8. 3. 1984, NJW 1984, 1531 mit kritischer Anmerkung von *Heinbuch; BGH* vom 28. 2. 1985, NJW 1985, 2585. Vgl. auch § 1822 Nr. 7 BGB, wo gleichwohl nicht von einem dauernden Rechtsverhältnis die Rede ist.

[31]Vgl. § 721 II BGB; ähnlich § 2218 II BGB.

[32]Vgl. den einstigen § 441 RVO; dazu *RAG* vom 23. 8. 1933, ARS 19, 50.

[33]Vgl. dazu *Klang/Gschnitzer/Adler/Höller*, § 1151 Anm. II 1 a; *Lenhoff*, Recht des dauernd Angestellten, S. 21; *F. Neumann*, S. 7; *Oertmann*, Verhandlungen des XXX. Deutschen Juristentages, S. 112, 113; *Weigert*, S. 6; ähnlich *Süssengut*, S. 14 f.

[34]Vgl. den inzwischen aufgehobenen § 69 HGB.

fast immer gegeben sei.[35] Da sich der Umfang der Fürsorgepflicht kaum geändert haben dürfte, ist äußerst fraglich, ob mit der ergänzenden Funktion des § 242 BGB die Wertung des § 630 BGB unterlaufen werden kann. Gleiches würde auch für eine analoge Anwendung des § 630 BGB auf vorübergehende Arbeitsverhältnisse gelten.

Jede Besonderheit entfällt schließlich, wenn das Tatbestandsmerkmal überhaupt nicht mehr berücksichtigt wird, weil diese Voraussetzung in einem personenrechtlichen Gemeinschaftsverhältnis überholt sei.[36] Diese Auffassung wird zu Recht aufgrund des Wortlauts des § 630 BGB als eine unzulässige Reduzierung der Zeitdauer auf Null abgelehnt.[37]

b) Andauern

In der älteren Literatur wurde diskutiert, ob das Tatbestandsmerkmal "dauernd" ein "noch andauern" bedeutet,[38] so daß im Gegensatz zu § 73 HGB ein Zeugnis nur bis zur Beendigung des laufenden Arbeitsverhältnisses verlangt werden könnte. Eine derartige Beschränkung des Zeugnisanspruchs wurde jedoch zu Recht im Hinblick auf die nachvertragliche Treuepflicht und als praxisfremd abgelehnt.[39]

c) Dauerhaft

Auch die Annahme eines dauerhaften Vertragsverhältnisses ohne wesentliche Unterbrechungen scheidet nach Sinn und Zweck der Norm aus, da die Berücksichtigung von Fehlzeiten eine für den Zeugnisanspruch wesensfremde Sanktion darstellen würde und zudem auch nicht mit dem Inhalt der §§ 617, 627, 629 BGB in Einklang zu bringen wäre.

---

[35] Vgl. *Heil*, S. 46; *Hoffmann*, S. 16; *Hueck/Nipperdey*, I, S. 460 Fn. 3; *Nikisch*, I, S. 857; *Palme*, BlStSozArbR 1971, 378; auch *Ruppert*, PersV 1983, 443, 445; *Schlessmann*, S. 33 f.; *Tenckhoff*, S. 4 Fn. 2.

[36] Vgl. *Kaskel/Dersch*, S. 244; ähnlich *Bobrowski/Gaul*, S. 298; wohl auch *Oehmann/Bürger/Matthes*, HwB-AR, Zeugnis unter 1.1.

[37] Vgl. *Hoffmann*, S. 15; *Staudinger/Nipperdey/Mohnen/Neumann*, § 629 Rdnr. 3; *Tenckhoff*, S. 4 Fn. 2.

[38] Diese Möglichkeit wird nicht mehr vertreten; vgl. die Nachweise bei *van Venrooy*, S. 71 Fn. 168. Zu sonst überholten Lösungsvorschlägen, wie etwa der Entscheidungserheblichkeit von Lohnzahlungs- oder Kündigungsfristen, vgl. die Nachweise bei *Vollmer*, S. 25 ff.

[39] Vgl. etwa *Heil*, S. 45.

d) Gedauert

Nach einer Mindermeinung weist das dauernde Dienstverhältnis als rein erläuterndes Merkmal lediglich darauf hin, daß das Dienstverhältnis gedauert haben, das heißt vollzogen worden sein müsse.[40] Dies ergebe sich gesetzeshistorisch aus dem damals ungeklärten Unterschied zwischen Dienstvertrag und Dienstverhältnis sowie aus dem Wesen des Zeugnisanspruchs, der die praktische Durchführung des Dienstvertrages voraussetze.[41]

Besonderheiten wären danach nicht denkbar. Fraglich ist aber, ob diese These richtig ist. Abgesehen von grundlegenden Bedenken hinsichtlich des Wortlauts, ist sie namentlich mit dem systematischen Zusammenhang zu den §§ 617, 627, 629 BGB, die ebenfalls von einem dauernden Dienstverhältnis ausgehen, nur schwerlich in Einklang zu bringen. Dort kann der Sinn des Tatbestandsmerkmals nicht auf ein Involllzugsetzen des Dienstverhältnisses begrenzt werden.

e) Dauerschuldverhältnis

Überlegenswert ist, ob das Tatbestandsmerkmal nicht lediglich auf den Charakter des Dienstverhältnisses als Dauerschuldverhältnis hinweist.[42] Würde § 630 BGB nur die regelmäßige Erbringung von Dienstleistungen in einem Vertragsverhältnis[43] bzw. das Bestehen eines ständigen Dienstverhältnisses betonen,[44] würden keine Besonderheiten für Handlungsgehilfen begründet.

Für einen derartigen Hinweis auf Selbstverständliches enthält die Entstehungsgeschichte der §§ 617, 627, 629, 630 BGB jedoch keinen Anhaltspunkt. Zudem würde es willkürlich und sinnlos erscheinen, im Rahmen der §§ 611 ff. BGB gerade in den oben genannten Regelungen an das Vorliegen eines Dauerschuldverhältnisses zu erinnern.

---

[40] So *van Venrooy*, S. 72 f.; der Sache nach ebenso *Göldner*, S. 27 f.; RGRK-*Eisemann*, § 630 Rdnr. 8.

[41] So *van Venrooy*, a.a.O.

[42] Vgl. § 1151 I ABGB, nach dem ein Dienstvertrag entsteht, wenn sich jemand auf eine "gewisse Zeit" zur Dienstleistung verpflichtet. Für ein damit signalisiertes Dauerschuldverhältnis *Klang/Gschnitzer/Adler/Höller*, § 1151 Anm. 2 b; *Rummel/Krejci*, § 1151 Rdnr. 34; *Schwimann/Grillberger*, § 1151 Rdnr. 11.

[43] Vgl. trotz § 24 I AGBG die in § 11 Nr. 12 AGBG getroffene Erläuterung.

[44] Wie etwa § 46 BRAO, § 3 I Nr. 5 BeurkG, § 850 II ZPO.

Auch eine Abgrenzungsfunktion gegenüber einem Werkvertrag, für den in § 631 II BGB der erfolgsorientierte Charakter betont wird, scheidet aus denselben Gründen aus.

f) Arbeitsverhältnis

Die nachfolgende Auslegung wird zeigen, daß dem dauernden Dienstverhältnis eine völlig andere Bedeutung zukommt als bislang angenommen. Es signalisiert lediglich das Vorliegen eines Arbeitsverhältnisses, so daß Besonderheiten für Handlungsgehilfen entfallen.

aa) Wortlaut

Richtig ist, daß der Begriff des "dauernden" Dienstverhältnisses auf eine Zeitdauer hinweist, deren Länge über eine wertende Betrachtungsweise als ausreichend dauerhaft empfunden wird. Da mit etwas "dauerndem" aber auch eine Stetigkeit zum Ausdruck kommt, mit der ein gesteigertes Näheverhältnis einhergeht, wird deutlich, daß die Bedeutung des Tatbestandsmerkmals nicht als bloßer Zeitfaktor zu begreifen ist.

bb) Bedeutungszusammenhang

Besondere Aufmerksamkeit ist dem systematischen Zusammenhang zu den §§ 617, 627, 629 BGB zu widmen, da in diesen Bestimmungen ebenfalls von einem dauernden Dienstverhältnis die Rede ist. Auffallen muß die eigentümliche Beziehung der Normen zum heutigen Arbeitsrecht.

So hat zunächst § 617 BGB, der unter bestimmten Voraussetzungen für den Dienstberechtigten eine gesteigerte Fürsorgepflicht normiert, eine Bedeutung nur für das Arbeitsverhältnis.[45] Die hierfür gängige Begründung, daß der Dienstverpflichtete durch Eingliederung in den Haushalt des Dienstberechtigten seine Selbständigkeit verliere,[46] ist in Anbetracht des § 618 II BGB, der ebenfalls auf die Aufnahme in die häusliche Gemeinschaft abstellt und dennoch nicht nur für Arbeitsverhältnisse gilt,[47] nicht zwingend. Gewichtige Faktoren sind vielmehr die gem. § 617 I 1 BGB vorausgesetzte vollständige oder hauptsächliche Inanspruchnahme des Dienstverpflichteten, die auf eine persönliche Abhängigkeit

---

[45] Vgl. AK-*Derleder*, § 617 Rdnr. 1; *Erman/Küchenhoff*, § 617 Rdnr. 1, 2; *Soergel/Kraft*, § 617 Rdnr. 1; *Staudinger/Nipperdey/Mohnen/Neumann*, § 617 Rdnr. 3, 4, 7.

[46] Vgl. MünchKomm-*Schaub*, § 617 Rdnr. 1; RGRK-*Denecke*, § 617 Anm. 1; ähnlich *Soergel/Kraft*, § 630 Rdnr. 1.

[47] Vgl. *MünchKomm-Lorenz*, § 618 Rdnr. 8; *Soergel/Kraft*, § 618 Rdnr. 2.

und Unterordnung hindeutet,[48] ferner die gängige Sechswochenfrist bei Erkrankung nur von Arbeitnehmern sowie die für andere Arbeitnehmer vorzufindenden parallelen Sonderregelungen etwa in § 30 I Nr. 2 JArbSchG.

§ 627 BGB erleichtert unter bestimmten Voraussetzungen die Möglichkeit einer außerordentlichen Kündigung bei einem Dienstverhältnis, das jedoch kein Arbeitsverhältnis und kein dauerndes Dienstverhältnis mit festen Bezügen sein darf. Das dauernde Dienstverhältnis steht zum Arbeitsverhältnis indessen nur scheinbar in Gegensatz. Entscheidend ist, daß die ausdrückliche Nennung des Arbeitsverhältnisses erst durch das Arbeitsrechtsbereinigungsgesetz von 1969 aufgenommen wurde, um die bis dahin ohnehin nur für unabhängige Dienstverträge in Betracht kommende Geltung zu unterstreichen. Arbeitsverhältnisse waren aufgrund des Erfordernisses eines dauernden Dienstverhältnisses und der üblicherweise gewährten festen Bezüge aus dem Geltungsbereich ausgenommen.[49]

Auch § 629 BGB, der nach der Kündigung eines wiederum dauernden Dienstverhältnisses dem Dienstberechtigten einen Freistellungsanspruch zwecks Stellungssuche gewährt, weist eine Affinität nur zum Arbeitsverhältnis auf. Dafür spricht, daß ein Selbständiger im wesentlichen frei seine Arbeitszeit bestimmen kann,[50] so daß er infolge der ihm möglichen freien Zeiteinteilung nicht auf die Gewährung von Freizeit zur Stellungssuche angewiesen ist. Hinzukommt die unterschiedliche Risikoverteilung zwischen Arbeitnehmern und Selbständigen, die es zur Sache des Selbständigen macht, sich um neue Vertragsbeziehungen zu kümmern, ohne dadurch das alte Dienstverhältnis zu belasten.[51]

Festzuhalten bleibt damit die eigentümliche Beziehung zum heutigen Arbeitsrecht gerade der Normen, die im Tatbestand den Begriff des dauernden Dienstverhältnisses enthalten.[52]

---

[48]Vgl. auch die alte Fassung des § 622 BGB, der auf die vollständige und hauptsächliche Inanspruchnahme der Erwerbstätigkeit abstellte, sowie die heutige Nennung des Arbeitverhältnisses.

[49]Vgl. dazu *Staudinger/Nipperdey/Mohnen/Neumann*, § 627 Rdnr. 1 m.w.N.

[50]Vgl. § 84 I 2 HGB.

[51]Eine Geltung des § 629 BGB auch für den freien Dienstvertrag vertritt, wenn auch ohne Begründung, die wohl h.M.; vgl. AK-*Derleder*, § 629 Rdnr. 1; MünchKomm-*Schwerdtner*, § 629 Rdnr. 2; *Soergel/Kraft*, § 629 Rdnr. 2; *Staudinger/Nipperdey/Mohnen/Neumann*, § 629 Rdnr. 2.

[52]Vgl. auch die h.M., die § 630 BGB nicht auf freie Dienstverträge anwendet; insb. schon *RG* vom 7. 1. 1916, Bd. 87, 440, 443; *Erman/Küchenhoff*, § 630 Rdnr. 2; *Kästner*, S. 12 f.; *Monjau*, DB 1966, 264, 266; MünchKomm-*Schwerdtner*, § 630 Rdnr. 3; *Pauer*, S. 26, 40 f.; RGRK-*Denecke*, § 630 Anm. 1; *Staudinger/Nipperdey/Mohnen/Neumann*, § 630 Rdnr. 4. Kritisch *van Venrooy*, S. 34 ff.

cc) Historische Auslegung

Im Rahmen der historischen Auslegung des § 630 BGB wird vereinzelt auf die Regelungsabsicht des Gesetzgebers verwiesen, den Dienstberechtigten vor zu häufigem Zeugnisbegehren schützen zu wollen.[53] Dieses Argument ist jedoch zu sehr mit dem Sinn und Zweck einer als "langen Dauer" verstandenen Auslegung verknüpft, als daß damit ein geeigneter Anhaltspunkt für die Bedeutung des Tatbestandsmerkmals geliefert werden könnte.

Vergegenwärtigen muß man sich vielmehr die Normvorstellung des Gesetzgebers vom Dienstvertragsrecht um 1900. Es galt den zu regelnden sozialen Tatbestand Arbeit zu erfassen, der im Wesen die Leistung von Diensten aller Art (vgl. § 611 II BGB) umfaßt. Erkannt hatte man den selbständigen Vertragstypus, der den Komplex Arbeit endgültig aus den Gebrauchsverträgen wie der Miete ausnimmt[54] und sich desweiteren von dem auf Herbeiführung eines Erfolges gerichteten Werkvertrag abgrenzt.[55] Eine genauere Strukturierung mittels einer weiter vorzunehmenden Ausgliederung des Arbeitsvertrages als einer besonderen Form des Dienstvertrages bahnt sich allenfalls vor dem Hintergrund an, daß man sich der besonderen sozialen Bedeutung mancher Dienstverhältnisse bereits bewußt ist.[56] Der genaue Begriffsinhalt eines Arbeitsvertrages ist indessen unklar. Der allgemeine Sprachgebrauch verbindet mit dem Ausdruck Arbeitsvertrag noch die Leistung körperlicher Arbeit,[57] während der Gesetzgeber davon ausgeht, daß die Bezeichnung als Arbeits- oder Dienstvertrag an und für sich nur ein Name ist.[58] Von der Entwicklung materieller Abgrenzungskriterien zwecks Unterscheidung selbständiger und unselbständiger Dienste, kurzum von der Erarbeitung des heutigen Arbeitsrechts ist man noch entfernt.

Erst nach Erlaß des Bürgerlichen Gesetzbuches bemüht sich das Schrifttum um das Aufzeigen geeigneter Abgrenzungsmerkmale.[59] Wenn nun aber der größte Teil der Literatur als entscheidendes Differenzierungsmerkmal zunächst die Anstellung auf Dauer bzw. die auf Dauer geplante Ausrichtung als wesentli-

---

[53] Vgl. *Krummel*, S. 11; MünchKomm-*Schwerdtner*, § 630 Rdnr. 4.

[54] Vgl. aber auch *Schollmeyer*, S. 90, der noch im Jahre 1904 den Dienstvertrag als eine Art von Miete beschreibt. Vgl. die locatio conductio.

[55] Vgl. *Nikisch*, Grundformen, S. 109; *Mugdan*, S. 253 f.; *Richardi*, ZfA 1988, 221, 222 f.

[56] Vgl. die Ausführungen von *Struckmann*, in der Sitzung vom 22. Juni 1896, Beratung des Entwurfes eines Bürgerlichen Gesetzbuches, Stenographische Berichte, S. 2799.

[57] Dazu *Struckmann*, a.a.O., S. 2799.

[58] Vgl. die Ausführungen von *Struckmann*, a.a.O., S. 2799; dazu *Weiss*, Entwicklung, S. 75 ff.

[59] Vgl. dazu *Wank*, Arbeitnehmer und Selbständige, S. 27 f.

ches Indiz für das Vorliegen eines persönlichen Abhängigkeitsverhältnisses erkennt,[60] schließt sich der Kreis zum dauernden Dienstverhältnis.

Dagegen spricht auch nicht die vielmals in dem Sinn zitierte Regelungsabsicht des Gesetzgebers, in den §§ 611 ff. BGB Bestimmungen für Dienst- und Arbeitsverträge treffen zu wollen.[61] Dieser Interpretation liegt die heute selbstverständliche Trennung zwischen freier und persönlich abhängiger Arbeit zugrunde, wie sie aber in den §§ 611 ff. BGB unter dem Aspekt Dienste jeder Art noch gar nicht zum Ausdruck kommen konnte. Regelungsgegenstand waren vielmehr "Dienstverhältnisse aller Art, mag der Gegenstand des Vertrags eine körperliche oder eine geistige Thätigkeit sein,"[62] ohne diese in selbständige oder unselbständige Dienste zu unterscheiden.

Für diesen Sinngehalt, der nichts anderes als das Arbeitsverhältnis umfaßt, spricht noch eine Reihe weiterer Faktoren. So war beantragt worden, in § 630 II BGB zu bestimmen, daß ein Zeugnis von der Kündigung eines Arbeitsverhältnisses ab, bzw. falls eine Kündigung nicht stattgefunden habe, bei der Beendigung des Arbeitsverhältnisses vom Arbeitnehmer verlangt werden könne.[63] Die Ablehnung des Antrags erfolgte nicht etwa aufgrund des gewählten Begriffes Arbeitsverhältnis, sondern wegen der mit Vorverlegung des Fälligkeitszeitpunktes erkannten Nachteile.[64] Interessant ist im vorliegenden Zusammenhang allein der Begriff Arbeitsverhältnis, der gerade ohne das Tatbestandsmerkmal "dauernd" Gesetzestext werden sollte. Dieses Zusatzes bedurfte es nur dann nicht, wenn das Arbeitsverhältnis von einem dauernden Dienstverhältnis keine Abweichung begründete.

Das Arbeitsverhältnis von Tagelöhnern steht dazu nur scheinbar in Widerspruch. An eine Regelung ihrer Vertragsverhältnisse brauchte in diesem Zu-

---

[60] Vgl. *Jacobi*, S. 47 ff., 55; *Lenhoff*, Theorie und Praxis, S. 4 f.; *Molitor*, Wesen des Arbeitsvertrags, S. 88-90; 111; *ders.*, Arbeitnehmer und Betrieb, S. 19 f.; *Nikisch*, Grundformen, S. 114-118, 144; vgl. auch *Rummel/Krejci*, § 1151 Rdnr. 37; *Titze*, S. 561; *Tomandl*, S. 56 ff.; *Wank*, Arbeitnehmer und Selbständige, S. 28 m.w.N. Beachte auch *Horne*, S. 66 f., der nachweist, daß das ständige Betrautsein in § 84 I HGB nicht als Abgrenzungsmerkmal zum Handlungsgehilfen verwendet wird. Vgl. auch *BAG* vom 22. 6. 1977, AP Nr. 22 zu § 611 BGB, Abhängigkeit, unter II 2 b, wonach sich u.a. aus der ständigen Zusammenarbeit die persönliche Abhängigkeit ergeben soll. Anders freilich die heutige Bewertung der Vertragsdauer, vgl. *OLG Köln* vom 25. 4. 1990, ARSt 1990, 201, Nr. 91; *Berger-Delhey/Alfmeier*, NZA 1991, 257, 258 f.

[61] Vgl. *Richardi*, ZfA 1988, 221, 225; *Rückert*, ZfA 1983, 1, 15; *Schiemann*, JuS 1983, 649.

[62] So *Struckmann*, a.a.O., S. 2797.

[63] Siehe *Jacobs/Schubert*, S. 831.

[64] Vgl. Beratung des Entwurfs eines Bürgerlichen Gesetzbuches im Reichstage, Stenographische Berichte, Sitzung vom 22. Juni 1896, S. 2814.

sammenhang mangels fehlenden praktischen Bedürfnisses nicht gedacht werden.[65] Vorbild der Regelung waren die für Arbeitsverhältnisse des § 133 GewO vorgefundene Verpflichtung zur Zeugnisausstellung. Wenn nun aber ausgeführt wurde, daß der Dienstpflichtige "auch bei allen dauernden Dienstverhältnissen anderer Art" ein berechtigtes Interesse an einem Zeugnis habe,[66] so klingt an, daß die bereits geregelten Arbeitsverhältnisse als dauernde Dienstverhältnisse erkannt und beschrieben wurden und die noch zu regelnden Rechtsverhältnisse diesen in Charakter und Struktur gleichgestellt werden.[67] Daraus erklärt sich auch die Ablehnung des Unterantrags, das Tatbestandsmerkmal "dauernd" zu streichen.[68] Wenn in diesem Zusammenhang darauf hingewiesen wurde, daß eine Regelung für jeden Dienstvertrag vom praktischen Bedürfnis nicht erfordert werde und zudem große Belästigungen für den Dienstgeber mit sich bringe,[69] wird damit nach hiesigem Verständnis unterstrichen, daß es unüblich ist, einem Selbständigen ein Zeugnis auszustellen.

Abgerundet wird dieses Ergebnis aus der Sicht der §§ 59 ff. HGB. So sollte wegen § 629 BGB, der im Rahmen eines dauernden Dienstverhältnisses Freizeit zur Stellungssuche bewilligt, von der Bestimmung für Handlungsgehilfen abgesehen werden, "daß nach der Kündigung des Dienstverhältnisses der Prinzipal ... Zeit zum Aufsuchen einer anderen Stellung zu gewähren hat."[70] Eine solche Regelung wäre indessen sehr wohl erforderlich erschienen, hätte das in § 630 BGB enthaltene Merkmal "dauernd" eine davon negative Abweichung begründet.

dd) Sinn und Zweck

Letztlich spricht für dieses Ergebnis noch die Funktion des § 630 BGB, den Fürsorgegedanken ausdrücklich nur und gerade im "dauernden Dienstverhältnis" zu normieren. Damit wird das Tatbestandsmerkmal "dauernd" zum Mittel, eine

---

[65] Vgl. hingegen ihre Nennung in § 196 I Nr. 9 BGB neben den gewerblichen Arbeitern.

[66] Siehe Denkschrift zum Entwurf eines Bürgerlichen Gesetzbuchs, S. 81.

[67] Vgl. auch *Stadthagen*, Beratung des Entwurfs eines Bürgerlichen Gesetzbuches im Reichstage, Stenographische Berichte, Sitzung vom 22. Juni 1896, S. 185 f., für den das Tatbestandsmerkmal im Vergleich zu §§ 113 GewO, 73 HGB keine Thema ist; ähnlich auch *v. Gierke*, S. 245 ff. hinsichtlich der allgemeinen Fürsorgepflicht. Vgl. auch *Dockhorn*, AuR 1961, 106.

[68] Vgl. dazu Protokolle der Kommission für die zweite Lesung des Entwurfs des Bürgerlichen Gesetzbuchs, S. 308.

[69] Vgl. Protokolle der Kommission für die zweite Lesung des Entwurfs des Bürgerlichen Gesetzbuchs, S. 308; *Krummel*, S. 11; MünchKomm-*Schwerdtner*, § 630 Rdnr. 4.

[70] So Denkschrift zum Entwurf eines Handelsgesetzbuchs, S. 240, abgedruckt bei *Schubert/Schmiedel/Krampe*, S. 1000.

erhöhte Intensität und ein gesteigertes Näheverhältnis zwischen den Vertragsparteien zum Ausdruck zu bringen; Elemente, die das Arbeitsverhältnis als personenrechtliches Gemeinschaftsverhältnis charakterisieren und die über die Fürsorgepflicht das Wesen des Arbeitsverhältnisses ausmachen sowie mit der persönlichen Abhängigkeit des Arbeitnehmers korrespondieren.

2. *Zusammenfassung*

Zusammenfassend bleibt festzuhalten, daß das "dauernde Dienstverhältnis" kein "dauerndes Arbeitsverhältnis" ist,[71] sondern ein auf Dauer angelegtes Dienstverhältnis, das nach damaligem Verständnis der Vorstellung von einem Arbeitsverhältnis entsprach und das heute durch die zwischenzeitlich erkannten Abgrenzungsmerkmale zum freien Dienstvertrag zu ermitteln ist. Mangels konstitutiver Bedeutung für den Zeugnisanspruch des Arbeitnehmers nach § 630 BGB, bestehen für kaufmännische Angestellte keine Besonderheiten.

B. Ergebnis

Der Zeugnisanspruch des Handlungsgehilfen gem. § 73 HGB weist gegenüber dem allgemein normierten Anspruch in § 630 BGB trotz des teilweise unterschiedlichen Wortlauts keine Abweichungen auf. Es bleibt noch zu erwähnen, daß der Handlungsgehilfe keine negativen Besonderheiten erfährt, indem § 154 I Nr. 2 GewO das in § 113 III GewO enthaltene Verbot unlauterer Merkmale von einer Geltung für Handlungsgehilfen ausdrücklich ausnimmt. Für ihn gilt dieser Grundsatz gem. § 242 BGB.[72] Begründet das spezielle Gesetz aber keine Besonderheiten, kann es aufgehoben werden.

---

[71] So aber *Erman/Küchenhoff*, § 630 Rdnr. 7; *Kaskel/Dersch*, S. 244; *Monjau*, DB 1966, 264, 265; *Schaub*, § 26 I 1, S. 100, § 38 I 2, S. 163, § 136 I 3, S. 989; *Staudinger/Nipperdey/Mohnen/Neumann*, § 629 Rdnr. 3. Vgl. auch den richtigen Ansatz bei *Eberlein*, S. 20.

[72] Vgl. *Beintker*, S. 51 f. u. seine Nachweise auf die ältere Literatur, die das Ergebnis aus dem Erfordernis eines schriftlichen Zeugnisses ableitete; *Heil*, S. 47; *Kästner*, S. 38 f.; *Möllmann*, S. 76; *Titze*, S. 869; *Will*, S. 88.

Achtes Kapitel

Gehalt ohne Dienste, § 63 HGB / § 616 I, II BGB

Der in § 323 I BGB enthaltene Grundsatz "ohne Arbeit kein Lohn" wird für Handlungsgehilfen in § 63 HGB und allgemein in § 616 BGB durchbrochen. Damit besteht auch hier wieder aufgrund der speziellen Anspruchsgrundlage zumindest eine formelle Besonderheit. Da aber § 63 HGB geschaffen wurde, um eine sonst eintretende Verschlechterung der Rechtslage des Handlungsgehilfen zu verhindern,[1] sind auch materielle Besonderheiten naheliegend.

Regelungsgegenstand des § 63 HGB ist der Anspruch auf Gehalt und Unterhalt, während § 616 BGB vom Anspruch auf die Vergütung spricht. Der Wortlaut der speziellen Norm legt aufgrund der zusätzlichen Erwähnung des Unterhalts eine umfassendere Rechtsfolge nahe, zumal auch § 59 HGB von Vergütung und § 64 HGB lediglich vom Gehalt ausgehen. Diese gerade auch in Art. 57 und Art. 60 S. 1 ADHGB getroffene Differenzierung ist indessen nur historischer Ausdruck des einst nicht ungewöhnlichen familiären Zusammenlebens zwischen Geschäftsherrn und Handlungsgehilfen.[2] Später folgte aus der festen Bindung des Angestellten, das Gehalt als Lebensunterhalt zu begreifen.[3] In diesem Falle entsprach es den Lebensverhältnissen, die Gegenleistung als Unterhalt zu charakterisieren, ohne aber der Sache nach eine andere Bedeutung als die der Vergütung beizumessen.[4] Gemeint sind nur die vertragsgemäßen Geld- oder Sachleistungen, die der Arbeitgeber trotz fehlender Dienste schuldet.[5]

---

[1]Siehe Denkschrift zum Entwurf eines Handelsgesetzbuchs, S. 236, abgedruckt bei *Schubert/Schmiedel/Krampe*, S. 996.

[2]Zu diesem Hintergrund vgl. *van der Borght*, S. 65; *Neundörfer*, S. 27, 28; *Ortner*, S. 48.

[3]Ähnlich *Larenz*, Schuldrecht II, § 52 II b, S. 258.

[4]Für eine Beschränkung des Unterhalts auf Sachleistungen hingegen *Etzel* in GK-HGB, § 63 Rdnr. 28.

[5]I.E. ebenso *BAG* vom 12. 10. 1956, DB 1957, 238 unter 2.; *BAG* vom 5. 6. 1985, AP Nr. 39 zu § 63 HGB; *Erdel*, S. 75, 76; *Heymann/Honsell*, § 63 Rdnr. 24-26; *Heymann/Kötter*, § 63 Anm. 3; *Hunold*, S. 205; *Titze*, S. 758; *Würdinger* in RGRK-HGB, § 63 Anm. 4.

Hinderungsgrund ist gem. § 63 I 1 HGB ein unverschuldetes Unglück, während § 616 I 1 BGB von einem persönlichen Grund spricht, durch den der Arbeitnehmer ohne Verschulden verhindert wird. Obgleich sich das Verschulden in § 63 HGB auf die Ursache, in § 616 BGB auf die kausale Folge der Verhinderung bezieht, resultieren daraus keine Besonderheiten. Es ist kein Fall denkbar, bei dem ein unverschuldetes Unglück eine schuldhafte Verhinderung zur Folge hat bzw. eine unverschuldete Verhinderung trotz schuldhaft gesetzter Ursache möglich ist. Überdies zeigt auch der später eingefügte § 63 I 2 HGB mit seiner Fiktion der unverschuldeten Verhinderung und nicht des unverschuldeten Unglücks, daß der sprachlichen Abweichung keine Auswirkungen beigemessen werden.

A. Besonderheiten im Krankheitsfall, § 63 HGB / § 616 I, II BGB

I. Anspruchsdauer, § 63 I 1 HGB / § 616 II 2 BGB

Gem. § 63 I 1 HGB behält der Handlungsgehilfe seinen Vergütungsanspruch bis zu sechs Wochen, wenn er durch unverschuldetes Unglück an der Leistung der Dienste verhindert wird. § 616 I BGB bestimmt, daß der zur Dienstleistung Verpflichtete des Anspruchs auf die Vergütung nicht dadurch verlustig wird, wenn er für eine verhältnismäßig nicht erhebliche Zeit durch einen in seiner Person liegenden Grund ohne sein Verschulden an der Dienstleistung verhindert wird. Gem. § 616 II 2 BGB gilt als verhältnismäßig nicht erhebliche Zeit i.S.d. § 616 I BGB eine solche von sechs Wochen, wenn nicht durch Tarifvertrag eine andere Dauer bestimmt ist.

1. Sechs Wochen

a) Die länger dauernde Erkrankung

Dauert die Erkrankung länger als sechs Wochen, scheint sich der verschiedene Aufbau des § 63 HGB und des § 616 I BGB auszuwirken. Während bei § 63 HGB auf das Tatbestandsmerkmal der zeitweisen Verhinderung verzichtet wurde, um auch länger währende Fehlzeiten zu erfassen,[6] findet die zeitweise Verhinderung als verhältnismäßig nicht erhebliche Zeit in § 616 I BGB Eingang. Dies hat zur Folge, daß die Anspruchsvoraussetzung der Verhinderung für eine auf

---

[6] Vgl. Denkschrift zum Entwurf eines Handelsgesetzbuchs, S. 236, 237, abgedruckt bei *Schubert/Schmiedel/Krampe*, S. 996, 997 und den noch anderslautenden Art. 60 ADHGB; *Langrehr*, S. 29.

sechs Wochen fingierte Zeit bei einer länger dauernden Erkrankung nach dem Wortlaut nicht erfüllt ist.

Bis zur Entscheidung des Großen Senats im Jahre 1959 wurde daher der Anspruch nach der allgemeinen Regelung nahezu einhellig auch für die verhältnismäßig nicht erhebliche Zeit von sechs Wochen versagt.[7] Diese Ungleichbehandlung wurde vom Großen Senat durch Auslegung des § 616 II BGB als vom Gesetzgeber nicht gewollt erkannt und beseitigt. So wurde namentlich aus der Entstehungsgeschichte des § 616 II BGB gefolgert, daß Sinn und Zweck des § 616 II 2 BGB nicht sei, je nach Dauer der Erkrankung einen Anspruch zu gewähren oder zu versagen. Gedacht habe man allein daran, zugunsten der Krankenkasse sicherzustellen, daß sie erst nach Ablauf von sechs Wochen Krankengeld zu gewähren habe, um damit Unsicherheiten über die Bedeutung der verhältnismäßig nicht erheblichen Zeit zu beseitigen und den gem. § 189 RVO[8] geschaffenen Entlastungseffekt zu verstärken.[9] Nur ergänzend wurde auf eine im übrigen auch von Art. 3 GG gebotene Auslegung hingewiesen.

Die Gewährung der Vergütung für sechs Wochen auch bei einer länger dauernden Krankheit wird heute nicht mehr in Zweifel gezogen. Verwunderlich mag nur noch das einstige Festhalten am Wortlaut des § 616 I 1, II 2 BGB erscheinen, zumal trotz der strengen Definition des § 616 II 2 BGB im umgekehrten Fall der kürzeren Erkrankung das Fehlen der Tatbestandsvoraussetzung nie erwähnt wurde und überdies auch in § 63 HGB mit der Festlegung der Anspruchsdauer auf maximal sechs Wochen ein ungeschriebenes Tatbestandsmerkmal der Verhinderung bis zu sechs Wochen korrespondiert, ohne damit den Anspruch bei einer längeren Erkrankung in Wegfall zu bringen.

b) Die längere nicht erhebliche Zeit

Eine andere Frage ist die, ob eine verhältnismäßig nicht erhebliche Zeit länger sein kann als sechs Wochen.[10] Besonderheiten würden jedoch nur dann entstehen, wenn § 63 HGB als abschließende Spezialregelung den Rückgriff auf § 616 I BGB versperrt. Dagegen spricht aber § 616 III BGB, der die alleinige Geltung nur des Lohnfortzahlungsgesetzes betont sowie die vorrangige Anwendung der speziellen Norm nur in seiner Reichweite. Da § 63 HGB den

---

[7] Vgl. die Nachweise bei *BAG GS* vom 18. 12. 1959, Bd. 8, 314, 318 f.

[8] Heute § 49 Nr. 1 SGB V.

[9] Vgl. *BAG GS* vom 18. 12. 1959, Bd. 8, 314, 326 ff.

[10] Str.; dagegen die h.M.; statt vielen *Hessel/Marienhagen*, S. 53; *Hunold*, S. 183; *Jäger*, S. 54; *Schaub*, § 98 III 1, S. 638; *Thome*, S. 137. A.A. *Feichtinger*, Krankheit im Arbeitsverhältnis, S. 68; *Staudinger/Nipperdey/Mohnen/Neumann*, § 616 Rdnr. 74, 78.

Handlungsgehilfen begünstigen sollte, wäre seine Benachteiligung infolge eines versperrten Rückgriffs auf § 616 I BGB wider den Willen des Gesetzgebers. Ist aber die ergänzende Anwendung des § 616 I BGB möglich, sind Besonderheiten für Handlungsgehilfen nicht denkbar, so daß obige Frage offenbleiben kann.

2. *Tariföffnungsklausel*

Während der für sechs Wochen bestehende Anspruch des Handlungsgehilfen gem. § 63 I 5 HGB nicht durch Vertrag ausgeschlossen oder beschränkt werden kann, gilt nach § 616 II 1 BGB das Gleiche mit dem Zusatz in § 616 II 2 BGB, daß durch Tarifvertrag eine andere Dauer bestimmt werden kann.

Da § 63 I 5 HGB jede Verschlechterung der Rechtslage auch durch tarifvertragliche Vereinbarungen ausschließt,[11] ist eine Verkürzung der sechswöchigen Bezugsdauer zuungunsten der Handlungsgehilfen nicht möglich. Die in § 63 I 5 HGB enthaltene Regelung ist auch nicht nur das Korrelat zu § 616 II 1 BGB, mit der Folge, daß § 616 II 2 BGB als allgemeine Norm ergänzend auch für Handlungsgehilfen gelten kann. Diese Möglichkeit scheidet aufgrund der historischen Auslegung des § 616 II 2 BGB aus, da die zugrundeliegende Notverordnung nur die bestehende Unsicherheit hinsichtlich der Dauer einer nicht erheblichen Zeit beseitigen sowie den gem. § 189 RVO erstrebten Entlastungseffekt der Krankenkassen stärken sollte und überdies eine Rückwirkung des § 616 II 2 BGB auf den Tag des Inkrafttretens auch des § 63 I 5 HGB anordnete, ohne diesen zu erwähnen.[12] Da andererseits § 616 II 2 BGB trotz des Wortlauts "bestimmt ist" nicht nur bereits bestehende Tarifverträge als Übergangsregelungen beibehalten wollte[13] und in Anbetracht der Entstehungsgeschichte auch eine Betonung lediglich des Günstigkeitsprinzips ausscheidet, wird kraft Gesetzes durch Schaffung der Tariföffnungsklausel eine Ungleichbehandlung vorprogrammiert.[14]

Um eine echte Besonderheit für Handlungsgehilfen handelt es sich freilich nicht, da die sechswöchige Bezugsdauer aufgrund anderer spezieller Regelungen

---

[11] Vgl. vor allem die Entstehungsgeschichte der Norm bei *v. Frankenberg*, DJZ 1931, Sp. 351, 352; *Krotoschin*, JW 1931, 2208; *BAG GS* vom 18. 12. 1959, Bd. 8, 314, 329 sowie Kap. IV, § 2 NotVO vom 5. Juni 1931 zu § 616 II 1 BGB.

[12] Vgl. Kap. IV, § 2 NotVO vom 5. Juni 1931.

[13] Vgl. Kap. IV, § 2 S. 2 NotVO vom 5. Juni 1931, der zwischen bestehenden und zukünftigen Tarifverträgen differenziert.

[14] Zur Wirksamkeit der Normen, die vom Reichspräsidenten im Wege der außerordentlichen Gesetzgebung gem. Art. 48 WRV erlassen wurden, *BAG* vom 28. 11. 1963, Bd. 15, 121, 124. A.A. *Bovensiepen*, LZS 1931, Sp. 166, 167, der den Entlastungseffekt der Krankenkassen nicht berücksichtigt und damit die Voraussetzungen des Art. 48 II WRV zu Unrecht verneinte.

auch nicht zuungunsten anderer Arbeitnehmergruppen abgeändert werden kann.[15] Praktische Bedeutung hat diese unechte Besonderheit heute mangels tariflicher Regelungen nicht, weshalb der Verfassungsmäßigkeit dieser Ungleichbehandlung kaum Beachtung geschenkt wird.[16]

Werden aber diesbezügliche Überlegungen angestellt, ist das richtige Ergebnis eine nicht gerechtfertigte Ungleichbehandlung von tarifgebundenen sonstigen Angestellten und anderen Arbeitnehmern.[17] Eine Differenzierung innerhalb der verschiedenen Gruppen von Angestellten verwundert in Anbetracht der Bestrebungen um eine Gleichbehandlung von Arbeitern und Angestellten[18] umso mehr, zumal die Tariföffnungsklausel aufgrund ihrer Bedeutung nur für sonstige Angestellte den allgemeinen § 616 II 2 BGB zu deren Spezialnorm macht. Für eine derartige abweichende Behandlung sind aber keine vernünftigen Gründe ersichtlich. Weder die echte Besonderheit der Handlungsgehilfeneigenschaft noch die Zugehörigkeit zu den sonstigen Angestellten vermögen eine Schlechterstellung der auf § 616 II BGB angewiesenen Arbeitnehmern zu rechtfertigen.

Konsequenz dieser Ungleichbehandlung soll die Verfassungswidrigkeit der Tariföffnungsklausel sein,[19] wobei § 616 II 2 BGB nach teilweiser Ansicht als vorkonstitutionelle Norm der Verwerfungskompetenz des angerufenen Gerichts unterliegen soll,[20] während nach anderer Ansicht das Bundesverfassungsgericht diesen Teil der Norm auf Antrag im Rahmen einer abstrakten oder konkreten Normenkontrolle bzw. einer Verfassungsbeschwerde für nichtig erklären wird.[21]

---

[15]Vgl. etwa §§ 133 c 5 GewO, 9 LFG, 10 SeemG.

[16]Vgl. etwa AK-*Derleder*, § 616 Rdnr. 1; *Baumeister*, S. 64, 65; *Bleistein*, S. 35; *Erman/Küchenhoff*, § 616 Rdnr. 17, 57; *Hessel/Marienhagen*, S. 53 ff.; *Hönsch/Natzel*, Rdnr. 88; *Hueck/Nipperdey*, I, S. 345; *Loddenkemper*, S. 102; MünchKomm-*Schaub*, § 616 Rdnr. 45; *Palandt/Putzo*, § 616 Anm. 1, 3; *Schelp/Trieschmann*, S. 78, 82; *Soergel/Wlotzke/Volze*, § 616 Rdnr. 30.

[17]I.d.S. *Becker*, DB 1987, 167, 170; *ders.*, DB 1987, 1090, 1093; wohl auch *Thomas*, in Hromadka, Gleichstellung, S. 43, 52; *Thome*, S. 145, 146, 207. A.A. noch ausdrücklich *BAG GS* vom 18. 12. 1959, Bd. 8, 314, 332 ohne nähere Begründung; ohne weiteres auch Feichtinger, Lohn- und Gehaltsfortzahlung, S. 59, 181. Vgl. auch *Naendrup*, ZfA 1984, 383, 387, der § 616 II 2 BGB lediglich als "Einfalltor für rechtspolitische Veränderungen" begreift. Schief *Bauer/Röhder*, S. 51 f. und *Schaub*, § 98 VIII 3, S. 655, die eine Ungleichbehandlung zwischen tarifgebundenen und nicht organisierten Arbeitnehmern kritisieren.

[18]Vgl. zuletzt *BVerfG* vom 30. 5. 1990, NJW 1990, 2246 ff.

[19]Vgl. *Becker*, DB 1987, 167, 170; *Thome*, S. 146.

[20]So *Becker*, DB 1987, 167, 170 u. 171.

[21]So *Thome*, S. 146.

Obgleich die Tariföffnungsklausel des § 616 II 2 BGB mit der Verfassung nicht in Einklang steht, ist fraglich, ob von ihrer Anwendung abgesehen werden bzw. ihre Nichtigerklärung erfolgen kann, da der Verfassungsverstoß aus dem Zusammenwirken mit § 63 I 5 HGB resultiert und eine Korrektur auf zweierlei Weise möglich scheint.

Bei genauer Betrachtung kann diese Frage aber dahingestellt bleiben, da Tarifverträge auf der Grundlage des § 616 II 2 BGB wirkungslos sind. So ist bereits fraglich, ob eine entsprechende tarifliche Regelung noch von Art. 9 III GG gedeckt wäre, da eine solche Bestimmung zwangsläufig eine Belastung Dritter, nämlich der Krankenkassen zur Folge hätte. Grenze der Tarifautonomie ist aber jedenfalls Art. 3 I GG. Muß daher ein Tarifvertrag auch mit dem Gleichbehandlungsgrundsatz in Einklang stehen, ist eine wirksame Verkürzung der sechswöchigen Bezugsdauer nur zu Lasten sonstiger Angestellter nicht möglich. Der Verstoß des § 616 II 2 BGB gegen den Gleichheitssatz wirkt sich zwangsläufig auch auf die darauf basierenden tariflichen Regelungen aus, so daß Besonderheiten für Handlungsgehilfen nicht denkbar sind.

II. Anrechnung, § 63 II HGB / § 616 I 2 BGB

Gem. § 63 II HGB ist zugunsten der Handlungsgehilfen zwingend vorgeschrieben, daß er nicht verpflichtet ist, sich den Betrag anrechnen zu lassen, der ihm für die Zeit der Verhinderung aus einer Kranken- oder Unfallversicherung zukommt. Gegenteiliges bestimmt hingegen die allgemeine Regelung in § 616 I 2 BGB, wonach sich der zur Dienstleistung Verpflichtete den Betrag anrechnen lassen muß, welcher ihm für die Zeit der Verhinderung aus einer auf Grund gesetzlicher Verpflichtung bestehenden Kranken- oder Unfallversicherung zukommt.

Obgleich im Entwurf des Handelsgesetzbuchs erklärt worden war, es könne von § 616 I 2 BGB für Handlungsgehilfen aus Rücksichtnahme auf andere Personen keine Ausnahme gemacht werden,[22] entschied man sich doch, den Handlungsgehilfen die gewünschte Bevorzugung zu gewähren.[23] Da die Anrechnungspflicht des § 616 I 2 BGB nur Beträge erfaßt, die der Arbeitnehmer im Rahmen seiner Versicherung kraft Gesetzes gem. § 5 I Nr. 1 SGB V bzw. § 539

---

[22] Siehe Denkschrift zum Entwurf eines Handelsgesetzbuchs, S. 237, abgedruckt bei *Schubert/Schmiedel/Krampe*, S. 997.

[23] Zur bereits damals nur eingeschränkten Relevanz wegen Art. 1 IV KrankenversG *Bail*, S. 160; *Langrehr*, S. 32 f.

I Nr. 1 RVO erhält,[24] scheint § 63 II HGB eine positive Besonderheit für pflichtversicherte Handlungsgehilfen zu begründen. Ob der Unterschied im Wortlaut der Normen heute noch eine Besonderheit bewirkt, kann nur im Zusammenhang mit den sozialversicherungsrechtlichen Regelungen beantwortet werden.[25]

1. Barleistungen

Soweit es um Barleistungen der Kranken- oder Unfallversicherung geht, wirken sich die unterschiedlichen Anrechnungsregeln nicht mehr aus.[26]

Für Beträge aus der gesetzlichen Kranken- und Unfallversicherung kraft Versicherungsberechtigung, die zwar von § 63 II 1 HGB, nicht aber von § 616 I 2 BGB erfaßt werden, kann trotz der unterschiedlichen Reichweite der Normen wegen § 616 II 1 BGB keine Anrechnungspflicht durch entsprechende Vereinbarung begründet werden, so daß bereits aus diesem Grund eine unterschiedliche Behandlung ausscheidet.[27]

Für die Gewährung von Krankengeld folgt der Wegfall einer Besonderheit aus § 49 Nr. 1 SGB V,[28] wonach der Anspruch auf Krankengeld ruht, soweit und solange der Versicherte Arbeitsentgelt erhält. Die Möglichkeit einer Anrechnung scheidet aus den gleichen Gründen gem. §§ 560 I 2, 658 V RVO für die Leistung von Verletzten- bzw. Übergangsgeld in der Unfallversicherung aus. Andere Geldleistungen, die nur Mehraufwendungen der Arbeitnehmer ersetzen sollen, kommen mangels ihrer Lohnersatzfunktion für eine Anrechnung von vornherein nicht in Betracht.

2. Sachleistungen

Problematisch ist aber, ob im Bereich der Sachleistungen wegen Fehlens einer entsprechenden sozialversicherungsrechtlichen Regelung Besonderheiten bestehen.

---

[24] Ungenau ist die unter anderem bei *Soergel/Kraft*, § 616 Rdnr. 45 anzutreffende Formulierung, die von einer gesetzlichen Kranken- oder Unfallversicherung spricht, da darunter auch die freiwillige Versicherung gem. §§ 9, 10 SGB V bzw. §§ 543-545 RVO fällt, die aber nicht von § 616 I 2 BGB erfaßt wird.

[25] Dies verkennen *Baumeister*, S. 49 und *Naendrup*, ZfA 1984, 383, 387.

[26] Einhellige Meinung; vgl. *Becker*, DB 1987, 167, 169; *Brackmann*, S. 388 g; *Erman/Hanau*, § 616 Rdnr. 80; *Mittelmeier*, S. 29; MünchKomm-*Schaub*, § 616 Rdnr. 116; *Schmatz/Fischwasser*, L 410; *Thome*, S. 219.

[27] Dies verkennt *Fluhr*, S. 46, der insoweit eine Besserstellung gem. § 63 II HGB betont.

[28] Vormals § 189 RVO.

So wird immer wieder ausgeführt, daß die Krankenhausbehandlung gem. § 39 SGB V[29] nach § 616 I 2 BGB anzurechnen sei, wenn ein Teil des Gehalts in freier Verpflegung bestehe.[30] Ob daraus Besonderheiten für Handlungsgehilfen resultieren, bleibt unklar. So wird teilweise ein Unterschied festgestellt[31] bzw. eine verfassungswidrige Ungleichbehandlung aufgezeigt;[32] andererseits wird aber auch eine übereinstimmende Behandlung vertreten, da sich § 63 II HGB nur auf Barleistungen beziehe und damit eine Anrechnungspflicht auch für Handlungsgehilfen bestehe.[33]

Maßgebend scheint, ob Sachleistungen unter das Tatbestandsmerkmal "Betrag" subsumiert werden können. Der Wortlaut legt zwar eher eine Barleistung nahe,[34] da aber eine Vergütung gem. §§ 63 I 1 HGB, 616 I 1 BGB auch Sachleistungen umfassen kann, ist die Berücksichtigung ihres Wertes vergleichbar mit § 617 I 3 BGB als anrechenbarer Faktor nicht abwegig.[35]

Entscheidend wird aber folgende Überlegung, die das Problem in den Regelungsbereich der §§ 616 I 1 BGB, 63 I 1 HGB vorverlagert und gleichzeitig eine Subsumtion von Sachleistungen unter § 616 I 2 BGB bzw. § 63 II HGB versperrt. Eine Anrechnung setzt zwingend voraus, daß überhaupt ein Anspruch besteht, der einer Anrechnung zugänglich ist. Hat sich der Arbeitgeber verpflichtet, auch Sachleistungen zu übernehmen, so schuldet er diese, gegebenenfalls in Form einer Barabgeltung nach dem Lohnausfallprinzip auch im Krankheitsfall des Arbeitnehmers.[36] Zur Grenze wird aber der einer Gehaltsfortzah-

---

[29]Vormals § 184 RVO.

[30]Vgl. *Becker*, DB 1987, 167, 169; *Jäger*, S. 54, 55; MünchKomm-*Schaub*, § 616 Rdnr. 116; *Raatz*, S. 156 Fn. 92.; *Richardi*, AR, 5. Aufl., S. 30 Fn. 15, inzwischen wohl anders in AR, 6. Aufl., S. 30 Fn. 15; *Schmatz/Fischwasser*, L 410; *Thome*, S. 219 f. Ohne Einschränkungen sogar *Feichtinger*, Krankheit im Arbeitsverhältnis, S. 80.

[31]I.d.S. *Hueck/Nipperdey*, I, S. 345 Fn. 96 e; MünchKomm-*Schaub*, § 616 Rdnr. 116; *Richardi*, AR, 5. Aufl., S. 30 Fn. 15; *Schmatz/Fischwasser*, L 410.

[32]So *Becker*, DB 1987, 167, 169.

[33]I.d.S. *Erman/Hanau*, § 616 Rdnr. 78; *Etzel* in GK-HGB, § 63 Rdnr. 33; *Schlegelberger/Schröder*, § 63 Rdnr. 8; *Thome*, S. 220.

[34]I.d.S. insb. die ältere Rspr. und Lit.; vgl. *RAG* vom 4. 2. 1931, ARS 11, 239, 242; *RAG* vom 17. 6. 1933, ARS 18, 170, 173 f., das die Krankenhauspflege nur deswegen berücksichtigte, weil diese damals anstelle von Krankenpflege und Krankengeld gewährt werden konnte und damit ein vom Gesetz gleich bewerteter Ersatz für eine Barleistung darstellte; ohne weiteres *Erdel*, S. 75; *Staudinger/Nipperdey/Mohnen/Neumann*, § 616 Rdnr. 40 ff., 79.

[35]I.d.S. auch *BAG* vom 22. 9. 1960, Bd. 10, 23, 28.

[36]Inzwischen h.M.; instruktiv *LAG Hamburg* vom 23. 12. 1935, JW 1936, 1259; *Hueck/Nipperdey*, I, S. 336; *Erdel*, S. 75; *Soergel/Kraft*, § 616 Rdnr. 42, 43.

lung innewohnende Fürsorgegedanke, wonach dem Arbeitnehmer nicht ermöglicht werden soll, seinen Lebensstandard zu verbessern. Der Abzug einer mit der geschuldeten Naturalleistung deckungsgleichen Sachleistung, die der Arbeitnehmer im Rahmen der Krankenhauspflege erhält, ist aber damit keine Frage der Anrechnung im Rahmen der §§ 63 II 1 HGB, 616 I 2 BGB, sondern eine gebotene Reduktion des Anspruchsinhalts gem. § 63 I 1 HGB bzw. § 616 I 1 BGB.[37]

Damit sind die Anrechnungsbestimmungen aber nicht "mehr oder weniger obsolet"[38]. Sie haben vielmehr ihre Bedeutung vollkommen eingebüßt und vermögen keine Besonderheiten mehr zu begründen.

III. Zusammenfassung

Im Krankheitsfall des Handlungsgehilfen vermag § 63 HGB keine Besonderheiten mehr zu begründen. Die nach dem Wortlaut bestehenden Unterschiede sind ohne Auswirkungen, da zum einen tarifliche Regelungen schon aufgrund der verfassungswidrigen Grundlage des § 616 II 2 BGB, zumindest aber wegen eines eigenen Verstoßes gegen Art. 3 I GG nichtig sind und zum anderen die Anrechnungsbestimmungen vor allem infolge des Zusammenspiels mit sozialversicherungsrechtlichen Normen ihre Bedeutung verloren haben.

B. Besonderheiten bei sonstigem Unglück, § 63 HGB / § 616 I BGB

Da § 63 HGB als Anlaß der Verhinderung ein Unglück nennt, sollte zwar vor allem, aber nicht nur der Krankheitsfall geregelt werden.[39] Außerhalb der Fälle eigener Krankheit stehen sich damit die Sondernorm in § 63 HGB und die allgemeine Regelung in § 616 I BGB zum Vergleich gegenüber.

Der Handlungsgehilfe behält gem. § 63 I HGB auch bei einer Verhinderung durch sonstiges unverschuldetes Unglück seinen unabdingbaren Vergütungs-

---

[37] Ähnlich *BAG* vom 22. 9. 1960, Bd. 10, 23 ff.

[38] So *Thome*, S. 219; ähnlich auch *Brackmann*, S. 388 g; *Erman/Küchenhoff*, § 616 Rdnr. 67; *Landmann/Rohmer/Neumann*, § 133 c Rdnr. 31; MünchKomm-*Schaub*, § 616 Rdnr. 116; *Schmatz/Fischwasser*, L 410.

[39] Vgl. statt vielen *Düringer/Hachenburg/Hoeniger*, § 63 Anm. 2; *Heymann/Kötter*, § 63 Anm. 2; *Schubert/Schmiedel/Krampe*, S. 996; *Titze*, S. 757 f.; *Würdinger* in RGRK-HGB, § 63 Anm. 1 a, 2 a.

anspruch, der ihm auch trotz Beendigung des Arbeitsverhältnisses durch Kündigung in den gem. § 63 I 4, 5 HGB genannten Fällen erhalten bleibt. Desweiteren wird der Handlungsgehilfe durch das unabdingbare Anrechnungsverbot des § 63 II HGB geschützt. Demgegenüber besagt § 616 I 1 BGB lediglich, daß der zur Dienstleistung Verpflichtete des Anspruchs auf die Vergütung nicht dadurch verlustig wird, daß er für eine verhältnismäßig nicht erhebliche Zeit durch einen in seiner Person liegenden Grund ohne sein Verschulden an der Dienstleistung verhindert wird, wobei § 616 I 2 BGB eine Anrechnungspflicht bestimmter Beträge statuiert.

I. Anwendungsbereich

Ausgangspunkt der Überlegung ist, in welchem Verhältnis das Tatbestandsmerkmal Unglück zu dem des persönlichen Grundes steht, um damit die Fälle einer etwaigen Ungleichbehandlung zu erfassen. Unter einem Unglück versteht man jedes nachteilige, vom normalen Verlauf des Lebensganges abweichende, unerwartete Ereignis, welches den zur Dienstleistung Verpflichteten unmittelbar oder mittelbar in seiner Person betrifft, ihn wider seinen Willen belastet und nach der Verkehrsanschauung als Nachteil empfunden wird.[40] Diesem als Leid oder Mißgeschick empfundenen Ereignis[41] steht ein subjektives Leistungshindernis gegenüber, das sich aus Eigenschaften und Umständen ergibt, die in der Person des verhinderten Arbeitnehmers oder in seiner Sphäre begründet sind.[42]

Obgleich damit das Tatbestandsmerkmal "Unglück" als Negativereignis das engere ist, begründet § 63 HGB aber keine Benachteiligung der Handlungsgehilfen in den übrigen Fällen eines neutralen oder freudigen Ereignisses, da dort § 616 I BGB als ergänzende Regelung auch für ihn gilt.[43] Dies folgt bereits aus dem Verhältnis von lex specialis und lex generalis, im übrigen aber auch aus dem Wortlaut des § 616 I BGB, der auch den Handlungsgehilfen erfaßt und als jüngere Norm die sonst gebotene Einschränkung missen läßt.

---

[40]Vgl. *BAG* vom 8. 9. 1982, AP Nr. 59 zu § 616 BGB unter I 2 m.w.N.; *Etzel* in GK-HGB, § 63 Rdnr. 4 ff.; *Heymann/Honsell*, § 63 Rdnr. 11, 12; MünchKomm-*Schaub*, § 616 Rdnr. 29; *Schlegelberger/Schröder*, § 63 Rdnr. 3.

[41]So die kürzere Definition in *BAG* vom 17. 11. 1960, AP Nr. 21 zu § 63 HGB unter 2 a.

[42]Vgl. *BAG* vom 8. 9. 1982, AP Nr. 59 zu § 616 BGB unter II 2; *LAG Hamm* vom 6. 11. 1979, EzA Nr. 19 zu § 616 BGB; MünchKomm-*Schaub*, § 616 Rdnr. 7; *Palandt/Putzo*, § 616 Anm. 2 a aa.

[43]Einhellige Meinung; vgl. statt vielen *BAG* vom 17. 4. 1959, Bd. 7, 347, 350, 351; *BAG* vom 20. 6. 1979, AP Nr. 49 zu § 616 BGB; *BAG* vom 8. 9. 1982, AP Nr. 59 zu § 616 BGB unter I 1 a; *Palandt/Putzo*, § 616 Anm. 1 b; *Schaub*, § 97 IV 1, S. 627; *Schlegelberger/Schröder*, § 63 Rdnr. 3; *Schubert/Schmiedel/Krampe*, S. 997; *Soergel/Kraft*, § 616 Rdnr. 3, 52.

Andererseits soll § 63 HGB nicht dergestalt begünstigen, daß entgegen § 616 I BGB ein sogenanntes objektives Unglück, wie etwa eine Naturkatastrophe oder allgemeine Verkehrsstörungen, als Verhinderungsfall anerkannt wird. Während Ereignisse, die alle Arbeitnehmer oder einen großen Teil der Belegschaft des Betriebs gleichmäßig treffen, als objektive Leistungshindernisse bereits vom Wortlaut des § 616 I BGB nicht erfaßt werden,[44] scheiden sie im Rahmen des § 63 HGB aufgrund einer historischen und teleologischen Auslegung aus. Da der Handlungsgehilfe infolge des Unglücks verhindert sein muß, wird damit ein spezifischer Bezug zwischen dem Unglück und dem Arbeitnehmer hergestellt, der trotz fehlender Arbeitsleistung Zahlung seiner Vergütung begehrt sowie dem in § 63 HGB innewohnenden Gefahrtragungs- und Fürsorgegedanken gebührend Rechnung getragen.[45]

Um diesen von § 63 HGB abgedeckten Teilbereich subjektiver Leistungshindernisse, die ein Unglück darstellen, geht es im folgenden.[46] Gemeint sind die unmittelbaren, d.h. nur die Person des Handlungsgehilfen betreffenden Fälle, etwa eine Reifenpanne, eine ungerechtfertige Untersuchungshaft oder Quarantäne sowie die mittelbaren, ihn also nur in der Folgewirkung erfassenden Vorfälle, wie beispielsweise die Krankheit oder der Tod von Angehörigen.

II. Ungleichbehandlung

1. Anspruchsdauer, § 63 I 1 HGB / § 616 I 1 BGB

Während § 63 HGB dem Handlungsgehilfen einen Anspruch für maximal sechs Wochen gewährt und damit von der Prüfung befreit, ob der Arbeitnehmer eine verhältnismäßig nicht erhebliche Zeit verhindert ist, rückt die Verhinderungsdauer als Tatbestandsmerkmal des § 616 I 1 BGB in den Mittelpunkt. Da ein Zeitraum von sechs Wochen gem. § 616 II 2 BGB nur für die Verhinderung infolge Krankheit als verhältnismäßig kurz gilt, hat im Rahmen des § 616 I BGB eine Überprüfung der Umstände des Einzelfalles zu erfolgen. Dabei wird insbesondere das Verhältnis von Verhinderungszeit zur bereits vergangenen und noch

---

[44] H.M.; vgl. *BAG* vom 8. 12. 1982, AP Nr. 58 zu § 616 BGB; *BAG* vom 8. 9. 1982, AP Nr. 59 zu § 616 BGB; MünchKomm-*Schaub*, § 616 Rdnr. 7; *Thome*, S. 122 f. A.A. *Moll*, RdA 1980, 138 ff., dessen Ausführungen aber gleichermaßen auch zu § 63 HGB passen und deswegen dahingestellt bleiben. Gleiches gilt für die Annahme eines subjektiven Leistungshindernisses trotz Naturkatastrophe; vgl. *BAG* vom 24. 3. 1982, BB 1982, 1547, 1548; *BAG* vom 8. 9. 1982, AP Nr. 59 zu § 616 BGB unter II 2; *BAG* vom 9. 3. 1983, DB 1983, 1496.

[45] Ähnlich *Thome*, S. 49, 50, 122 f.

[46] Zu problematischen Einzelfällen vgl. *Thome*, S. 92 f.

zu erwartenden Dauer des Arbeitsverhältnisses bewertet,[47] wobei zum Teil auch die Länge der Kündigungsfrist,[48] betriebliche Gesichtspunkte[49] oder die für den Verhinderungsgrund objektiv notwendige Zeit als Bestimmungskriterien angeführt werden.[50] Eine Dauer von sechs Wochen soll danach - wenn überhaupt - erst bei einer Beschäftigung von mehr als sechs Jahren erreicht werden.[51]

§ 63 HGB begründet damit eine positive Besonderheit in den Fällen, in denen die Verhinderungsdauer eine verhältnismäßig erhebliche Zeit ausmacht, da dort nach § 616 I BGB entweder überhaupt kein Anspruch[52] oder eine Forderung nur für die erste verhältnismäßig nicht erhebliche Zeit besteht.[53] Gleiches gilt bei mehreren Verhinderungsfällen infolge desselben Hinderungsgrundes, wenn die zusammengerechneten Fehlzeiten nicht mehr verhältnismäßig unerheblich sind.[54] Verhältnismäßig nicht erhebliche Fehlzeiten von mehr als sechs Wochen[55] sind hingegen unter dem Aspekt der Besonderheiten bedeutungslos, da

---

[47]H.M.; vgl. *Erman/Küchenhoff,* § 616 Rdnr. 49 f.; MünchKomm-*Schaub,* § 616 Rdnr. 18; *Palandt/Putzo,* § 616 Anm. 2 a bb; *Schaub,* § 97 II 3, S. 625; *Schmatz/Fischwasser,* L 315 f.; *Soergel/Kraft,* § 616 Rdnr. 28.

[48]Vgl. *Schaub,* § 97 II 3, S. 625; *Zöllner,* S. 193.

[49]Vgl. *Erman/Küchenhoff,* § 616 Rdnr. 51.

[50]Vgl. *Schaub,* § 97 II 3, S. 625.

[51]I.d.S. *Becker,* DB 1987, 167 m.w.N. in Fn. 6; gegen das Erreichen einer sechswöchigen Dauer *Schaub,* § 97 II 3, S. 626 mit allerdings falscher Bezugnahme auf BAG vom 20. 7. 1977, AP Nr. 47 zu § 616 BGB, da dort im Falle der Erkrankung naher Angehöriger nur entschieden wurde, daß eine verhältnismäßig nicht erhebliche Zeit wegen § 616 II BGB jedenfalls dann entfällt, wenn die Verhinderung länger als sechs Wochen dauert; vgl. auch *Marburger,* S. 17 f., der bei dem mit einer Krankheit vergleichbaren Fall des Beschäftigungsverbots eines arbeitsfähigen Ausscheiders eine sechswöchige Anspruchsdauer bejaht.

[52]So die H.M.; vgl. *BAG GS* vom 18. 12. 1959, Bd. 8, 314, 322 ff.; *BAG* vom 20. 7. 1977, AP Nr. 47 zu § 616 BGB unter 1.; *BAG* vom 7. 6. 1978, AP Nr. 35 zu § 63 HGB; *Hueck,* Urteilsanmerkung zu BAG vom 24. 2. 1955, Bd. 1, 338; *Hueck/Nipperdey,* I, S. 335 f.; MünchKomm-*Schaub,* § 616 Rdnr. 18; *Palandt/Putzo,* § 616 Anm. 2 a bb, 2 b; *Soergel/Kraft,* § 616 Rdnr. 31.

[53]I.d.S. *BAG* vom 24. 2. 1955, Bd. 1, 338 ff.; *Denecke,* RdA 1953, 412, 414; *Fluhr,* S. 52-55; *Zöllner,* S. 193.

[54]Für eine Addition *Löwisch,* DB 1979, 209, 210 f.; *Schaub,* § 97 II 3, S. 626; *Staudinger/Nipperdey/Mohnen/Neumann,* § 616 Rdnr. 20. A.A. die h.M.; vgl. *Hueck/Nipperdey,* I, S. 334 f.; *Schmatz/Fischwasser,* L 316.

[55]Für eine zeitliche Höchstgrenze von sechs Wochen *BAG* vom 20. 7. 1977, AP Nr. 47 zu § 616 BGB unter 1. bei der Erkrankung naher Angehöriger; auch in anderen Fällen befürwortend *Thome,* S. 139.

dann § 63 HGB als begünstigende Sondernorm den Rückgriff auf § 616 I BGB nicht versperren würde.

Die festgestellten Besonderheiten sind jedoch weitgehend theoretischer Natur. Dies liegt daran, daß in den häufigen Fällen der Autopanne oder des Trauerfalles in der Familie die Verhinderung nur wenige Stunden oder allenfalls Tage dauert, so daß sich § 63 HGB nur bei einer kurzzeitigen Beschäftigung, die zudem auch nicht auf Dauer angelegt ist, auswirken kann. Bei der länger dauernden Verhinderung infolge eines seuchenpolizeilichen Beschäftigungsverbots wird kraft Gesetzes gem. § 49 BSeuchenG eine bevorzugte Behandlung beseitigt, da bei Fehlen eines arbeitsvertraglichen Anspruchs eine Forderung gem. § 49 IV BSeuchenG gegen den Arbeitgeber gewährt wird. Deswegen aber eine verfassungswidrige Ungleichbehandlung zu verneinen,[56] ist verfrüht. Zu bedenken bleibt die Ungleichbehandlung der Arbeitgeber von Handlungsgehilfen, da sie infolge ihrer gem. § 63 HGB bestehenden Verpflichtung keinen Rückgriffsanspruch gegen die Behörde gem. § 49 IV 2 BSeuchenG geltend machen können. Gleiches gilt auch für die unschuldig erlittene Untersuchungshaft im Inland, da zwar die Arbeitnehmer gem. § 63 HGB und §§ 2 ff. StrEG gleichgestellt werden, nicht aber ihre Arbeitgeber. Neben der denkbaren Untersuchungshaft im Ausland bleiben nur die Fälle der Erkrankung von Familienangehörigen, an denen sich denn auch der Streit um die rechtliche Bewertung entzündet hat.

2. Unabdingbarkeit, § 63 I 5 HGB / § 616 I BGB

Gravierend wird die Besonderheit allerdings hinsichtlich der Abdingbarkeit des Anspruchs. Während § 63 I 5 HGB den Anspruch zugunsten der Handlungsgehilfen für unabdingbar erklärt, fehlt eine entsprechende Vorschrift in § 616 I BGB. Aufgrund eines Umkehrschlusses zu § 616 II 1 BGB und § 619 BGB wird daher der Anspruch nach § 616 I BGB für abdingbar gehalten.[57] Dafür spricht auch die historische Auslegung, da die am 1. 12. 1930 geschaffene Unbeschränkbarkeit der Ansprüche gem. §§ 63 HGB, 133 c GewO, 616 BGB bereits einige Tage später durch einen Berichtigungsbeschluß, jedenfalls aber formwirksam durch die 2. NotVO vom 5. Juni 1931, ausdrücklich und nur für § 616 BGB auf den Krankheitsfall begrenzt wurde. Zwar wurde auch § 63 I 5 HGB[58]

---

[56] I.d.S. *Thome*, S. 89, 143.

[57] Einhellige Meinung; vgl. *BAG* vom 20. 6. 1970, AP Nr. 51 zu § 616 BGB und Urteilsanmerkung von *Herschel* unter I; *BAG* vom 25. 8. 1982, AP Nr. 55 zu § 616 BGB; *BAG* vom 8. 9. 1982, AP Nr. 59 zu § 616 BGB; *BAG* vom 27. 4. 1983, AP Nr. 61 zu § 616 BGB; *Asshauer*, S. 10; *Erman/Küchenhoff*, § 616 Rdnr. 7; *Mittelmeier*, S. 3; MünchKomm-*Schaub*, § 616 Rdnr. 20; *Palandt/Putzo*, § 616 Anm. 1 d.

[58] Vormals § 63 I 2 HGB.

erlassen, um die nur subsidiäre Leistungspflicht der Krankenkassen gem. § 189 RVO zu garantieren und dem Begehren nachzukommen, den Anspruch wegen des sonst entwerteten § 63 II HGB gerade beim Krankheitsfall für unabdingbar zu erklären.[59] Deswegen aber eine versehentlich unterbliebene Einschränkung auch des § 63 I 5 HGB auf den Krankheitsfall zu vermuten,[60] vermag in Anbetracht der berichtigenden Begrenzung nur des § 616 BGB ein halbes Jahr nach der geschaffenen Unabdingbarkeit und damit in Kenntnis der Rechtsfrage nicht zu überzeugen.[61]

§ 63 I 5 HGB begründet damit zugunsten der Handlungsgehilfen die Besonderheit, daß ihr Anspruch in sonstigen Unglücksfällen nicht beschränkt oder ausgeschlossen werden kann.

3. Kündigung, § 63 I 3, 4 HGB / § 616 I BGB

a) § 63 I 3 HGB

Gem. § 63 I 3 HGB behält der Handlungsgehilfe seinen Anspruch auch dann, wenn der Arbeitgeber das Dienstverhältnis aus Anlaß dieser Verhinderung kündigt. Für den auf § 616 I BGB angewiesenen Arbeitnehmer gilt gem. § 616 II 4 BGB nur bei der Anlaßkündigung wegen Krankheit das Gleiche, so daß er bei einer Kündigung wegen sonstigen Unglücks seinen Anspruch verliert. Obgleich beide Normen durch das 1. ArbRBerG eingefügt wurden, um eine Gleichbehandlung zu gewähren, bezieht sich § 63 I 3 HGB nach Wortlaut und Stellung nicht nur auf den Krankheitsfall,[62] so daß eine positive Besonderheit für Handlungsgehilfen vorliegt.

Diese so angelegte Ungleichbehandlung wird indessen durch die Kündigungsvorschriften weitgehend entschärft. Entscheidet sich der Arbeitgeber für eine ordentliche Kündigung, hat § 63 I 3 HGB wegen der Kündigungsfristen gem. § 622 BGB kaum Bedeutung. So kommt die Regelung infolge der gem. § 622 I 1 BGB ohnehin sechs Wochen betragenden Kündigungsfrist zum Schluß eines

---

[59]Dazu *Baum*, JW 1931, 1217 m.w.N.; *Fluhr*, S. 47; *Titze*, S. 760, 761; für eine Unabdingbarkeit im umfassenden Sinne hingegen *Bail*, S. 160; *Düringer/Hachenburg/Hoeniger*, § 63 Anm. 8.

[60]I.d.S. *BAG* vom 7. 6. 1978, AP Nr. 35 zu 63 HGB unter III 1; *Becker*, DB 1987, 167, 168; *Löwisch*, DB 1979, 209, 210; *Thome*, S. 217.

[61]I.E. ebenso *Baum*, JW 1931, 1217, 1218; *Staudinger/Nipperdey/Mohnen/Neumann*, § 616 Rdnr. 80. A.A. damals *Bittighofer*, S. 18 f. Vgl. auch *Loddenkemper*, S. 95, der dann jedenfalls eine gewohnheitsrechtliche global zwingende Wirkung annimmt.

[62]Zu eng daher *Becker*, DB 1987, 167, 170.

Kalendervierteljahres[63] und neuerdings wegen der Unvereinbarkeit der Zweiwochenfrist gem. § 622 II 1 BGB mit Art. 3 I GG[64] nicht zum Tragen. Ähnliches gilt auch für die nach §§ 622 I 2, 622 II 2 BGB mögliche Mindestfrist von einem Monat zum Monatsende, so daß sich § 63 I 3 HGB nur noch bei kürzeren Kündigungsfristen i.S.d. § 622 III, IV BGB auswirken kann. Will der Arbeitgeber das Arbeitsverhältnis wegen der Verhinderung außerordentlich kündigen, so dürfte eine solche Kündigung wegen der nach § 626 I BGB durchzuführenden Interessenabwägung ohnehin unwirksam sein bzw. ein Anspruch gem. § 63 I 1 HGB aufgrund eines sonst naheliegenden verschuldeten Unglücks bereits nicht bestehen.

b) § 63 I 4 HGB

Gem. § 63 I 4 HGB behält der Handlungsgehilfe auch dann seinen Anspruch, wenn er das Dienstverhältnis aus einem vom Arbeitgeber zu vertretenden Grunde kündigt, der den Handlungsgehilfen zur Kündigung aus wichtigem Grund ohne Einhaltung einer Kündigungsfrist berechtigt. Diese Norm wurde zusammen mit dem gleichlautenden § 616 I 4 BGB eingefügt, wobei sich letztere Bestimmung aufgrund einer systematischen Auslegung wiederum nur auf den sechswöchigen Anspruch des kranken Angestellten bezieht.

Da auch der Arbeitnehmer die ordentliche Kündigungsfrist einzuhalten hat, ist sein Anspruch in der Regel zeitlich abgedeckt, so daß § 63 I 4 HGB allenfalls bei einer außerordentlichen Kündigung Bedeutung gewinnen kann. Liegen aber die Tatbestandsvoraussetzungen des § 63 I 4 HGB und namentlich der vom Arbeitgeber zu vertretende Grund vor, kommt ein gleicher Schutz nach der Regelung gem. § 628 II BGB in Betracht.

Nach dieser Norm steht dem außerordentlich Kündigenden ein Schadensersatzanspruch zu, wenn die Kündigung durch vertragswidriges Verhalten des anderen Teiles veranlaßt wird. Zwar spricht § 628 II BGB anders als § 63 I 4 HGB nicht von einem zu vertretenden Grund, sondern von einem vertragswidrigen Verhalten des Kündigungsempfängers. Da jedoch auch § 628 II BGB schuldhaftes Verhalten voraussetzt[65] und zum anderen ein zu vertretender Grund zur Kündigung nach § 626 BGB nur bei vertragswidrigem Verhalten be-

---

[63] Vgl. auch die noch längeren Kündigungsfristen gem. § 2 AngKündG.

[64] Vgl. *BVerfG* vom 30. 5. 1990, NJW 1990, 2246 ff.

[65] Vgl. statt vielen *Erman/Küchenhoff*, § 628 Rdnr. 12 m.w.N.; *Gessert*, S. 14. 15; *v. Hoyningen-Huene*, Kündigungsvorschriften, § 628 Anm. 3; MünchKomm-*Schwerdtner*, § 628 Rdnr. 14; *Palandt/Putzo*, § 628 Anm. 3 a.

rechtigt,[66] bestehen auf der Tatbestandsseite keine unterschiedlichen Anforderungen. Aufgrund der Verpflichtung, den durch die Aufhebung des Dienstverhältnisses entstandenen Schaden zu ersetzen, hat der Arbeitgeber dem Arbeitnehmer vor allem die entgangene Vergütung zu gewähren.[67] Ob die Schadensersatzpflicht auch über den Ablauf einer ordentlichen Kündigungsfrist hinausgeht,[68] sei dahingestellt, da die verhältnismäßig nicht erhebliche Zeit des § 616 I BGB und regelmäßig sogar die sechswöchige Dauer abgedeckt sind. Da der Anspruch gem. § 628 II BGB wie der Vergütungsanspruch nach §§ 196 Nr. 8, 9 BGB in zwei Jahren verjährt,[69] bleibt ein Unterschied nur aufgrund der möglichen Abdingbarkeit des § 628 II BGB.[70]

4. Anrechnung, § 63 II HGB / § 616 I 2 BGB

Auch in den Fällen sonstigen Unglücks ist der Handlungsgehilfe entgegen § 616 I 2 BGB nicht verpflichtet, sich die ihm zukommenden Beträge aus einer Kranken- oder Unfallversicherung anrechnen zu lassen.

Besonderheiten bestehen gleichwohl nicht. Im Rahmen der Krankenversicherung stellt nur die Krankheit des Kindes einen geeigneten Versicherungsfall dar, so daß sonstige Unglücksfälle mangels einer sozialversicherungsrechtlichen Relevanz für eine Anrechnung von vornherein bedeutungslos sind. Da aber gem. §§ 45, 49 Nr. 1 SGB V Krankengeld aufgrund seiner Lohnersatzfunktion nur gewährt wird, soweit und solange der Versicherte kein beitragspflichtiges Arbeitsentgelt erhält, scheidet die Möglichkeit einer Anrechnung aus.

Im Bereich der Unfallversicherung kommt als geeigneter Versicherungsfall gem. §§ 548 - 552 RVO nur ein Arbeitsunfall in Betracht, der einen Körperschaden zur Folge hat, so daß bei einem Arbeitsunfall bereits eine Verhinderung infolge eigener Krankheit vorliegt. Der Arbeitsunfall eines Familienangehörigen ist irrelevant, da Leistungen an den Arbeitnehmer als Lohnersatz bei Betreuung oder Pflege nicht vorgesehen sind.

---

[66] Vgl. statt vielen *v. Hoyningen-Huene*, Kündigungsvorschriften, § 626 Anm. 9.

[67] Vgl. *Erman/Küchenhoff*, § 628 Rdnr. 6, 7; *Gessert*, S. 132 f.; MünchKomm-*Schwerdtner*, § 628 Rdnr. 19, 22; *Palandt/Putzo*, § 628 Anm. 3 b; *Weiss*, JuS 1985, 593, 594.

[68] Str.; vgl. *Erman/Küchenhoff*, § 628 Rdnr. 13; MünchKomm-*Schwerdtner*, § 628 Rdnr. 23 ff.; *Palandt/Putzo*, § 628 Anm. 3 b; *Weiss*, JuS 1985, 593, 594 f.

[69] Dazu *Erman/Küchenhoff*, § 628 Rdnr. 14; *Gessert*, S. 216, 217.

[70] Str.; für eine Abdingbarkeit *Erman/Küchenhoff*, § 628 Rdnr. 1; *Palandt/Putzo*, § 628 Anm. 1 b unter Berufung auf die nur für § 628 I BGB getroffene Entscheidung des BGH vom 4. 6. 1970, Bd. 54, 106. A.A. *Gessert*, S. 68 f.; MünchKomm-*Schwerdtner*, § 628 Rdnr. 33; *Soergel/Kraft*, § 628 Rdnr. 2; *Staudinger/Nipperdey/Mohnen/Neumann*, § 628 Rdnr. 45 i.V.m. § 622 Rdnr. 33.

5. *Zusammenfassung*

Zusammenfassend bleibt festzuhalten, daß § 63 HGB in den Fällen sonstigen Unglücks, also bei Verhinderungen ohne eigene Krankheit, Besonderheiten im Handlungsgehilfenverhältnis begründet.

Wegen der sechswöchigen Bezugsdauer bevorzugt § 63 I 1 HGB die Handlungsgehilfen bei einer verhältnismäßig langen Verhinderung und benachteiligt ihre Arbeitgeber darüber hinaus in den Fällen eines seuchenpolizeilichen Beschäftigungsverbots, da für sie ein Rückgriffsanspruch gegen die Behörde nach dem BSeuchenG nicht in Betracht kommt. Wesentlich ist desweiteren die Unabdingbarkeit des Anspruchs gem. § 63 I 5 HGB, die sich noch einmal bei der außerordentlichen Kündigung des Handlungsgehilfen im Rahmen des § 63 I 4 HGB gegenüber dem abdingbaren Anspruch gem. § 628 II BGB auswirken kann. Letztlich bleibt noch § 63 I 3 HGB zu erwähnen, der den ordentlich gekündigten Handlungsgehilfen in den Fällen einer kürzeren Kündigungsfrist gem. § 622 III, IV BGB besserstellt.

Um echte Besonderheiten handelt es sich freilich nicht, da zum einen seit Inkrafttreten des BundesBergG von 1980 für die kaufmännisch tätigen Bergbauangestellten § 63 HGB ebenfalls gilt[71] und zum anderen die für technische Angestellte getroffene Regelung in § 133 c GewO bis auf die Anrechnungspflicht mit § 63 HGB identisch ist.

III. Verfassungswidrigkeit

Eine abweichende Behandlung von der allgemeinen Regelung erfahren in den oben genannten Fällen die Handlungsgehilfen, die kaufmännisch tätigen Bergbauangestellten und die technischen Angestellten.

Da gem. Art. 3 I GG alle Menschen vor dem Gesetz gleich sind, müssen sachliche Gründe die Ungleichbehandlung rechtfertigen.

Da § 63 I HGB keine echten Besonderheiten begründet, kommt die Handlungsgehilfeneigenschaft von vornherein als Sachgesichtspunkt nicht in Betracht. Die für den Handlungsgehilfen wesentliche Besonderheit der Leistung kaufmännischer Dienste bei einem Kaufmann wird sogar bedeutungslos, da der Gesetzgeber die Kaufmannseigenschaft des Arbeitgebers im Falle der kaufmännisch tätigen Angestellten im Bergbau für unbeachtlich hält.

---

[71] Vgl. dazu MünchKomm-*Schaub*, § 616 Rdnr. 4, 28.

Als geeignetes Kriterium kommen daher nur Merkmale in Betracht, die die oben genannten Angestellten von den anderen Arbeitnehmern unterscheiden. Da aber nicht nur Arbeiter, sondern auch sonstige Angestellte auf § 616 I BGB angewiesen sind, wird die übliche Diskussion um eine gerechtfertigte Gleich- bzw. Ungleichbehandlung von Arbeitern und Angestellten um Überlegungen hinsichtlich einer abweichenden Behandlung von Angestellten untereinander bereichert.

Gerade die Schlechterstellung von sonstigen Angestellten ist Ausdruck nur für äußere Gründe, da ihre Benachteiligung lediglich auf die einst fehlende Mächtigkeit ihrer Interessenbewegungen und auf eine unter anderem deswegen zersplitterte Sozialgesetzgebung zurückzuführen ist.[72] Eine innere Rechtfertigung, die auf einer verschiedenen geistigen Tätigkeit oder der positiven bzw. negativen Zuordnung des Arbeitgebers als Gewerbetreibender beruhen könnte, ist nicht denkbar.

Werden sogar Angestellte untereinander verschieden behandelt, können bereits aus diesem Grunde auch den Abgrenzungsmerkmalen zwischen Angestellten und Arbeitern keine entscheidende Bedeutung zukommen. Die Diskussion darüber lebt allerdings auf, wenn nur die abweichende Behandlung der Angestellten untereinander aufgehoben würde. Ob bereits die schwierige Abgrenzung von Arbeitern und Angestellten einen Verfassungsverstoß begründet, sei hier dahingestellt.[73] Maßgebend ist jedenfalls, daß die Abgrenzung zu den Arbeitern aufgrund der tatsächlichen, technischen und sozialpolitischen Entwicklung heute überholt ist.[74] So gehört eine lange und qualifizierte Ausbildung nicht mehr zum Wesensmerkmal nur oder gerade eines Angestellten. Die technische Entwicklung macht den modernen Arbeiter zum Angestellten, während sich die einstige Angestelltentätigkeit durch die inzwischen einfache Bedienung einer Maschine auf eine körperliche Arbeit reduzieren kann.[75] Die Technisierung führt damit zu einer anderen Einstufung und in gewisser Weise sogar zu einer Umkehrung der einstigen Anschauung. Wird die Zuordnung dennoch nach der herkömmlichen Anschauung beibehalten, ist bereits deswegen die historische Besserstellung von Angestellten nicht mehr haltbar.

---

[72] Instruktiv *Potthoff*, Verhandlungen des XXX. Deutschen Juristentages, S. 266, 271 f.

[73] Abl. *BVerfG* vom 30. 5. 1990, NJW 1990, 2246. Zu den Schwierigkeiten der Abgrenzung ausführlich *Lipke*, 1983, 111, 113 f.; *Loddenkemper*, S. 27 ff.; *Thome*, S. 228 ff.

[74] Vgl. die prägnante Zusammenfassung bei *Loddenkemper*, S. 151 f.; auch *Fahrtmann*, Herschel-Festschrift, S. 177, 192 f.; *Kraushaar*, AuR 1981, 65, 72 f.; in diese Richtung schon *Schelp*, BB 1960, 1339, 1341 ff.

[75] Dazu *Schusser*, in Hromadka, S. 61, 70.

Die Differenzierung zwischen Arbeitern und Angestellten erfährt hier auch keine Berechtigung über eine gerade für Angestellte notwendige bessere Sicherung in sonstigen Unglücksfällen. Arbeiter und Angestellte sind in gleichem Maße schutzbedürftig, da ihre Art der Tätigkeit diese Hinderungsgründe in keiner Weise beeinflußt. Jeder Arbeitnehmer verrichtet die von ihm verlangte Tätigkeit und bemüht sich für seine Person genauso wie jeder andere. Unterschiede im Schwierigkeitsgrad können sich daher nur in der Höhe des Verdienstes, nicht aber in der sozialen Sicherung niederschlagen. Auch eine ausreichende finanzielle Sicherung aufgrund höheren Verdienstes vermag eine pauschale Ungleichbehandlung nicht zu rechtfertigen, da ein höherer Verdienst heute keine Eigenheit einer bestimmten Arbeitnehmergruppe ist.[76] Unerheblich ist auch der Einwand, daß die Arbeitgeber durch eine Gleichbehandlung finanziell unerträglich belastet würden, da es sich um kein rechtliches Merkmal handelt und im übrigen mit der Feststellung der Verfassungswidrigkeit noch nichts über eine Gleichbehandlung nach oben ausgesagt ist. Auch die quantitative Verschiebung der Arbeiter- zugunsten der Angestelltenanzahl[77] kann eine finanzielle Mehrbelastung aufgrund der §§ 63 I 1 HGB, 133 c GewO mit sich bringen, ohne deswegen gleichzeitig zu einer Verfassungswidrigkeit zu führen.

Der Verstoß gegen den Gleichbehandlungsgrundsatz wird letztlich besonders deutlich, wenn man sich vor Augen hält, daß die auf § 616 I BGB angewiesenen Arbeitnehmer anders als ihre Kollegen aber gleich den freien Dienstnehmern behandelt werden.

Sind die einstigen Differenzierungsmerkmale überholt, muß überlegt werden, was heute die sachliche Rechtfertigung ausmachen kann. Das inzwischen veränderte Zahlenverhältnis von Arbeitern und Angestellten ist als unbeeinflußbarer Faktor für eine Differenzierung irrelevant. Als sachlicher Gesichtspunkt kommt nur das noch heute vorzufindende Selbstverständnis in Betracht, Angestellter oder Arbeiter zu sein. Diesem nur sozialen Bewußtsein kommt jedoch keine normative Wirkung mit der Folge rechtlicher Privilegien zu.

Zusammenfassend bleibt damit festzuhalten, daß die oben aufgezeigten Besonderheiten wegen eines Verstoßes gegen den Gleichheitsgrundsatz verfassungswidrig sind.

---

[76] Vgl. auch die Ausführungen bei *Trieschmann*, Herschel-Festschrift, S. 421 ff.

[77] Dazu *Hromadka*, S. 12, 14 f.

IV. Beseitigung der Besonderheiten

Wie diese aufgezeigten Besonderheiten zu behandeln sind, wird unterschiedlich beantwortet.

1. Keine Beseitigungsmöglichkeit

Keine Beseitigungsmöglichkeit durch richterliche Rechtsfortbildung besteht nach einer Ansicht, da es allein Sache des Gesetzgebers sei, die Ungleichbehandlung zu beheben.[78] In der Tat scheint das Problem zu sein, wer wem gleichbehandelt werden soll, da eine Gleichbehandlung nach oben und nach unten denkbar ist und eine dem Gesetzgeber vorgreifende Entscheidung auf einen Verstoß gegen das Demokratie- und Gewaltenteilungsprinzip hinweist.

Dagegen wird jedoch geltend gemacht, daß eine Gesetzesänderung nicht abgewartet werden müsse, wenn eine Lösung vom Gesetzeswortlaut und dem erkennbaren Willen des Gesetzgebers gedeckt sei.[79] Damit sei zwar eine Gleichbehandlung nach oben mittels einer Ausdehnung des § 63 HGB auf alle Arbeitnehmer versperrt, zumal der Gesetzgeber beispielsweise bei Schaffung der Leistungspflicht der Krankenkassen gem. § 185 c RVO[80] von einer Abdingbarkeit des Anspruchs ausgegangen sei. Eine Einschränkung des § 63 HGB gerade hinsichtlich der Unabdingbarkeit würde demnach die Vorstellung des Gesetzgebers sogar bekräftigen.[81]

Dabei wird jedoch verkannt, daß sich diese Gleichbehandlung nach unten über den in § 63 I 1 i.V.m. § 63 I 5 HGB zum Ausdruck gekommenen gesetzgeberischen Willen[82] hinwegsetzen und die nur subsidiär gewollte Leistungspflicht der Krankenkassen[83] zu einer primären umwandeln würde. Diesen Bedenken wird daher bei einer Lösung ausreichend Rechnung zu tragen sein.

---

[78] I.d.S. *Schmatz/Fischwasser*, L 321, 322 hinsichtlich der Abdingbarkeit.

[79] Vgl. *Becker*, DB 1987, 167, 168 f.

[80] Heute § 45 SGB V.

[81] *Becker*, DB 1987, 167, 168 f.

[82] Dazu *Düringer/Hachenburg/Hoeniger*, § 63 Anm. 2; *Heymann/Kötter*, § 63 Anm. 2; *Würdinger* in RGRK-HGB, § 63 Anm. 1 a.

[83] Vgl. §§ 45, 49 Nr. 1 SGB V.

2. *Auslegung des § 63 I 1 HGB*

Bislang wurden nacheinander verschiedene Auslegungslösungen vertreten, die jeweils an Tatbestandsmerkmale des § 63 I 1 HGB ansetzten, um über eine so angestrebte Einschränkung der Norm eine gleiche Behandlung der Arbeitnehmer zu erreichen. Da der Handlungsgehilfe nur dann infolge des Unglücks verhindert ist, wenn ihm die Arbeitsleistung unmöglich oder unzumutbar wird,[84] bieten sich für eine Auslegung mehrere Merkmale an.

a) Infolge

So wurde im sogenannten Heimdialysefall[85] die Krankheit des Ehemannes zwar als Unglück anerkannt, der Sache nach aber eine Verhinderung *infolge* dieses Unglücks verneint. Anders als in den Fällen akuter Erkrankungen mit zwingender Betreuung gerade durch den Arbeitnehmer sei hier als weitere Ursache die freie Entscheidung hinzugekommen, sich an dem zur Betreuung erforderlichen Heimdialysegerät für acht Wochen ausbilden zu lassen.[86]

Damit konnte zwar der Anspruch gem. § 63 I 1 HGB versagt werden. Diese Überlegungen sind jedoch nicht haltbar, da in den Fällen eines mittelbaren Unglücks die Verhinderung letztlich immer von der freien Entscheidung abhängt, Hilfe zu gewähren oder nicht bzw. Dritte dafür einzuschalten.[87] Maßgebend ist allein, ob die Entscheidung eine für die Verhinderung bedeutungslose Mitursache ist oder aber eine Unterbrechung des Kausalzusammenhangs darstellt. Da der Entschluß von dem Unglück bewirkt wird, eröffnet er gerade nicht unabhängig von der Krankheit des Angehörigen eine neue Ursachenreihe, so daß er auch den Kausalzusammenhang nicht zu unterbrechen vermag.[88]

b) Verhinderung

Teilweise wird das Tatbestandsmerkmal der Verhinderung verneint, da es an der Unzumutbarkeit der Arbeitsleistung fehle.

---

[84] Gleiches gilt für § 616 BGB; vgl. dazu statt vielen *BAG* vom 24. 2. 1961, AP Nr. 22 zu § 63 HGB unter III 2; *Baumbach/Duden/Hopt*, § 63 Anm. 2 A; *Hanau/Adomeit*, S. 223; MünchKomm-*Schaub*, § 616 Rdnr. 9; *Schlegelberger/Schröder*, § 63 Rdnr. 2, 3.

[85] *BAG* vom 20. 7. 1977, AP Nr. 47 zu § 616 BGB.

[86] Vgl. *BAG*, a.a.O.; zu dem weiteren finanzpolitischen Argument, das aber als bloße Billigkeitserwägung nicht haltbar ist, vgl. *BAG*, a.a.O. unter 2 b. Diesbezüglich ablehnend auch *Glaubitz*, Urteilsanmerkung zu der Entscheidung, SAE 1978, 151, 152.

[87] So auch *Glaubitz*, a.a.O.

[88] Anders *Glaubitz*, a.a.O. mit dem Hinweis auf einen nur mittelbaren Ursachenzusammenhang.

So orientierte sich die Rechtsprechung in den Fällen des erkrankten Kindes zunächst an der Fünftagesgrenze des damaligen § 185 c RVO und vertrat den Standpunkt, daß nur für diesen Zeitraum eine Arbeitsleistung unzumutbar sei, danach aber für anderweitige Pflege und Betreuung gesorgt werden müsse.[89] Damit wurde die positive Besonderheit der Anspruchsdauer beseitigt.

Abgesehen davon, daß eine solche Korrektur des § 63 HGB über den Einzelfall hinaus nicht weiterhilft und die unterschiedliche Behandlung hinsichtlich der Abdingbarkeit des Anspruchs bleibt, handelt es sich bei dieser Maßnahme um eine unzulässige Einschränkung des § 63 HGB, da einer Anwendung der Fünftagesgrenze der Wortlaut der Norm entgegensteht.[90] Dieses Vorgehen wäre allenfalls haltbar, wenn das ungeschriebene Tatbestandsmerkmal der Verhinderungsdauer in § 63 HGB durch § 185 c RVO gesetzlich abgeändert worden wäre. Dies ist aber zu verneinen, da § 185 c RVO nur die Arbeitnehmer schützen sollte, die auf den abdingbaren Anspruch gem. § 616 I BGB angewiesen sind.[91]

Eine Unzumutbarkeit der Arbeitsleistung und damit eine Verhinderung abzulehnen, weil die Arbeitnehmer über § 185 c RVO[92] ausreichend geschützt würden,[93] scheitert ebenfalls am Sinn und Zweck des § 185 c RVO. Sollte er nur die auf § 616 I BGB angewiesenen Arbeitnehmer schützen, kann daraus nicht gefolgert werden, daß diese Norm einen generell ausreichenden Schutz gewährt. Überdies wäre der mit dieser These ausgelöste Wegfall der Arbeitgeberpflicht gem. §§ 63 HGB, 616 I BGB nicht mit der immer noch gem. § 49 Nr. 1 SGB V nur subsidiären Leistungspflicht der Krankenkassen in Einklang zu bringen.

Da es sich bei der Unzumutbarkeit der Arbeitsleistung um einen unbestimmten Rechtsbegriff handelt, dessen Inhalt durch eine Abwägung der Arbeitgeber- und Arbeitnehmerinteressen zu ermitteln ist,[94] wird zum Teil in den Fällen des kranken Kindes aufgrund der heutigen sozialen Sicherung ein überwiegendes schutzwürdiges Interesse des Arbeitnehmers an einer bezahlten Freistellung ver-

---

[89] Vgl. *BAG* vom 19. 4. 1978, AP Nr. 48 zu § 616 BGB unter II 1 b; *BAG* vom 7. 6. 1978, AP Nr. 35 zu § 63 HGB unter II 3. Kritisch hinsichtlich der Zumutbarkeitserwägungen *Meisel*, Urteilsanmerkung zu diesen Entscheidungen, SAE 1979, 92, 94.

[90] So auch *Becker*, DB 1987, 167, 168.

[91] Dazu *Becker*, DB 1987, 167, 169 m.w.N. in Fn. 27; *Gaul*, DB 1979, 212.

[92] Heute § 45 SGB V.

[93] So *Thome*, S. 63 f. u. 108.

[94] Zum Inhalt vgl. *v. Hoyningen-Huene*, Billigkeit, S. 93 ff. u. 111.

neint.[95] Der tragende Fürsorgegedanke der Normen sei nicht mehr erfüllt, so daß deswegen ein Anspruch nach den §§ 63 I 1 HGB, 616 I BGB nicht mehr gegeben sei.

Zuzugeben ist, daß die soziale Situation für die Arbeitnehmer inzwischen eine bessere ist, so daß der Fürsorgegedanke nicht mehr unbedingt eine Gehaltsfortzahlung etwa bei Pflege eines kranken Kindes verlangt. Dabei handelt es sich aber um politische Erwägungen, die der Gesetzgeber zu beurteilen hat und denen nicht über eine einschränkende Auslegung vorgesehener Anspruchsgrundlagen Geltung verschafft werden kann.

c) Verschulden

Diese Überlegungen lassen sich ebenso zur Frage des Verschuldens anstellen, da eine unverschuldete Verhinderung bei einer zumutbaren Fortsetzung der Arbeit entfällt.

Jedoch gelten auch hier die obigen ablehnenden Ausführungen entsprechend, da sich nur der dogmatische Ansatzpunkt ändert. Ein gemeinsamer Nachteil dieser Lösungen ist sicherlich auch, daß infolge einer nur verfassungskonform gewollten Auslegung der Anspruch für alle Arbeitnehmer einheitlich entfallen würde.

d) Unglück

Seit den Entscheidungen des Bundesarbeitsgerichts vom 20. 6. 1979[96] dient in ständiger Rechtsprechung das Tatbestandsmerkmal Unglück als Ansatzpunkt, um Besonderheiten zu beseitigen. So stelle zwar die Erkrankung eines Kindes ein Unglück dar, nicht aber dessen Pflege. Verhinderungsgrund sei aber die Pflege als eine vom Unglück ausgelöste sittliche und rechtliche Pflicht. Da der Arbeitnehmer somit nicht infolge des Unglücks, sondern wegen seiner Verpflichtung zur Betreuung verhindert sei, könne § 63 HGB als Anspruchsgrundlage nicht mehr in Betracht kommen. Ein Anspruch richte sich daher für alle Arbeitnehmer einheitlich nach § 616 I BGB.[97]

---

[95] So i.E. *Meisel*, Urteilsanmerkung zu den Entscheidungen des BAG vom 19. 4. 1978 u. vom 7. 6. 1978, SAE 1979, 92, 93.

[96] *BAG* AP Nr. 49, 50, 51 zu § 616 BGB.

[97] Siehe dazu *Herschel* als Vorreiter in seiner Urteilsanmerkung zu BAG vom 7. 6. 1978, AP Nr. 35 zu § 63 HGB; *BAG* vom 20. 6. 1979, AP Nr. 49, 50, 51 zu § 616 BGB. Zusammenfassend *Brill*, ZfS 1980, 221, 222.

Dieser Lösungsweg wurde zwar als "bedenklich",[98] "gequält"[99] und "reichlich gewaltsam"[100] kritisiert, um des zutreffenden Ergebnisses willen aber überwiegend akzeptiert.[101] Einwände gegen die nun mögliche Belastung der Krankenkassen infolge der generellen Abdingbarkeit des Anspruchs gem. § 616 I BGB blieben ebenso vereinzelt[102] wie Erwägungen, ob der Vereinheitlichungsgedanke § 63 HGB ausschließen kann.[103]

Die Trennung zwischen der Krankheit als Unglück und der Pflege als Hinderungsgrund ist in der Tat gerade in Anbetracht der Rechtsprechung, die einen Anspruch gem. § 63 HGB wegen Unglücks auch bei Antritt einer Kur gewährt,[104] eine naheliegende Idee.[105] Diese Auslegung ist jedoch nur dann brauchbar, wenn sie auch für andere Unglücksfälle gelten kann. Dies ist jedoch nicht der Fall. Die Aufspaltung ist nicht verallgemeinerungsfähig.[106] So wirkt sie unnatürlich bei dem schlimmeren Unglück des Todes naher Angehöriger, da auch hier nicht der Tod als Unglück an der Arbeitsleistung hindert, sondern erst der Gang zur Beerdigung.[107] In dem Fall der unschuldig erlittenen Untersuchungshaft im Ausland versagt sie völlig, da eine vergleichbare Abtrennung nicht in Betracht kommt. Letztlich läßt sich auch überspitzt formulieren, daß nicht die Krankheit an der Arbeitsleistung hindert, sondern die Entscheidung, das Bett zu hüten.

Die Beispiele zeigen, daß mit der von der herrschenden Meinung praktizierten Trennung die adäquat kausale Folge eines Unglücks als Unterbrechung des

---

[98]So *Schmatz/Fischwasser*, L 321.

[99]So *Schwerdtner*, Jura 1983, 429, 434.

[100]So *Gamillscheg*, I, 6. Aufl., Fallnr. 119, S. 222.

[101]Vgl. *Loddenkemper*, S. 91; *Mittelmeier*, S. 21 ff., insb. S. 23; *Sabel*, WzS 1981, 225, 234; *Schwerdtner*, Jura 1983, 429, 434; *Thome*, S. 104 m.w.N. in Fn. 2. A.A. nur noch *Schmatz/Fischwasser*, L 321, 322.

[102]I.d.S. *Beitzke*, Urteilsanmerkung zu BAG vom 20. 6. 1979, 5 AZR 479/77, SAE 1980, 4 f.

[103]Vgl. *Konzen*, ZfA 1978, 451, 514.

[104]Vgl. *BAG* vom 12. 2. 1959, AP Nr. 6 zu § 63 HGB; vom 17. 11. 1960, AP Nr. 21 zu § 63 HGB; vom 17. 3. 1961, AP Nr. 23 zu § 63 HGB; vom 1. 2. 1973, AP Nr. 33 zu § 63 HGB; dazu *Schlegelberger/Schröder*, § 63 Rdnr. 3 a.

[105]Vgl. auch *Herschel*, Urteilsanmerkung zu BAG vom 20. 6. 1979, AP Nr. 49 zu § 63 HGB unter I 2, der die Auslegung im Gegensatz zu seiner Urteilsanmerkung zu BAG vom 7. 6. 1978, AP Nr. 35 zu § 63 HGB, nicht mehr als verfassungskonform sondern als denknotwendig begreift.

[106]A.A. *Loddenkemper*, S. 92 f.

[107]Für eine untrennbare Einheit in diesem Fall auch *Thome*, S. 111. A.A. *Loddenkemper*, S. 92 f.

Kausalzusammenhangs bewertet und als Mitursache zum alleinigen Grund der Verhinderung gemacht wird. Hinzu kommt, daß das Tatbestandsmerkmal Unglück auf diese Weise gegen den Willen des Gesetzgebers auf ein unmittelbares Unglück begrenzt wird, da der Hinderungsgrund auch die nur mittelbaren Folgen erfassen sollte.[108]

3. *Richterliche Rechtsfortbildung*

Schließlich wird auch versucht, die Besonderheiten nicht über eine Auslegung der Anspruchsvoraussetzungen zu beseitigen.[109] Angesetzt wird vielmehr an den Normen, die die Dauer und Unabdingbarkeit der Ansprüche regeln.

a) Die Dauer

Zu erwähnen sind die Bemühungen, sich vom "Alles- oder Nichtsprinzip" des § 616 I BGB zu lösen, um einen Anspruch wenigstens für die erste verhältnismäßig nicht erhebliche Zeit zu gewähren.[110] Überlegenswert wäre sogar die Ausdehnung der sechswöchigen Bezugsdauer gem. § 616 II 2 BGB analog auf die Fälle sonstigen Unglücks, da der früher geltend gemachte Einwand, daß dann auch Arbeitern im Krankheitsfall ein Anspruch bis zu sechs Wochen zustehen würde,[111] aufgrund des Lohnfortzahlungsgesetzes von 1969 entfallen ist. Die finanzielle Mehrbelastung von Nichtkaufleuten bzw. Nichtgewerbetreibenden wäre heute in Anbetracht der sozialen Anschauung zudem eher vertretbar als zur Zeit der Schaffung des § 616 I BGB.

Umgekehrt soll es nach anderer Ansicht sogar mit dem Wortlaut des § 63 I 1 HGB zu vereinbaren sein, den Anspruch auf wenige Tage zu begrenzen, da die Norm die sechswöchige Bezugsdauer nur als Höchstgrenze enthalte.[112] Die historische Auslegung sowie der Sinn und Zweck der Norm, den Handlungsgehilfen gerade auch bei einer dauernden Verhinderung entsprechend lange, höchstens aber bis zu sechs Wochen zu schützen, sprechen entscheidend gegen diese Auffassung.

---

[108] Vgl. dazu *Brüggemann/Würdinger*, § 63 Anm. 1 a; *Düringer/Hachenburg/Hoeniger*, § 63 Anm. 2; *Heymann/Kötter*, § 63 Anm. 2.

[109] Terminologisch wird hier davon ausgegangen, daß die über die Auslegung hinausgehende Methodik zur Rechtsfortbildung gehört.

[110] Vgl. *Thome*, S. 144.

[111] Vgl. *Bittighofer*, S. 21.

[112] So *Mertens*, NJW 1978, 1677, 1678.

b) Die Unabdingbarkeit

Aufgrund der Besonderheit gem. § 63 I 5 HGB wurden vereinzelt Überlegungen angestellt, den Anspruch gem. § 616 I BGB ebenfalls für unabdingbar zu betrachten.[113] Das angeführte Argument, mangels Beschwer nicht bei § 63 HGB ansetzen zu können,[114] ist als prozessuale Überlegung im Rahmen der materiellen Rechtslage allerdings weniger geeignet.

Zu denken ist eher an eine analoge Anwendung des § 616 II 1 BGB auf die in der Praxis interessanten Fälle des kranken Kindes, da § 185 c RVO[115] später als § 616 I BGB erlassen wurde, so daß eine nachträgliche Regelungslücke entstanden sein könnte. Parallel zur Geschichte des § 189 RVO, der zur Entlastung der Krankenkassen die Leistung von Krankengeld zunächst vom Nichtbestehen eines Lohnfortzahlungsanspruchs des Arbeitnehmers abhängig machte und deswegen die Unabdingbarkeit des an sich gegebenen Anspruchs nach sich ziehen mußte, setzt auch § 185 c II 2 RVO[116] die primäre Leistungspflicht des Arbeitgebers voraus. Was fehlt, ist der zweite Schritt, den Anspruch gem. § 616 I BGB zur Entlastung der Krankenkassen gesetzlich zu sichern.

Dagegen ist jedoch einzuwenden, daß § 185 c RVO zum Schutz der Arbeitnehmer und trotz der nur subsidiären Leistungspflicht nicht zur Entlastung der Krankenkassen erlassen wurde, so daß anders als bei § 189 RVO kein entsprechendes Regelungsbedürfnis besteht. Im übrigen bliebe eine analoge Anwendung des § 616 II 2 BGB auf die Fälle des kranken Kindes beschränkt.

Die Erwägung, § 63 HGB als richtungsweisend anzusehen,[117] würde bedeuten, § 63 I 5 HGB analog anzuwenden. Gegen eine entsprechende Extension spricht aber zum einen der auf Handlungsgehilfen beschränkte Wortlaut sowie die Existenz einer Norm wie § 616 I BGB, die bereits alle Arbeitnehmer erfaßt.[118]

Die andere Möglichkeit, Besonderheiten mittels einer Korrektur des § 63 I 5 HGB zu beseitigen, ist ebenfalls nicht überzeugend. Die Norm im Wege einer

---

[113] Mittelbar angesprochen in der Entscheidung des *BAG* vom 7. 6. 1978, AP Nr. 35 zu § 63 HGB unter III 2.

[114] Vgl. *BAG*, a.a.O.

[115] Heute § 45 SGB V.

[116] Heute § 49 Nr. 1 SGB V.

[117] I.d.S. *Konzen*, ZfA 1978, 451, 514.

[118] So auch *BAG* vom 20. 6. 1979, AP Nr. 49 zu § 616 BGB unter 3.

verfassungskonformen Restriktion nur noch auf die Fälle eigener Krankheit anzuwenden,[119] ist aufgrund des eindeutigen Wortlauts bedenklich.[120] Die historische Auslegung, die sich nur auf den gewählten Titel der Notverordnung für Krankenfürsorge stützt, ist in Anbetracht der umfassend gewollten Unabdingbarkeit unzutreffend.[121]

Wer über eine Nichtigkeitserklärung des § 63 I 5 HGB durch das Bundesverfassungsgericht im Wege einer abstrakten bzw. konkreten Normenkontrolle oder einer Verfassungsbeschwerde eine Gleichstellung erreichen will,[122] verkennt die entscheidende materielle Frage, wer wem gleichzubehandeln ist und wählt bei der Annahme einer konkreten Normenkontrolle zudem einen Rechtsbehelf, der nach Sinn und Zweck für die Überprüfung vorkonstitutionellen Rechts nicht gegeben ist.

Schließlich trifft auch die Bewertung des § 185 c II 2 RVO[123] als verfassungswidrig[124] nicht den Kern, da das Problem nicht § 185 c II 2 RVO ist, sondern §§ 63 HGB, 616 I BGB, die die Arbeitgeber unterschiedlich verpflichten.

4. Nichtanwendung des § 63 I 1 HGB bei sonstigem Unglück

Die folgenden Ausführungen werden zeigen, daß als Lösung nur in Betracht kommt, die in § 63 HGB enthaltene Anspruchsnorm auf die Fälle eigener Krankheit zu beschränken, so daß eine umfassende Gleichstellung der Arbeitnehmer in den Fällen sonstigen Unglücks erreicht wird.[125]

Ausgangspunkt ist die Überlegung, daß als Folge der Verfassungswidrigkeit vorkonstitutionellen Rechts für die Gerichte nur die Möglichkeiten bleiben, die fragliche Norm entweder verfassungskonform auszulegen oder sie eben nicht

---

[119] So *Löwisch*, DB 1979, 209 ff.

[120] Ähnlich *Loddenkemper*, S. 93 f.; *Thome*, S. 217 f.

[121] Vgl. *Baum*, JW 1931, 1217, 1218; *Düringer/Hachenburg*, § 63 Anm. 2; *Lange*, S. 24. Anders damals *Bittighofer*, S. 18 f.

[122] I.d.S. *Thome*, S. 218.

[123] Heute § 49 Nr. 1 SGB V.

[124] I.d.S. *Gaul*, DB 1979, 212 ff.

[125] Befürwortend schon *Ammermüller*, DB 1974, 187, 189; *Becker*, DB 1987, 167, 168 ohne dogmatische Begründung; vgl. auch die Prognose von *Gamillscheg*, I, Fallnr. 119, S. 259; *Kaiser/Dunkl*, S. 265; in diese Richtung, im Ergebnis aber offen, *BAG* vom 20. 7. 1977, AP Nr. 47 zu § 616 BGB unter 2 a; *BAG* vom 8. 9. 1982, AP Nr. 59 zu § 616 BGB unter I 1 a.

anzuwenden.[126] Eine konkrete Normenkontrolle kann nach Sinn und Zweck nicht stattfinden, da die Entscheidung über die Vereinbarkeit vorkonstitutionellen Rechts die Autorität der gesetzgebenden Gewalt unberührt läßt.[127]

Da hier wegen des eindeutigen Wortlauts des § 63 HGB eine verfassungskonforme Auslegung ausscheidet, kommt eine partielle Nichtanwendung der Norm in den Fällen sonstigen Unglücks in Betracht, wenn es sich bei § 63 HGB um vorkonstitutionelles Recht handelt, das zudem die verfassungswidrige Ungleichbehandlung begründet.

a) Vorkonstitutionalität des § 63 I 1 HGB

Nachkonstitutionell ist ein Gesetz dann, wenn es unter der Herrschaft des Grundgesetzes, also gem. Art. 145 II GG nach dem 23. 5. 1949 erlassen wurde oder wenn es in den Willen des späteren Gesetzgebers aufgenommen worden ist.[128] Da die heutigen §§ 63 I 2; 3, 4, HGB aus dem Jahre 1975 bzw. 1969 stammen, handelt es sich insoweit um nachkonstitutionelles Recht. Entscheidend ist jedoch der Charakter des § 63 I 1 HGB, da diese Bestimmung die Anspruchsentstehung regelt. Diese Norm aus dem Jahre 1898 ist aber nur dann nachkonstitutionell, wenn ein erkennbarer Bestätigungswille im Gesetz selbst feststellbar ist.[129] Hier kommt mangels einer neuen Verkündigung oder Verweisung nur eine Bestätigung durch eine Änderung des Rechtsgebiets in Betracht, die dann geeignet ist, vorkonstitutionelles Recht in nachkonstitutionelles umzuwandeln, wenn zu der alten Norm ein enger sachlicher Zusammenhang besteht, so daß diese dadurch unmittelbar beeinflußt wird.[130]

---

[126] Vgl. *Maunz* in Maunz/Dürig, Art. 100 Rdnr. 12; *v. Münch/Meyer*, Art. 100 Rdnr. 14; *Maunz/Schmidt-Bleibtreu/Klein/Ulsamer*, § 80 Rdnr. 70.

[127] St. Rspr. seit *BVerfG* vom 24. 2. 1953, Bd. 2, 124, 128 ff. Dies verkennt *Thome*, S. 218; falsche Begründung auch des *BAG* vom 7. 6. 1978, AP Nr. 35 zu § 63 HGB unter III 1, das auf die fehlende Beschwer abstellt, da die konkrete Normenkontrolle kein Rechtsbehelf des Bürgers ist und zudem auch nach Sinn und Zweck, die Autorität des Gesetzgebers zu wahren, keine Beschwer voraussetzt.

[128] St. Rspr.; vgl. *BVerfG* vom 17. 1. 1957, Bd. 6, 55, 65; vom 17. 5. 1960, Bd. 11, 126, 131 f.; vom 10. 11. 1964, Bd. 18, 216, 219 f.; vom 16. 11. 1971, Bd. 32, 256, 258; *Hesse*, Rdnr. 685; *Leibholz/Rupprecht*, § 80 Rdnr. 8; *Maunz* in Maunz/Dürig, Art. 100 Rdnr. 13 ff.; *v. Münch/Meyer*, Art. 100 Rdnr. 15 ff.

[129] Vgl. die Nachweise zu S. 164 Fn. 4.

[130] Vgl. *BVerfG* vom 17. 5. 1960, Bd. 11, 126, 131 ff.; vom 16. 11. 1971, Bd. 32, 256, 258; *Maunz* in Maunz/Dürig, Art. 100 Rdnr. 17; *Maunz/Schmidt-Bleibtreu/Klein/Ulsamer*, § 80 Rdnr. 95; *v. Münch/Meyer*, Art. 100 Rdnr. 17.

Eine unmittelbare Änderung des § 63 I 1 HGB liegt nicht vor, da die Vorschrift seit 1898 im Wortlaut unverändert gilt.

Es kommen aber auch mittelbare Änderungen in Betracht. Eine Änderung des Rechtsgebiets durch Erlaß des Lohnfortzahlungsgesetzes scheidet jedoch aus, da hierdurch nur die Fälle der Krankheit von Arbeitern geregelt wurden. Auch durch die nach Erlaß des Grundgesetzes durchgeführten Änderungen des Handelsgesetzbuchs ist § 63 I 1 HGB nicht in den Willen des nachkonstitutionellen Gesetzgebers aufgenommen worden.[131] So erfolgte im Jahre 1957 bei Aufhebung des § 553 b HGB, der die Heuerfortzahlung für erkrankte Kapitäne enthielt, keine gleichzeitige Billigung des § 63 I 1 HGB. Entsprechendes gilt für die Aufhebung der §§ 76 - 82 HGB und die Schaffung des § 12 I Nr. 2 c BBiG, der die Entgeltfortzahlung für Verhinderungen infolge sonstiger Gründe regelt. Gewollt war nur eine einheitliche Regelung für Auszubildende, die erlassen wurde, ohne sich mit der Lage der Handlungsgehilfen zu befassen oder § 63 I 1 HGB gar zu bestätigen. Obgleich selbst § 63 I HGB durch das Erste Arbeitsrechtsbereinigungsgesetz von 1969 und das Strafrechtsreform-Ergänzungsgesetz von 1975 geändert worden ist, ergibt sich daraus nichts anderes. So sollten mit der Aufhebung der §§ 66 - 72 HGB und der Einfügung des heutigen § 63 I 2, 3 HGB nicht etwa gleichzeitig die unbereinigten Textstellen gebilligt werden. Gedacht war lediglich an eine Klarstellung hinsichtlich des Anspruchs bei bestimmten Kündigungen, ohne sich mit dem Inhalt des § 63 I 1 HGB zu befassen. Für eine derartige Distanzierung von § 63 I 1 HGB spricht auch die fehlende Bezugnahme des § 63 I 3 HGB auf das Merkmal Unglück im Gegensatz zu der einstigen Regelung in § 73 II HGB. Die dadurch ausgelöste Verschiebung des die Unabdingbarkeit regelnden damaligen § 63 I 2 HGB war nur zwangsläufige Folge der systematischen Einordnung, ohne etwas über die Aufnahme der Unabdingbarkeit des speziell nach § 63 I 1 HGB vorausgesetzten Anspruches zu besagen. Entsprechendes gilt für die Einfügung des heutigen § 63 I 2 HGB, der gleichlautend mit § 133 c 4 GewO und § 616 II 3 BGB klarstellen sollte, daß auch die genannten Fälle einer rechtmäßigen Sterilisation bzw. eines gerechtfertigten Schwangerschaftsabbruchs eine Fortzahlung der Vergütung auslösen, da von einer Einordnung als Krankheits- oder Unglücksfall abgesehen wurde. Diese Ausführungen gelten entsprechend auch für § 63 I 5 HGB, so daß eine Umwandlung des § 63 I 1 HGB in nachkonstitutionelles Recht auch nicht mittelbar über eine vom späteren Gesetzgeber bestätigte umfassende Unabdingbarkeit erfolgte.

---

[131] Vgl. die parallelen Ausführungen des Bundesarbeitsgerichts zur Vorkonstitutionalität des § 75 b 2 HGB, *BAG* vom 5. 12. 1969, Bd. 22, 215, 225 f.; für § 75 III HGB, *BAG* vom 23. 2. 1977, NJW 1977, 1357, 1358 f.; für § 75 b 1 HGB, *BAG* vom 16. 10. 1980, Bd. 34, 220, 225 f.

Damit bleibt als Ergebnis festzuhalten, daß es sich bei § 63 I 1 HGB um vorkonstitutionelles Recht handelt,[132] von dessen Anwendung insoweit abgesehen werden muß, als es die verfassungswidrige Ungleichbehandlung begründet.

b) Verfassungswidrige Besonderheiten gem. § 63 I 1 HGB

Da sich der Verfassungsverstoß aus dem Zusammenwirken von § 63 I 1 HGB und § 616 I 1 BGB ergibt, scheint eine Korrektur durch eine Gleichbehandlung nach oben und nach unten möglich. Da die partielle Nichtanwendung des § 63 I 1 BGB eine Schlechterstellung der Handlungsgehilfen und damit eine Gleichbehandlung nach unten zur Folge hat, müssen sachliche Gründe für § 63 I 1 HGB und gegen § 616 I 1 BGB als Ansatzpunkt sprechen.[133]

Gegen eine Korrektur über § 616 I BGB spricht zunächst, daß eine Gleichbehandlung nach oben denknotwendig nicht erfolgen kann. So scheidet eine dem § 63 I HGB entsprechende Auslegung schon in Anbetracht des Wortlauts aus. Überdies wäre sie aber auch als Ausdehnung einer nicht vorgesehenen Begünstigung ein unzulässiger Eingriff in die Entscheidungsfreiheit des Gesetzgebers. Allenfalls könnte das bisherige Untätigbleiben des Gesetzgebers für verfassungswidrig erklärt werden, ohne aber den gewünschten Anspruch zu begründen. Desweiteren ginge der Anspruch sowohl bei Nichtanwendung als auch bei einer Erklärung der Norm als verfassungswidrig ins Leere, so daß die Frage nach der Vor- bzw. Nachkonstitutionalität hier dahingestellt bleiben kann. Zu berücksichtigen ist weiterhin, daß § 616 I BGB so angelegt ist, daß die Norm als allgemeine Regelung alle Arbeitnehmer erfaßt, so daß die Ausnahmebestimmung des § 63 I HGB einzuschränken ist und nicht die Basisnorm.[134] Erfaßt die allgemeine Norm als Auffangtatbestand alle Arbeitnehmer, folgt daraus, daß nur die Ausnahmeregelung übrig bleibt, die die Frage der gleichen Behandlung nicht ausreichend berücksichtigt. Da überdies ein Verstoß gegen Art. 3 I GG in der Regel aus der Norm selbst begründet wird,[135] bleibt nur § 63 I 1 HGB, der

---

[132] Offen *BAG* vom 7. 6. 1978, AP Nr. 35 zu § 63 HGB unter III 2 für § 63 I 1, 5 HGB; für einen vorkonstitutionellen Charakter des § 63 I 5 HGB *Thome*, S. 218 ohne Begründung; vgl. auch die Ausführungen für den vorkonstitutionellen Charakter des § 63 II 1 HGB bei *Becker*, DB 1987, 167, 169 f.

[133] Eine innerhalb der §§ 63 HGB, 616 BGB widersprüchliche Gleichbehandlung nach oben oder unten scheidet von vornherein aus. I.d.S. aber *Becker*, DB 1987, 167 einerseits u. S. 171 andererseits; auch *Thome*, S. 146, 218.

[134] Ähnlich *BAG* vom 20. 6. 1979, AP Nr. 49 zu § 616 BGB unter 3.

[135] Vgl. etwa *BVerfG* vom 11. 6. 1958, Bd. 8, 28, 36 ff.; vom 16. 6. 1959, Bd. 9, 338, 350 ff.

die verfassungswidrige Ungleichbehandlung aufgrund seiner Begrenzung auf Handlungsgehilfen begründet.

Damit steht einer partiellen Nichtanwendung des § 63 I 1 HGB in den Fällen sonstigen Unglücks nichts mehr im Wege. Der entgegenstehende historische Wille des Gesetzgebers ist bedeutungslos, da der spätere gesetzgeberische Wille vorgeht. Die damit erreichte Gleichbehandlung steht überdies auch in Einklang mit der Absicht des heutigen Gesetzgebers, eine einheitliche Behandlung zu forcieren.

5. Zusammenfassung

Die gem. § 63 I HGB begründeten Besonderheiten können durch eine partielle Nichtanwendung des § 63 I 1 HGB im Falle sonstigen Unglücks beseitigt werden. Die Beschränkung des Verhinderungsfalles auf die eigene Krankheit des Arbeitnehmers erfolgt dabei nicht im Wege einer verfassungskonformen Auslegung, da ihr vor allem der abweichende Wille des Gesetzgebers entgegensteht. Entscheidend ist vielmehr der vorkonstitutionelle Charakter des § 63 I 1 HGB, der es bei der durch die Regelung begründeten verfassungswidrigen Besonderheiten erlaubt, insoweit von einer Anwendung der Norm abzusehen.

C. Ergebnis

Ist der Handlungsgehilfe durch unverschuldetes Unglück an der Dienstleistung verhindert, behält er seinen Vergütungsanspruch wie der auf die §§ 616 I, II BGB angewiesene Arbeitnehmer.

Im Krankheitsfall besteht lediglich eine formelle Besonderheit infolge der speziellen Anspruchsgrundlage gem. § 63 I 1 HGB. Die aufgrund des Wortlauts bestehenden Unterschiede hinsichtlich der Anspruchsdauer und der Anrechnung begründen aus folgenden Gründen keine materiellen Besonderheiten. Die Tariföffnungsklausel nur des § 616 II 2 BGB hat keine rechtliche Auswirkung, da die auf ihr basierenden Tarifverträge wegen eines Verstoßes gegen Art. 3 I GG nichtig sind. Das zwingende Anrechnungsverbot nur des § 63 II HGB ist aufgrund des zwischenzeitlichen Erlasses sozialversicherungsrechtlicher Normen bedeutungslos geworden.

In den Fällen sonstigen Unglücks begründet § 63 HGB an sich eine Besserstellung der Handlungsgehilfen, da sie vor allem gem. § 63 I 1, 5 HGB ihren sechswöchigen Vergütungsanspruch unabdingbar auch bei einer dauernden Verhinderung behalten.

Da diese Besonderheiten aber wegen eines Verstoßes gegen Art. 3 I GG verfassungswidrig sind, folgt daraus für die vorkonstitutionelle Norm des § 63 I 1 HGB, daß sie insoweit nicht angewendet werden kann. Dies bedeutet, daß die spezielle Anspruchsgrundlage auf die Fälle eigener Krankheit beschränkt wird und Besonderheiten damit entfallen.

Thesen

Die eigens für Handlungsgehilfen geschaffenen §§ 59 ff. HGB begründen nur noch formelle Besonderheiten aufgrund ihres Charakters als leges speciales.

Materielle Besonderheiten bestehen aus unterschiedlichen Gründen nicht mehr. So enthalten die §§ 59 ff. HGB teilweise bereits keine Abweichungen zu den allgemeinen Regeln, da sie insoweit wort- bzw. inhaltsgleich sind. Sind Unterschiede feststellbar, haben diese keine Besonderheiten zur Folge, da entweder eine Gleichbehandlung anderer Arbeitnehmer kraft Gewohnheitsrechts bzw. über zwischenzeitlich geschaffene Normen erfolgt oder Abweichungen aufgrund des Gleichheitssatzes gem. Art. 3 I GG im Wege richterlicher Rechtsfortbildung entfallen.

Dies bedeutet im einzelnen:

1. § 59 HGB beschreibt die den Handlungsgehilfen ausmachende echte Besonderheit der Leistung kaufmännischer Dienste bei einem Kaufmann, ohne aber im übrigen hinsichtlich der Hauptleistungspflichten etwas anderes zu besagen als die §§ 157, 242 BGB und §§ 315, 316 BGB.

2. Durch eine verfassungskonforme Reduktion des § 60 I 1. Alt. HGB enthält § 60 I HGB nunmehr das Verbot, seinem Arbeitgeber Konkurrenz zu machen und entspricht damit der gem. § 242 BGB bestehenden Treuepflicht. § 60 II HGB findet dabei analoge Anwendung. Während der in § 61 I HGB enthaltene Schadensersatzanspruch einer positiven Vertragsverletzung entspricht, muß das Eintrittsrecht gem. § 61 I HS. 2 HGB auf vorsätzliches Handeln reduziert werden, um einen gegenüber allen Arbeitnehmern bestehenden Gewinnherausgabeanspruch nach BGB zu erreichen. Die Regelung der kurzen Verjährung gem. § 61 II HGB findet analoge Anwendung.

3. Die in § 62 HGB geregelte Fürsorgepflicht entspricht in § 62 I HGB der des § 618 I BGB, wobei die Sondernorm die gleiche Verpflichtung nur mit abweichendem Wortlaut wiedergibt und hinsichtlich des Schutzes auch der guten Sitten und des Anstandes durch eine ergänzende Anwendung des § 242 BGB ausgeglichen wird. Die in § 62 - IV HGB enthaltenen Tatbestände stimmen bereits im Wortlaut mit denen der §§ 618 II, III, 619 BGB überein.

4. § 63 HGB begründet für die Gehaltsfortzahlung im Krankheitsfall zwei Unterschiede, die jedoch ohne Auswirkungen sind. So hat die zwingende Wirkung gem. § 63 I 5 HGB gegenüber der Tariföffnungsklausel des § 616 II 2 BGB keine spürbare Besserstellung zur Folge, da Tarifverträge aufgrund dieser verfassungswidrigen Ermächtigung ebenfalls gegen Art. 3 I GG verstoßen. Die nur gem. § 63 II HGB verbotene Anrechnung bestimmter Beträge ist aufgrund der Schaffung sozialversicherungsrechtlicher Normen obsolet geworden.

In den Fällen sonstigen Unglücks begründet § 63 HGB im Vergleich zu § 616 I BGB zwar eine Reihe von Abweichungen, die jedoch als verfassungswidrige Besonderheiten durch eine Nichtanwendung des § 63 I 1 HGB zu beseitigen sind. Die partielle Nichtanwendung der Norm bei sonstigem Unglück folgt dabei aus dem Charakter des § 63 I 1 HGB als vorkonstitutionelles verfassungswidriges Gesetz.

5. Die einst durch § 64 HGB begründete Besonderheit ist aufgrund der tatsächlichen Entwicklung entfallen, da die Vergütungsgewährung spätestens am Monatsende heute nicht mehr im Bewußtsein der zwingenden Regelung, sondern für alle Arbeitnehmer als Selbstverständlichkeit erfolgt.

6. § 65 HGB ist seit jeher eine überflüssige Norm, da für die Anwendung der Bestimmungen des Handelsvertreterrechts nicht § 65 HGB ausschlaggebend ist, sondern die Existenz solcher Regelungen unter Berücksichtigung des Arbeitnehmerschutzes.

7. § 73 HGB, der einen Anspruch auf ein Zeugnis gewährt, ist inhaltsgleich mit § 630 BGB, da das dort vorausgesetzte dauernde Dienstverhältnis nichts anderes als ein Arbeitsverhältnis ist.

8. Die in den §§ 74 ff. HGB enthaltenen Regelungen über ein nachvertragliches Wettbewerbsverbot finden analoge Anwendung auf das Arbeitsverhältnis anderer Arbeitnehmer, so daß die einst gravierenden positiven Besonderheiten beseitigt werden. Neue Besonderheiten, insbesondere durch tarifliche Wettbewerbsverbote, sind wegen der zwingenden Wirkung der §§ 74 ff. HGB nicht denkbar.

Obgleich es demnach für einen Arbeitnehmer heute bedeutungslos ist, Handlungsgehilfe zu sein, folgt daraus noch nicht die Irrelevanz aller in §§ 59 ff. HGB enthaltenen Regelungen. Aufgrund ihrer analogen Anwendung sind die §§ 60 II, 61 II HGB sowie die §§ 74 ff. HGB bedeutsam geblieben, so daß diesen Normen auch eine Modellfunktion für ein einheitliches Arbeitsvertragsrecht zukommt. Die restlichen Regelungen für den Handlungsgehilfen können hingegen ersatzlos gestrichen werden.

Literaturverzeichnis[1]

Achterberg, Norbert: Das nachvertragliche Wettbewerbsverbot in verfassungsrechtlicher Sicht, JZ 1975, 713 ff.

Ackemann, Wilhelm: Die Beeinflussung des Handlungsgehilfenvertrages durch das öffentliche Recht, Diss., Hannover 1913

Alternativkommentar zum Bürgerlichen Gesetzbuch, Bd. 3, Besonderes Schuldrecht, Hrsg. Rudolf Wassermann, Darmstadt 1979

Ammermüller, Martin: Freistellung von der Arbeit bei Erkrankung eines Kindes, DB 1974, 187 ff.

Anschütz/v. Völderndorff: Kommentar zum Allgemeinen Deutschen Handelsgesetzbuch, 1. Bd., 2. Aufl., Erlangen 1894

Asshauer, Rainer: Gleichbehandlung von Arbeitern und Angestellten im Krankheitsfalle, Diss., Köln 1973

Bail: Das Rechtsverhältnis der Arbeitgeber und Arbeitnehmer, Berlin 1904

Bauer, Jobst-Hubertus/*Röder,* Gerhard: Krankheit im Arbeitsverhältnis, Heidelberg 1987

Baum, Georg: Verordnung des Reichspräsidenten zur Sicherung von Wirtschaft und Finanzen vom 1. Dezember 1930, JW 1931, 1217 ff.

Baumbach, Adolf/*Duden,* Konrad/*Hopt,* Klaus: Handelsgesetzbuch, Kommentar, 28. Aufl., München 1989

Baumeister, Jürgen: Arbeiter und Angestellte - ihre Gleichbehandlung, Annäherung und Unterschiede im geltenden Recht, Diss., Würzburg 1975

Baur, Fritz: Der polizeiliche Schutz privater Rechte, JZ 1962, 73 ff.

Becker, Friedemann: Unterschiedliche Vergütung leistungsverhinderter Arbeitnehmer und verfassungsrechtliches Gleichbehandlungsgebot, DB 1987, 167 ff.

- Unterschiedliche Behandlung von Arbeitern, Angestellten und Dienstschuldnern im Krankheitsfall und verfassungsrechtliches Gleichbehandlungsgebot, DB 1987, 1090 ff.

---

[1] Die in der Abhandlung zitierten Urteilsanmerkungen sind im Literaturverzeichnis nicht aufgeführt.

Beintker, Arthur: Das Dienstzeugnis des Angestellten, Diss., Borna-Leipzig 1913

Bendir: Verkehrssitte und Handelsgebräuche, JW 1921, 226 f.

Berendt, Otto: Der kaufmännische Arbeitsnachweis, seine Bedingungen und Formen, Leipzig 1905

Berg, Hans: Hauptprobleme der Geschäftsführung ohne Auftrag, JuS 1975, 681 ff.

Berger-Delhey, Ulf/*Alfmeier*, Klaus: Freier Mitarbeiter oder Arbeitnehmer? NZA 1991, 157 ff.

Bernold, Heiner: Die Zeugnispflicht des Arbeitgebers, Diss., Zürich 1983

Beug, Carl: Die Handlungsgehilfen des hansischen Kaufmanns, 1907

Biedenkopf, Kurt: Grenzen der Tarifautonomie, Karlsruhe 1964

Bittighofer, Waldemar: Die Erkrankung des Gefolgsmannes und ihre rechtliche Auswirkung im Arbeitsverhältnis, Diss., Philippsburg 1939

Bleistein, Franzjosef: Arbeitnehmer und Krankheit, 1974

Bobrowski, Paul/*Gaul*, Dieter: Das Arbeitsrecht im Betrieb von der Einstellung bis zur Entlassung, Bd. II, 8. Aufl., 1986

Boehm, Theobald: Das Arbeitszeugnis, Diss., München 1927

van der Borght, R.: Das Recht des Handlungsgehilfen, Berlin 1909

Bovensiepen: Änderungen des bürgerlichen Rechts durch die Notverordnung, LZS 1931, Sp. 165 ff.

Braasch, Dietrich: Verjährung, AR-Blattei, D, 1984

Brackmann: Handbuch der Sozialversicherung, Band II, Stand Mai 1988

Brambach, Heinz: Das Dienstzeugnis nach den Bestimmungen des Bürgerlichen Gesetzbuchs, des Handelsgesetzbuchs und der Gewerbeordnung, Diss., Quakenbrück 1936

Brill, Werner: Die Abgrenzung der Arbeiter und Angestellten, DB 1981, 316 ff.

- Entgeltfortzahlung bei Erkrankung von Familienangehörigen, ZfS 1980, 221 ff.

Brunner, Otto/*Conze*, Werner/*Koselleck*, Reinhart: Geschichtliche Grundbegriffe, Bd. 1, 1972

Buchner, Herbert: Das Wettbewerbsverbot, Wettbewerbsverbot I, AR-Blattei, D, 1981

- Das Wettbewerbsverbot während des Arbeitsverhältnisses, Wettbewerbsverbot II, AR-Blattei, D, 1980

- Das Wettbewerbsverbot nach Beendigung des Arbeitsverhältnisses, Wettbewerbsverbot III, AR-Blattei, D, 1981

- Wettbewerbsverbot, Stuttgart, Wiesbaden 1981

Bundesangestelltentarifvertrag, Stand Januar 1988

Bundfuss, Gerhard: Handlungs- und Gewerbegehilfen, Coburg 1938

Bydlinski, Franz: Juristische Methodenlehre und Rechtsbegriff, 2. Aufl., Wien-New York 1991

Camuzzi, Odilo: Das Angestelltengesetz, Wien-Leipzig 1921

Canaris, Claus-Wilhelm: Die Vertrauenshaftung im deutschen Privatrecht, München 1971

- Tarifdispositive Normen und richterliche Rechtsfortbildung, Gedächtnisschrift für Dietz, München 1973, S. 199 ff.

- Die Feststellung von Lücken im Gesetz, 2. Aufl., Berlin 1983

- Grundrechte und Privatrecht, AcP 184 (1984), 201 ff.

Chung, Ki-Nam: Wettbewerbsregelungen im Tarifvertrag, Diss., Tübingen 1987

Classen, Heinrich: Die Abgrenzung des Handlungsgehilfen vom Gewerbegehilfen in der arbeitsgerichtlichen Rechtsprechung, DArbR, 1941-43, 85 ff.

Coester, Michael: Vorrangprinzip des Tarifvertrages, Diss., Heidelberg 1974

Däubler, Wolfgang: Das Arbeitsrecht, Bd. 2, 3. Aufl., Hamburg 1981

Deich, Werner: Der Angestellte im Roman, Köln-Berlin 1974

Denecke: Abändernde Gesetzesauslegung im Arbeitsrecht? RdA 1953, 412 f.

Denkschrift zum Entwurf eines Bürgerlichen Gesetzbuchs nebst drei Anlagen, Berlin 1896

Deutschnationaler Handlungsgehilfenverband Hamburg: Die Gehaltslage der Kaufmannsgehilfen, 1931

Diss, Helmuth: Das Eintrittsrecht des Prinzipals und die Aufhebung des Geschäfts durch den Handlungsgehilfen, Diss., 1913

Ditges, Harald: Das Wettbewerbsverbot der Handlungsgehilfen und der gewerblichen Betriebsbeamten, Diss., Siegburg 1932

Dockhorn, Rolf: Das Zeugnis, AuR 1961, 106 ff.

Donath, Rudolph: Das gesetzliche Konkurrenzverbot für den Handlungsgehilfen, Diss., Borna-- Leipzig 1909

Düringer, Adelbert/*Hachenburg*, Max: Handelsgesetzbuch, 3. Aufl., Mannheim-Berlin-Leipzig 1930

Ebbecke: Unechte Geschäftsführung ohne Auftrag, Das Recht 1921, 99 ff.

Eberlein, Hermann: Das Recht des Dienstzeugnisses, Diss., 1920

Einigungsvertrag vom 31. 8. 1990, Nomos-Verlag, 1991

Endemann, Wilhelm: Handbuch des Deutschen Handels-, See- und Wechselrechts, 1. Band, Leipzig 1881

Engisch, Karl: Einführung in das juristische Denken, 8. Aufl., Stuttgart-Berlin-Köln-Mainz 1983

Enneccerus, Ludwig/*Lehmann,* Heinrich: Recht der Schuldverhältnisse, 2. Bd., 15. Aufl., Tübingen 1958

Erdel, Anton: Das Arbeitsrecht, II. Teil, Individualarbeitsrecht, Leipzig 1924

Erman (verschiedene Bearbeiter): Handkommentar zum Bürgerlichen Gesetzbuch, 1. Bd., 7. Aufl., Münster 1981.

- (verschiedene Bearbeiter): Handkommentar zum Bürgerlichen Gesetzbuch, 1. Bd., 8. Aufl., Münster 1989

Esser, Josef/*Weyers,* Hans-Leo: Schuldrecht, Bd. II, 7. Aufl., Heidelberg 1991

Fabricius, Fritz/*Naendrup,* Peter-Hubert/*Schwerdtner,* Peter: Arbeitsrecht und juristische Methodenlehre, Darmstadt 1980

Fahrtmann, Friedhelm: Gleichbehandlung aller Arbeitnehmer, Festschrift für Hilger und Stumpf, München 1983, S. 177 ff.

Falkenberg, Rolf-Dieter: Gegenstand und Grenzen des arbeitgeberseitigen Weisungsrechts, DB 1981, 1087 ff.

Feichtinger, Peter: Krankheit im Arbeitsverhältnis, Stuttgart-München-Hannover 1981

- Lohn- und Gehaltsfortzahlung im Krankheitsfalle, Wiesbaden 1989

Feiler, Manfred: Die arbeitsrechtliche Stellung des Handlungsgehilfen unter besonderer Berücksichtigung der Gesetzesnovellen von 1969, Diss., Würzburg 1982

Fluhr, Gerhard: Lohnzahlung bei Arbeitsversäumnis, Berlin 1940

Francke, Fritz: Das für Handlungsgehilfen bestehende gesetzliche Konkurrenzverbot, Diss., Berlin--Dahlen 1924

v. Frankenberg: Gehaltszahlung im Krankheitsfall, DJZ 1931, Sp. 351 f.

Frantzen, Walter: Die neue arbeitsrechtliche Gesetzgebung in ihrer Bedeutung für den Handlungsgehilfen, Diss., Hüls 1930

Freund, Felix: Kann der Handlungsgehilfe schon nach der Kündigung ein Zeugnis verlangen? GewuKmG 19, Sp. 405 f.

Fritz, Wolfdieter: Bedingte arbeitsrechtliche Wettbewerbsfreiheit, Diss., Augsburg 1965

Galperin, Hans: Die Einwirkung öffentlichrechtlicher Arbeitsschutznormen auf das Arbeitsverhältnis, BB 1963, 739 ff.

Gamillscheg, Franz: Gedanken zur Neuregelung von Wettbewerbsvereinbarungen, RdA 1975, 13 ff.

- Arbeitsrecht I, Individualarbeitsrecht, 6. Aufl., München 1983

- Arbeitsrecht I, Individualarbeitsrecht, 7. Aufl., München 1987

- Arbeitsrecht II, Kollektives Arbeitsrecht, 6. Aufl., München 1984

Gaul, Dieter: Zur Ungleichbehandlung der Angestellten nach § 185 c RVO, DB 1979, 212 ff.

Gerth, Bernhard: Das Konkurrenzverbot im deutschen Handelsgesetzbuch mit Ausschluß der sogenannten Konkurrenzklausel, Diss., Dresden 1901

Gessert, Thomas: Schadensersatz nach Kündigung, Diss., Frankfurt a.M.-Bern-New York 1987

v. *Gierke*, Otto: Der Entwurf eines Bürgerlichen Gesetzbuches und das deutsche Recht, Leipzig 1889

GK-HGB: Gemeinschaftskommentar zum Handelsgesetzbuch, Hrsg. Bandasch, 4. Aufl., Neuwied 1989

Göldner, Sabine: Grundlagen des Zeugnisrechts, Diss., Ammersbek bei Hamburg 1989

Götz, Volkmar: Allgemeines Polizei- und Ordnungsrecht, 10. Aufl., Göttingen 1991

Goldmann, Samuel: Das Handelsgesetzbuch vom 10. Mai 1897, Erster Band, Berlin 1901
- Kann der Handlungsgehilfe ein Zeugnis gem. § 73 HGB erst im Zeitpunkte der Beendigung des Dienstverhältnisses oder schon vorher verlangen? Das Recht 1901, 453 ff.

Grimm, Ingolf Juergen: Das Zeugnis, AR-Blattei, D, 1987

Grombacher, Alfred: Die wettbewerblichen Beschränkungen des technischen Angestellten nach Beendigung des Dienstverhältnisses, Berlin 1933

Grossmann, Ruprecht/*Schneider*, Friedrich: Arbeitsrecht, 8. Aufl., Bonn 1990

Grüll, Ferdinand: Die Konkurrenzklausel, 4. Aufl., Heidelberg 1983

Grünberg, Siegmund: Das österreichische Angestelltenrecht, Wien 1926

Grunsky, Wolfgang: Wettbewerbsverbote für Arbeitnehmer, 2. Aufl., Köln 1987

Günther, Volkmar: Wettbewerbsverbote ohne Karenzentschädigung in Verträgen mit technischen Angestellten, NJW 1960, 946 ff.

Güntner, Hans: Die Verbindlichkeitsvoraussetzungen des vertraglichen Wettbewerbsverbotes, AuR 1964, 8 ff.

Gumpert, Jobst: Wandlung in der Rechtsprechung des Bundesarbeitsgerichts zur Wettbewerbsvereinbarung mit technischen Angestellten, BB 1967, 1251 ff.

- Analoge Anwendung der Bestimmungen über Wettbewerbsvereinbarungen mit Handlungsgehilfen auf andere Arbeitsverhältnisse, BB 1970, 178 ff.

Hanau, Peter/*Adomeit*, Klaus: Arbeitsrecht, 9. Aufl., Frankfurt a.M. 1988

Handelsgebräuche zu Berlin, 3. Bd., 1926

Hasenkamp, Hermann: Das Konkurrenzverbot nach dem Handelsgesetzbuche für das Deutsche Reich vom 10. Mai 1897, Diss., Greifswald 1899

Heeder, Oskar: Das gesetzliche Konkurrenzverbot und die Konkurrenzklausel (Wettbewerbsverbot) des Handlungsgehilfen, Diss., 1927

Heil, Willi: Die Nachwirkung der Treuepflicht des Arbeitsverhältnisses, Diss., Gießen 1937

Heitmann, Paul: Die Konkurrenzklausel des Handlungsgehülfen, (§§ 74, 75 HGB), Diss., Borna-Leipzig 1907

Henze, Ludwig: Die Gleichstellung von Arbeitern und Angestellten, Opladen 1961

Hering, Karl: Das Konkurrenzverbot für den Handlungsgehilfen, Diss., Borna-Leipzig 1907

Hesse, Konrad: Grundzüge des Verfassungsrechts der Bundesrepublik Deutschland, 17. Aufl., Heidelberg 1990

Hessel, Philipp/*Marienhagen*, Rolf: Krankheit im Arbeitsrecht, 4. Aufl., 1980

Heymann/Kötter: Handelsgesetzbuch, Kommentar, 21. Gesamtaufl., Berlin-New York 1971

Heymann/Bearbeiter: Handelsgesetzbuch, Kommentar, Bd. 1, Berlin- New York 1989

Hirschfeld, Stephan: Das gesetzliche Handelsverbot für Handlungsgehilfen, Diss., Leipzig 1905

Hönsch, Ronald/*Natzel*, Inigo: Arbeitsrecht, Handbuch des Fachanwalts, Neuwied-Frankfurt a.M. 1989

Hörnig, Kurt Otto: Die Konkurrenzklausel des Handlungsgehilfen, Diss., Borna-Leipzig 1907

Hoffmann, Hans Joachim: Die Zeugnisberichtigung, Diss., Köln 1966

Hofmann, Paul: Wettbewerbsabreden mit technischen Angestellten, NJW 1965, 1985 ff.

Hohn, Hannsjosef: Über den Inhalt von Zeugnissen, BB 1961, 1273 ff.

- Wettbewerbsverbote mit Arbeitnehmern und Handelsvertretern, DB 1971, 94 ff.

Horne, Fritz: die Grenzziehung zwischen dem Agenten und dem Handlungsgehilfen, Diss., 1933

Horrwitz, Hugo: Das Recht der Handlungsgehilfen und Handlungslehrlinge, 2. Aufl., Berlin 1905

v. *Hoyningen-Huene*, Gerrick: Die Billigkeit im Arbeitsrecht, München 1978

- Kündigungsvorschriften im Arbeitsrecht, München 1985

- Rechtsfortbildung im Arbeitsrecht als Vorreiter und Vorbild? BB 1986, 2133 ff.

- Betriebliches Arbeitsrecht, 2. Aufl., Heidelberg 1990

Hromadka, Wolfgang: Gleichstellung von Arbeitern und Angestellten, Heidelberg 1989

Huber, Günter: Das Arbeitszeugnis in Recht und Praxis, Freiburg 1991

Hueck, Alfred: Der Treuegedanke im modernen Privatrecht, München 1947

Hueck, Alfred/*Nipperdey*, Hans Carl: Lehrbuch des Arbeitsrechts, Bd. I, 7. Aufl., Berlin-Frankfurt a.M. 1963

- Lehrbuch des Arbeitsrechts, Bd. II, 7. Aufl., Berlin- Frankfurt a.M. 1967

Hueck, Götz/*Fastrich*, Lorenz: Betriebsübung, AR-Blattei, D, 1982

Hunold, Wolf: Krankheit des Arbeitnehmers, 2. Aufl., Freiburg 1990

Isele, Hellmut Georg: Die Reichweite des Anspruchs auf Herausgabe des Eingriffserwerbs nach BGB § 687 Abs. 2, Festschrift für Cohn, Heidelberg, 1975, S. 75 ff.

Jacobi, Erwin: Grundlehren des Arbeitsrechts, Leipzig 1927

Jacobs/Schubert: Die Beratung des Bürgerlichen Gesetzbuchs, Recht der Schuldverhältnisse II, §§ 433 bis 651, Berlin-New York 1980

Jadesohn: Das gesamte Arbeitsrecht Deutschlands, Berlin 1923

Jäger, Carl Hellmut: Krankheit des Arbeitnehmers, 4. Aufl., Freiburg 1971

Käppler, Renate: Voraussetzungen und Grenzen tarifdispositiven Richterrechts, Diss., Berlin 1977

Kästner, Helmut: Das Recht des Dienstzeugnisses und der Auskunftsanspruch, Diss., Würzburg 1936

Kaiser, Heinrich/*Dunkl*, Hans: Die Entgeltfortzahlung im Krankheitsfalle, Kommentar, 2. Aufl., München-Münster 1984

Kamnitzer, Bernhard/*Bohnenberg*, Heinrich: Das Handelsgesetzbuch, Kommentar, 4. Aufl., Köln-- Berlin 1956

v. *Karger*, Walter: Das Dienstzeugnis, Berlin 1928

Kaskel, Walter/*Dersch*, Hermann: Arbeitsrecht, 5. Aufl., Berlin-Göttingen-Heidelberg, 1957

Kettig, Peter: Die Konkurrenzklausel des Handlungsgehilfen nach deutschem und österreichischem Rechte, Diss., Nürnberg 1913

Klang, Heinrich/*Gschnitzer*, Franz: Kommentar zum Allgemeinen bürgerlichen Gesetzbuch, 5. Bd., 1954

Koch, Hans-Joachim/*Rüssmann,* Helmut: Juristische Begründungslehre, München 1982

Kocka, Jürgen: Die Angestellten in der deutschen Geschichte 1850-1980, Göttingen 1981

Köst, Ewald: Arbeitsrecht, Düsseldorf 1960

Kommissionsentwurf eines Arbeitsgesetzbuchs, hrsg. vom Bundesminister für Arbeit und Sozialordnung, Bonn 1977

Konzen, Horst: Die Entwicklung der Rechtsprechung des Bundesarbeitsgerichts im Jahre 1970, ZfA 1972, 131 ff.

- Die Rechtsprechung des Bundesarbeitsgerichts im Jahre 1977, ZfA 1978, 451 ff.

Kopp, Peter: Wettbewerbsrecht, HdA, Hrsg. Maus, März 1983

Korn, Alfred: Der kaufmännische Dienstvertrag und die Verkehrssitte, GewGer, 10, 359 f.

Kracauer, Siegfried: Die Angestellten, Frankfurt 1971

Krall, Wilhelm: Die Einordnung der Handlungsgehilfen unter den Geltungsbereich des neuen Arbeitsrechts, Diss., Gütersloh 1928

Kraushaar, Bernhard: Ist der Unterschied zwischen Arbeitern und Angestellten noch verfassungsgemäß? AuR 1981, 65 ff.

Kreutz, Peter: Die Rechtsprechung des Bundesarbeitsgerichts im Jahre 1976, ZfA 1977, 447 ff.

Krotoschin, Ernst: Die arbeitsrechtlichen Vorschriften der zweiten Verordnung des Reichspräsidenten zur Sicherung von Wirtschaft und Finanzen vom 5. Juni 1931, JW 1931, 2208 ff.

Krummel, Ludwig Georg: Zeugnis und Auskunft im Arbeitsrecht, Diss., Bielefeld 1983

Küchle, Erwin/*Hessel,* Philipp/*Bopp,* Peter: Zeugnismuster für die betriebliche Praxis, 10. Aufl., Stuttgart-München-Hannover 1989

Kühlhorn, Georg: Das gesetzliche Konkurrenzverbot für den Handlungsgehilfen, Diss., Borna--Leipzig 1914

Künzel, Hans: Das Konkurrenzverbot im Handelsgesetzbuch für das Deutsche Reich vom 10. 5. 1897, Diss., Borna-Leipzig, 1905

Landmann, Robert/*Rohmer,* Gustav: Gewerbeordnung und ergänzende Vorschriften, Kommentar, Bd. I, Stand Februar 1988

Lange, Paul: Handlungsgehilfen-Bewegung und Sozialpolitik, Hamburg 1908

Langrehr, Hermann: Die sozialpolitischen Bestimmungen des neuen Handelsgesetzbuchs, Diss., 1909

Larenz, Karl: Wegweiser zur richterlicher Rechtsschöpfung, Festschrift für Nikisch, Tübingen 1958, S. 275 ff.

- Richterliche Rechtsfortbildung als methodisches Problem, NJW 1965, 1 ff.

- Lehrbuch des Schuldrecht II, 2. Halbb., Besonderer Teil, 12. Aufl., München 1981

- Lehrbuch des Schuldrechts I, Allgemeiner Teil, 14. Aufl., München 1987

- Methodenlehre der Rechtswissenschaft, 6. Aufl., Berlin-Heidelberg-New York-Tokyo 1991

Leipholz, Gerhard/*Rupprecht*, Reinhard: Bundesverfassungsgerichtsgesetz,Kommentar, Köln 1968

Lenhoff, Artur: Zur Theorie und Praxis des Handlungsgehilfengesetzes, Sonderabdruck aus dem österreichischen Zentralblatt für die juristische Praxis, Band XXX, Heft 12

- Das Recht des dauernd Angestellten, Graz und Wien 1914

Leonhardt, Carl Ferdinand: Das Dienstzeugnis der Handlungsgehilfen, (§ 73 HGB), Diss., Bonn 1907

Lieb, Manfred: Kritische Gedanken zum tarifdispositiven Richterrecht, RdA 1972, 129 ff.

- Arbeitsrecht, 3. Aufl., Heidelberg 1984

- Arbeitsrecht, 4. Aufl., Heidelberg 1989

Limbach, Jutta: Die Lehre vom Scheinkaufmann, ZHR 134 (1970), 289 ff.

Lipke, Gert-Albert: Die Aufgliederung der Arbeitnehmerschaft in Arbeiter und Angestellte, DB 1983, 111 ff.

Loddenkemper, Bernhard: Gleichbehandlung von Arbeitern und Angestellten, Diss., Frankfurt a.M.--Berlin-New York 1984

Löwe, Helge: Der Interessenausgleich zwischen Arbeitgeber und Arbeitnehmer beim nachvertraglichen Wettbewerbsverbot, Diss., Frankfurt a.M. 1988

Löwisch, Manfred: Zum Anspruch auf bezahlte Arbeitsbefreiung bei Pflege eines erkrankten Kindes, DB 1979, 209 ff.

Lotmar, Philipp: Der Arbeitsvertrag, Erster Band, Leipzig 1902

Mahnke: Zu § 61 Abs. 1 des Handelsgesetzbuchs, DJZ 1905, 1117 ff.

Makower: Handelsgesetzbuch mit Kommentar, Erster Band, Buch I und II, Berlin 1906

v. Mangoldt, Hermann/*Klein*, Friedrich/*Starck*, Christian: Das Bonner Grundgesetz, Bd. 1, 3. Aufl., München 1985

Mantel, Fritz: Das Dienstrecht der Handlungsgehilfen, Leipzig 1918

Manteltarifvertrag für die Arbeiter und Angestellten in der Metallindustrie in Nordwürttemberg/-Nordbaden vom 28. 6. 1984 und vom 1. 4. 1988

v. *Mantey*, Werner: Das Konkurrenzverbot für Handlungsgehilfen, Diss., Borna-Leipzig 1904

Marburger, Horst: Gehalts- und Lohnfortzahlung im Krankheitsfall, 5. Aufl., Stuttgart-München-Hannover 1987

Maunz, Theodor/*Dürig*, Günter: Grundgesetz, Kommentar, Band I, München 1990

- Grundgesetz, Kommentar, Band IV, München 1971

Maunz, Theodor/*Schmidt-Bleibtreu*, Bruno/*Klein*, Franz/*Ulsamer*, Gerhard: Bundesverfassungsgerichtsgesetz, Kommentar, Stand August 1989

Mayer, Alexander: Die Gratifikation an den Handlungsgehilfen im privaten und öffentlichen Recht, Diss., Augsburg 1932

Mayer-Maly, Theo: Erwerbsabsicht und Arbeitnehmerbegriff, Berlin 1965

- Gleichbehandlung im Arbeitsverhältnis, AR-Blattei, D, 1975

Meffert, Friedrich: Die Konkurrenzklausel der Handlungsgehilfen, Diss., Greifswald 1914

Mertens, Peter: Gehaltsfortzahlung und Krankengeld bei Erkrankung eines Kindes, NJW 1978, 1677 ff.

Mittelmeier, Fritz: Regreß des Arbeitgebers bei Fortzahlung des Arbeitsentgelts, Karlsruhe 1984

Möllmann, Robert: Das Dienstzeugnis, Berlin 1911

Molitor, Erich: Das Wesen des Arbeitsvertrages, Leipzig-Erlangen 1925

- Arbeitnehmer und Betrieb, Marburg 1929

Molkenburg, Josef: Pflicht zur Geheimniswahrung nach Ende des Arbeitsverhältnisses? BB 1990, 1196 ff.

Moll, Wilhelm: Dienstvergütung bei persönlicher Verhinderung, RdA 1980, 138 ff.

Monjau, Herbert: Das Zeugnis im Arbeitsrecht, DB 1966, 264 ff.

- Die unterschiedlichen Regelungen der Wettbewerbsabreden, RdA 1968, 208 ff.

- Erstes Arbeitsrechtsbereinigungsgesetz, BB 1969, 1042 ff.

- Die Wettbewerbsverbote, AR der Gegenwart, 1969, Bd. 7, S. 75 ff.

Mühlhäuser, Karl: Über den Selbsteintritt des Kommissionärs und des Handelsmäklers sowie das Eintrittsrecht des Prinzipals und der Handelsgesellschaften, Diss., Zweibrücken 1913

v. *Münch*, Ingo: Grundgesetz-Kommentar, Bd. 3, 2. Aufl., München 1983

Münchener Kommentar zum Bürgerlichen Gesetzbuch, Bd. 2, Schuldrecht, Allgemeiner Teil, 2. Aufl., München 1985

- Bd. 3, Schuldrecht, Besonderer Teil, 1. Halbb., 2. Aufl., München 1988

- Bd. 3, Schuldrecht, Besonderer Teil, 2. Halbb., 2. Aufl., München 1986

Mugdan: Die gesammten Materialien zum Bürgerlichen Gesetzbuch für das Deutsche Reich, Recht der Schuldverhältnisse, Bd. II, Berlin 1899

Naendrup, Peter-Hubert: Rechtliche und tatsächliche Probleme um Krankenstand und Lohnfortzahlung, ZfA 1984, 383 ff.

Neumann, Adolf: Das Dienstzeugnis des Handlungsgehilfen, Jahrb. d. KfmG, Bd. 1, S. 155 ff., Berlin 1908

Neumann, Dirk: Die unterschiedliche Regelung des Individualarbeitsrechts, ZfA 1970, 339 ff.

Neumann, Fritz: Das Konkurrenzverbot für den Handlungsgehilfen nach dem Handelsgesetzbuch vom 10. Mai 1897, Diss., Borna-Leipzig, 1906

Neumann, Günter: Die Fürsorgepflicht des Arbeitgebers, Diss., Borna-Leipzig, 1928

Neundörfer, Ludwig: Die Angestellten, Stuttgart 1961

Nickel, Egbert: Der Scheinkaufmann, JA 1980, 566 ff.

Nikisch, Arthur: Die Grundformen des Arbeitsvertrags und der Anstellungsvertrag, Berlin 1926

- Arbeitsrecht, Bd. I, 2. Aufl., Tübingen 1955

- Arbeitsrecht, Bd. I, 3. Aufl. Tübingen 1961

- Arbeitsrecht, Bd. II, 2. Aufl., Tübingen 1959

Nipperdey, Hans Carl: Die privatrechtliche Bedeutung des Arbeiterschutzrechts, Die Reichsgerichtspraxis im deutschen Rechtsleben, Bd. 4, Berlin-Leipzig 1929, 203 ff.

- Der Eingriff in schuldrechtlich festgelegte Interessensphären und § 687 Abs. 2 BGB, Festschrift für Böhm, 1965, S. 163 ff.

Notthoff, Hanswalter: Fürsorge- und Treuepflicht im Recht des Handlungsgehilfen, Diss., 1938

Notverordnung des Reichspräsidenten zur Sicherung der Wirtschaft und Finanzen vom 5. Juni 1931, RGBl. I, 1931, S. 279 ff.

Oehmann, Werner/*Bürger*, Karlheinz/*Matthes*, Hans-Christoph: Handwörterbuch des Arbeitsrechts, HwB-AR, Stand Januar 1991

Oertmann, Paul: Rechtsordnung und Verkehrssitte, Leipzig 1914

- Empfiehlt es sich, soziale Schutzvorschriften in der Art der für Handlungsgehilfen bestehenden, für Privatangestellte überhaupt zu treffen? Verhandlungen des XXX. Deutschen Juristentages, 1910, Band I, S. 112 ff.

Oesterhelt, Max: Das gesetzliche Konkurrenzverbot für den Handlungsgehilfen, Diss., Borna-- Leipzig, 1908

Ogris, Werner: Geschichte des Arbeitsrechts vom Mittelalter bis in das 19. Jahrhundert, RdA 1967, 286 ff.

Ortner, Rudolf: Der Handlungsgehilfe, im besonderen der Faktor des süddeutschen Kaufmanns im 15. und 16. Jahrhundert, München 1932

Palandt (verschiedene Bearbeiter): Bürgerliches Gesetzbuch, 51. Aufl., München 1992

Palme, Antonie: Das Arbeitszeugnis in der neueren Rechtsprechung, BlStSozArbR 1971, 378 ff.

Pauer, Fritz: Das Dienstzeugnis, Diss., 1933

Piper, Kunibert: Das Wesen des Angestellten, Diss., Coburg 1939

Plett, Martin/ *Welling,* Thomas: Wirksamkeitsvoraussetzungen des nachvertraglichen Wettbewerbsverbotes, DB 1986, 2282 ff.

Potthoff, Heinz: Empfiehlt es sich, soziale Schutzvorschriften, in der Art der für Handlungsgehilfen bestehenden, für Privatangestellte überhaupt zu schaffen? Verhandlungen des XXX. Deutschen Juristentages, 1910, Band I, S. 266 ff.

Protokolle der Kommission für die zweite Lesung des Entwurfs des Bürgerlichen Gesetzbuchs, Band II, Berlin 1896

Raatz, Günther: Entgeltfortzahlung im Krankheitsfalle, Köln 1963

Radbruch, Gustav: Aphorismen zur Rechtsweisheit, Hrsg. Arthur Kaufmann, Göttingen 1963

Reimann, Wolfgang: Konkurrenzverbote für Bierverkaufsfahrer, DB 1970, 929 ff.

Reinfeld, Roland: Verschwiegenheitspflicht und Geheimnisschutz im Arbeitsrecht, Göttingen 1989

Remmert, Wilhelm: Das gesetzliche Konkurrenzverbot für die Handlungsgehilfen und Vorstandsmitglieder von Aktiengesellschaften nach dem Handelsgesetzbuch vom 10. Mai 1897, Diss., Berlin 1911

RGRK, Das Bürgerliche Gesetzbuch, hrsg. von Mitgliedern des BGH, früher Kommentar der Reichsgerichtsräte, II. Band, 1. Teil, 11. Aufl., Berlin 1959

- Das Bürgerliche Gesetzbuch, II. Band, 4. Teil, 12. Aufl., Berlin-New York 1978

- Das Bürgerliche Gesetzbuch, §§ 626-630 BGB, 12. Aufl., Berlin-New York 1991

RGRK, Das Handelsgesetzbuch, früher hrsg. von Mitgliedern des Reichsgerichts, Bd. 1, 2. Aufl., Berlin 1953

Richardi, Reinhard: Richterrecht und Tarifautonomie, Gedächtnisschrift für Dietz, München 1973, S. 269 ff.

- Kollektivgewalt und Individualwille bei der Gestaltung des Arbeitsverhältnisses, München 1968

- Entwicklungstendenzen der Treue- und Fürsorgepflicht in Deutschland, in Tomandl, Treue- und Fürsorgepflicht im Arbeitsrecht, S. 41 ff., Wien-Stuttgart 1975

- Arbeitsrecht, Fälle und Lösungen, 5. Aufl., Heidelberg 1987

- Arbeitsrecht, Fälle und Lösungen, 6. Aufl., Heidelberg 1991

- Der Arbeitsvertrag im Zivilrechtssystem, ZfA 1988, 221 ff.

- Einführung, Arbeitsgesetze, 40. Aufl., 1990

Richter, Johannes: Das gesetzliche Konkurrenzverbot für den Handlungsgehilfen, (§§ 60, 61 des Handelsgesetzbuchs vom 10. Mai 1897), Diss., Leipzig 1911

Rick, Wilhelm: Ist der Tariflohn die übliche Vergütung im Sinne des § 612 BGB? AuR 1960, 369 ff.

Röhsler, Waldemar/*Borrmann*, Helga: Wettbeschränkungen für Arbeitnehmer und Handelsvertreter, Berlin 1981

Rosenkranz, Arno: Gewinnherausgabeanspruch aus § 687 Abs. 2 BGB bei Verletzung vertraglicher Nebenpflichten? Diss., Frankfurt a.M. 1968

Roth, Arnold: Das Handelsverbot für den Handlungsgehilfen, (§§ 60, 61 HGB), Diss., Borna--Leipzig 1907

Rückert, Joachim: Unmöglichkeit und Annahmeverzug im Dienst- und Arbeitsvertrag, ZfA 1983, 1 ff.

Rummel, Peter (Hrsg.) u.a.: Kommentar zum Allgemeinen bürgerlichen Gesetzbuch, 2. Bd., Wien 1984

Ruppert, Ernst: Das Dienstzeugnis, PersV 1983, 443 ff.

Sabel, Hans-Jürgen: Entgeltfortzahlungsanspruch bei Erkrankung eines Kindes, WzS 1981, 225 ff.

Schaefer, Heinrich Franz: Das Wettbewerbsverbot der technischen Angestellten und sonstigen Arbeitnehmer, Diss., Köln 1973

Schaub, Günter: Arbeitsrechts-Handbuch, 6. Aufl., München 1987

Schaub, Günther: Wettbewerbsbeschränkungen nach Beendigung des Arbeitsverhältnisses nach dem jetzigen Stand der Rechtsprechung, vor allem des Bundesarbeitsgerichts, RdA 1971, 268 ff.

Schelp, Günther: Arbeiter und Angestellte, BB 1960, 1339 ff.

Schelp, Günther/*Trieschmann*, Günther: Das Arbeitsverhältnis im Krankheitsfalle, Köln-Bonn--Berlin, 1958

Schering, Horst: Die nachvertraglichen Verbindlichkeiten des Arbeitnehmers, Diss., Köln 1972

Schiemann, Gottfried: Der freie Dienstvertrag, JuS 1983, 649 ff.

Schilling, Karl: Die Rechte des Prinzipals bei Verletzung des gesetzlichen Konkurrenzverbots durch den Handlungsgehilfen, Diss., Borna-Leipzig, 1910

Schlegelberger: Handelsgesetzbuch, Kommentar, 2. Bd., 5. Aufl., München 1973

Schlessmann, Hein: Das Arbeitszeugnis, 11. Aufl., Heidelberg 1990

Schmaltz, Hans Gotthard: Das Arbeitszeugnis, Diss., Berlin 1913

Schmatz, Hans/*Fischwasser,* Gerd, u.a.: Vergütung der Arbeitnehmer bei Krankheit und Mutterschaft, Kommentar, 6. Aufl. Berlin 1970, Stand Oktober 1988

Schmidt, Georg-Wilhelm: Die soziale Fürsorgepflicht des Unternehmers, Diss., 1936

Schmidt, Karsten: Vom Handelsrecht zum Unternehmens-Privatrecht? JuS 1985, 249 ff.

- Handelsrecht, 3. Aufl., Köln-Berlin-Bonn-München 1987

Schmidt, Walter: Die Konkurrenzklausel des Handlungsgehilfen, Diss., Borna-Leipzig, 1909

Schmincke: Kann der Handlungsgehilfe schon nach der Kündigung ein Zeugnis verlangen? GewuKfmG 19, Sp. 331 ff.

Schmuck, Joseph: Die Haftung bei unrichtiger Zeugnisausstellung für den Handlungsgehilfen, Diss., Bottrop 1929

Schnorr v. Carolsfeld, Ludwig: Arbeitsrecht, 2. Aufl., Göttingen 1954

Scholler, Heinrich/*Bross,* Siegfried: Grundzüge des Polizei- und Ordnungsrechts der Bundesrepublik Deutschland, 3. Aufl., Heidelberg-Karlsruhe 1982

Schollmeyer, Friedrich: Recht der einzelnen Schuldverhältnisse, 2. Aufl., Berlin 1904

Schreiber, Otto: Handelsbräuche, Mannheim-Berlin-Leipzig 1922

Schubert, Werner/*Schmiedel,* Burkhard/*Krampe,* Christoph: Quellen zum Handelsgesetzbuch von 1897, Bd. II, 2. Halbb., Frankfurt 1988

Schultzenstein: Ortsgebrauch und Ortsüblichkeit im Rechte, JW 1922, 71 ff.

Schulz, Georg-R.: Alles über Arbeitszeugnisse, 2. Aufl., München 1990

Schusser, Walter: Die Gleichstellung von Arbeitnehmern und Angestellten aus betrieblicher Sicht, in Hromadka, Gleichstellung, S. 61 ff.

Schwabe, Jürgen: Verfassungswidrigkeit von Wettbewerbsverboten? JZ 1976, 439 ff.

Schwerdtner, Peter: Ausgewählte Probleme des Arbeitsvertragsrechts, Jura 1983, 429 ff.

- Das tarifdispositive Richterrecht als Methodenproblem, in Fabricius/Naendrup/Schwerdtner, Arbeitsrecht und juristische Methodenlehre, S. 109 ff.

Schwimann, Michael (Hrsg.): Praxiskommentar zum Allgemeinen Bürgerlichen Gesetzbuch, Bd. 4, 2. Halbb., Wien 1988

Seifert, Reinhardt: Der Angestellte mit Provisionsbezahlung, DB 1979, 2034 ff.

Seiler, Paul: Berufsverbände II B, DHV - Deutscher Handels- und Industrieangestelltenverband, AR-Blattei, D, 1973

Seiter, Hugo: Die Entwicklung der Rechtsprechung des Bundesarbeitsgerichts im Jahre 1969, ZfA 1970, 355 ff.

Settekorn, Erhard: Das Dienstzeugnis des Handlungsgehilfen, Diss., BornaLeipzig, 1911

Sick, Christian: Die Rechte des Prinzipals aus Art. 56, 59 H.G.B. (mit Berücksichtigung des Entwurfs eines H.G.B. 1896), Diss, Hamburg 1896

Sieg, Harald/*Leifermann*, Werner/*Tettinger*, Peter: Gewerbeordnung, Kommentar, 5. Aufl., München 1988

Sinzheimer, Hugo: Das einheitliche Angestelltenrecht und seine Bedeutung für die Handlungsgehilfen, AR 1918/19, 34 ff.

Söllner, Alfred: Einseitige Leistungsbestimmung im Arbeitsverhältnis, Mainz-Wiesbaden, 1966

- Entlohnung nach billigem Ermessen, AR-Blattei, D, Lohn, XVI, 1981

- Grundriß des Arbeitsrechts, 8. Aufl., München 1984

Soergel/Siebert (verschiedene Bearbeiter): Bürgerliches Gesetzbuch, Kommentar, Bd. 3, Schuldrecht II, 10. Aufl., 1969

- Bürgerliches Gesetzbuch, Kommentar, Bd. 3, Schuldrecht II, 11. Aufl., Stuttgart-Berlin-Köln--Mainz 1980

Sonnenberger, Hans-Jürgen: Verkehrssitten im Schuldvertrag, München 1969

Staegemann, Waldemar: Das Zeugnis des Handlungsgehilfen, (§ 73 HGB), Diss., Leipzig 1903

Stahlhacke, Eugen/*Bleistein*, Franzjosef: Kommentar zur Gewerbeordnung, Arbeitsrechtliche Vorschriften, Bd. 3, Darmstadt 1991

Standeswehr: Veröffentlichungen zur Klärung sozialer Fragen des Handlungsgehilfenstandes, Nr. 4, Die Not des älteren Handlungsgehilfen, Hamburg 1913

Staub (verschiedene Bearbeiter): Kommentar zum Handelsgesetzbuch, Bd. 1, 14. Aufl., Berlin--Leipzig 1932

Staudinger, Julius (verschiedene Bearbeiter): Kommentar zum Bürgerlichen Gesetzbuch, II. Bd., 3. Teil, §§ 611-704 BGB, 11. Aufl., Berlin 1958

- Kommentar zum Bürgerlichen Gesetzbuch, II. Bd., 3. Teil, §§ 611-615 BGB, 12. Aufl., Berlin 1989

- Kommentar zum Bürgerlichen Gesetzbuch, II. Bd., §§ 657 - 740 BGB, 12. Aufl., Berlin 1980

Stenographische Berichte, Erste, zweite und dritte Beratung des Entwurfes eines Bürgerlichen Gesetzbuchs im Reichstage, 22. Juni 1896

Stötter, Viktor/*Lindner*, Hans Christian/*Karrer*, Eugen: Die Provision und ihre Abrechnung, 2. Aufl., München 1980

Strauss, Ruprecht: Wandlungen und Neubildungen im Arbeitsvertragsrecht des Handlungsgehilfen, Diss., Nürnberg 1930

Süssengut, Otto: Die Angestellten als Stand und Klasse, Diss., Herford 1929

Tange, Ernst G. (Hrsg.): Sag's mit Biß, Frankfurt a.M. 1985

Tenckhoff, Ursula: Das unrichtige Zeugnis und die unrichtige Auskunft im Arbeitsrecht, Diss, Heidelberg 1962

Thomas, Werner: Die unterschiedliche Behandlung von Arbeitern und Angestellten im geltenden Recht, in Tarifverträgen, und im Vertragsbereich, in Hromadka, Gleichstellung, 1989, S. 43 ff.

Thome, Martin: Lohnfortzahlung bei Arbeitsverhinderung, Diss., Frankfurt a.M. 1987

Tibertius, Joachim: Der Arbeitsvertrag des kaufmännischen Angestellten in rechtlicher und soziologischer Darstellung unter besonderer Berücksichtigung des Tarif- und Schlichtungswesens, Berlin 1930

Tiedemann, Alfred: Das gesetzliche Konkurrenzverbot und die Konkurrenzklausel des Handlungsgehilfen nach dem neuen Handelsgesetzbuch, Diss., Leipzig 1904

Titze, Heinrich: Das kaufmännische Hilfspersonal, Handbuch des gesamten Handelsrechts von Ehrenberg, Bd. II, Abt. 2, Leipzig 1918

Tomandl, Theodor: Wesensmerkmale des Arbeitsvertrages, Wien-New York 1971

- Treue- und Fürsorgepflicht im Arbeitsrecht, Bd. 5, Wien Stuttgart 1975

Trieschmann, Günther: Ungleichbehandlung im gesetzlichen Arbeitsvertragsrecht, Festschrift für Herschel, München 1982, S. 421 ff.

Trinkhaus: Provisionsvereinbarungen mit Arbeitnehmern, DB 1967, 859 ff.

Unbescheid, Richard: Das Handlungsgehülfenverhältnis, Diss., Borna-Leipzig 1909

Vehring, Erwin: Das Handlungsverbot für den Handlungsgehilfen, Diss., Borna-Leipzig 1910

van Venrooy, Gerd J.: Das Dienstzeugnis, Baden-Baden 1984

Vigener, Gustav: Das gesetzliche Wettbewerbsverbot des Handlungsgehilfen, Diss., 1936

Vollmer, Hermann: Das Arbeitszeugnis nach deutschem Recht, Diss., Speyer 1912

Vossen, Reinhard: Tarifdispositives Richterrecht, Diss., Berlin 1974

Wachler, Heinrich: Funktionen der Angestellten in kaufmännischen Kontoren, Diss., Aachen 1913

Wagner, Heinz: Polizeirecht, Berlin 1982

Walter, Gerhard: Monatliche und bargeldlose Lohnzahlung, AR-Blattei, D, 1984

Walther: Apothekenrecht, MDR 1949, 79 ff.

Wank, Rolf: Grenzen richterlicher Rechtsfortbildung, Diss., Berlin 1978

- Arbeitnehmer und Selbständige, München 1988

- Das Arbeits- und Sozialrecht nach dem Einigungsvertrag, RdA 1991, 1 ff.

Weigert, Martin: Die Handlungsgehilfenfrage, Grundzüge der Sozialpolitik im deutschen Handelsgewerbe, Berlin-Leipzig, 1911

Weimar, Wilhelm: Die unentgeltliche Dienstleistung, JR 1971, 238 ff.

Weisemann, Ulrich/*Schrader*, Rolf: Wettbewerbsverbote während der Dauer und nach Beendigung eines Arbeitsverhältnisses, DB 1980, Beil. 4

Weiss, Thomas: Die Haftung des Arbeitgebers aus § 628 II BGB, JuS 1985, 593 ff.

- Die Entwicklung des Arbeitsvertragsrechts und das BGB, Baden-Baden 1991

Welsch, Alfred: Die Konkurrenzklausel des Handlungsgehilfen vor und nach dem Jahre 1898, Diss., Borna-Leipzig 1906

Westhoff, Stefan: Wirtschaftliche und verfassungsrechtliche Legitimation von Wettbewerbsverboten, RdA 1976, 353 ff.

Wiedemann, Herbert/*Stumpf*, Hermann: Tarifvertragsgesetz, Kommentar, 5. Aufl., München 1977

Will, Karl: Das Arbeitszeugnis, Diss., München 1939

Winterstein, Heinz-Peter: Nachvertragliches Wettbewerbsverbot und Karenzentschädigung, NJW 1989, 1463 ff.

Wirtz, Adolf: Das Zeugnis im europäischen Arbeitsvertragsrecht, Diss., Düsseldorf 1937

Wittmann, Roland: Begriff und Funktionen der Geschäftsführung ohne Auftrag, München 1981

Wittner, Max: Das Dienstzeugnis des Handlungsgehilfen, HoldhZ 12, 176 ff.

Wlotzke, O./*Volze*, A.: Dienstverhältnis und Arbeitsverhältnis, 9. Aufl., Stuttgart 1962, Sonderdruck aus Soergel/Siebert, Kommentar zum BGB

Wolf, Ernst: "Treu und Glauben", "Treue" und "Fürsorge" im Arbeitsverhältnis, DB 1971, 1863 ff.

Wolf, Manfred: Rechtsgeschäftliche Entscheidungsfreiheit und vertraglicher Interessenausgleich, Tübingen 1970

Wollschläger, Christian: Die Geschäftsführung ohne Auftrag, Berlin 1976

Zitte, Ferdinand: Der Handlungsgehilfe, 1910

Zöllner, Wolfgang: Arbeitsrecht, 3. Aufl., München 1983.

Kolibri 360 GmbH
Ferdinand-Jühlke-Straße 7
99095 Erfurt, Deutschland
produktsicherheit@kolibri360.de

Druck:
CPI Druckdienstleistungen GmbH
im Auftrag der
Kolibri 360 GmbH
Ferdinand-Jühlke-Str. 7
99095 Erfurt